Vamos ao que interessa

João Pereira Coutinho

Vamos ao que interessa

Cem crônicas da era da brutalidade

TRÊS ESTRELAS

EDITOR Alcino Leite Neto

EDITOR-ASSISTENTE Bruno Zeni

PRODUÇÃO GRÁFICA Iris Polachini

CAPA Thiago Lacaz

PROJETO GRÁFICO DO MIOLO Mayumi Okuyama

EDITORAÇÃO ELETRÔNICA Jussara Fino

PREPARAÇÃO Lucas Murtinho

REVISÃO Cacilda Guerra e Lila Zanetti

ÍNDICE REMISSIVO Alvaro Machado

Dados Internacionais de Catalogação na Publicação (CIP)
(Câmara Brasileira do Livro, SP, Brasil)

Coutinho, João Pereira
Vamos ao que interessa: cem crônicas da era da brutalidade / João Pereira Coutinho.
São Paulo: Três Estrelas, 2015.

ISBN 978-85-68493-17-5

1. Crônicas brasileiras 2. Folha de São Paulo
3. Jornalismo – Aspectos políticos – Brasil I. Título.

15-06774 CDD-869.93

Índices para catálogo sistemático:
1. Crônicas jornalísticas: Literatura brasileira 869.93

Este livro segue as regras do Acordo Ortográfico da Língua Portuguesa (1990), em vigor desde 1º de janeiro de 2009.

TRÊS ESTRELAS

Al. Barão de Limeira, 401, 6º andar
CEP 01202-900, São Paulo, SP
Tel.: (11) 3224-2186/2187/2197
editora3estrelas@editora3estrelas.com.br
www.editora3estrelas.com.br

Sumário

Introdução

Liberdade, igualdade, brutalidade

Para resumir a história da nossa era, roubo e deturpo o famoso bordão revolucionário francês para o título de abertura.

Tempos houve em que os liberais clássicos entendiam que a missão principal da política era limitar o abuso do poder e promover a liberdade individual. Não interessa se falamos do "direito divino dos reis", que tanto horrorizava John Locke; ou de um suposto "direito divino das multidões", que ocupou os melhores textos dos Pais Fundadores dos Estados Unidos da América. Abuso é abuso. Uma comunidade submetida ao capricho de um homem, ou de vários, é uma comunidade servil.

Naturalmente que, no curso das ideologias modernas, uma proposta meramente liberal não chegava para os gastos. Com a Revolução Industrial, o crescimento urbano transformou as cidades em vespeiros de riqueza e pobreza extremas – e a preocupação com a igualdade avançou para as trincheiras. Essa igualdade encontra-se nas visões "bucólicas" (ou "utópicas", como lhes chamou Marx) que os primeiros pensadores socialistas apresentavam nas suas divagações literárias. Nos textos de Charles Fourier ou Robert Owen, a igualdade não era mais a igualdade de todos perante a lei – no fundo, a velha "isonomia" dos gregos que os liberais integraram nos seus programas. Teria de ser uma igualdade radical de recursos, baseada na partilha e na entreajuda. Essa mesma ambição, embora com vestes alegadamente científicas, seria retomada por Marx e Engels: com a queda inexorável do capitalismo, a "ditadura do proletariado" rumo a uma sociedade sem classes iria instituir essa utopia igualitária.

Sabemos hoje onde nos levou essa igualdade. Ao *gulag*. Mas seria um erro jogar fora o bebê com a água do banho. A social-democracia, que renegou a paternidade marxista para aceitar as regras do jogo democrático, retomou a tocha da igualdade e procurou aliviar a pobreza pela ação redistributiva do

Estado. Nesse quesito, não se distanciou do liberalismo "progressista", ou o que lhe quisermos chamar: também os liberais "modernos" entenderam que uma concepção meramente "negativa" de liberdade (esse espaço onde o agente pode atuar sem ser intencionalmente coagido por terceiros, como diria Isaiah Berlin) não bastava para garantir a autonomia dos indivíduos. A miséria, a doença ou a iliteracia podem não ser obstáculos políticos no sentido estrito do termo. Mas são obstáculos para uma vida autenticamente livre.

E eis que chegamos a 1989, quando o Muro de Berlim se reduziu a escombros. O ano marca o "fim da história", para quem acredita que a história pode ter um fim: com a queda do comunismo, os diferentes regimes planetários marchariam alegre e uniformemente para o modelo demo-liberal, escreveu-se. O otimismo desse profetismo, que ironicamente não se distingue do profetismo marxista, foi arrasado com os ataques terroristas de 11 de setembro de 2001 e com a emergência do jihadismo islamita, não apenas no Oriente Médio mas em qualquer estação de trem, rua ou edifício do Ocidente. O mundo descobria, aturdido, que na festança do "fim da história" havia alguém que não tinha sido convidado.

Mas não é preciso citar os casos extremos do terrorismo demencial para mostrar que a ideologia, como dizia Gore Vidal, sempre abominou o vazio: a ruína da URSS e seus satélites permitiu que o espaço teórico ocupado pelo comunismo fosse tomado de assalto por microcausas revolucionárias que mostram bem a nova *era da brutalidade* em que vivemos. Muitos dirão que a crítica ao pensamento politicamente correto tornou-se numa forma de pensamento politicamente correto. Com essa acusação, a ideia é silenciar qualquer debate sobre assuntos tidos por dogmáticos – o aquecimento global; a política de cotas em universidades; a deriva niilista nas artes e nas letras etc. – com a ameaça do clichê. Não me prendo a palavras ou expressões. Prefiro atos. Porque a nova era da brutalidade não é apenas exercida por agentes políticos tradicionais – um rei, um estadista, eventualmente um terrorista. Existe hoje uma tirania dos poderes civis – em muitas matérias da mídia; nos programas universitários das chamadas "humanidades"; nas patrulhas que se indignam por qualquer ofensa real ou imaginária às suas sagradas causas – que ocupou o lugar das antigas tiranias.

A patética obsessão com a "correção" de termos potencialmente insultuosos para grupos ou "minorias". A lunática defesa desses grupos ou "minorias", como se os indivíduos pudessem ser aprisionados por qualquer jaula identitária. O endeusamento do Meio Ambiente (e da Saúde, e da Juventude) com verdadeiro fervor pagão. A repugnância que a *intelligentsia* sente por um Ocidente que percepciona como "opressor" face ao Outro. A contínua admiração por ditadores – presentes ou passados – com uma excitação dificilmente tolerável mesmo em adolescentes retardados. O ressurgimento do antissemitismo, agora travestido pela confortável expressão "antissionismo" – uma forma de colocar os judeus no mesmo patamar de desumanidade dos seus históricos carrascos. A submissão do debate político e da democracia à superficialidade da imagem e do conteúdo. O desprezo relativista pela alta cultura e o consequente aviltamento da grande arte por qualquer sujidade do ego. E a emergência triunfal de um Estado paternalista e "bondoso" que nos diz a toda hora o que devemos fazer, comer, beber, até vestir, como se os seres humanos fossem crianças perpétuas – a lista é longa e, temo bem, interminável.

Os textos que se seguem ocupam-se de uma parte dos temas dessa lista. Relendo e selecionando o muito que escrevi, vejo agora que colunismo é doença. Obsessiva doença. Os primeiros sintomas começam nas rotinas do dia: lemos, escutamos, pensamos. Vivemos. E então surge um tema, um abusivo tema, que nos persegue como uma sombra de *film noir*. Tentamos tudo: fugir dela; enganá-la com distrações mundanas; adormecer depressa, acordar devagar. Mas a sombra continua. Ao nosso lado, para nosso desagrado. É hora de desistir: pegar no papel e na lapiseira – e escrever de uma vez por todas os contornos embaraçosos de semelhante assombração.

Este não é um livro de crônicas. É um livro de obsessões. As minhas, entre 2008 e 2015, devidamente exorcizadas nas folhas da *Folha de S.Paulo*, às segundas ou terças, com maníaca pontualidade. A paleta cromática é ampla. Mas, no meio do colorido, percebo agora que as crônicas aqui escolhidas têm o mesmo vestuário. No tom, uma certa recusa em comentar a loucura do mundo com a loucura da seriedade. E se falamos dos temas, dos persecutórios temas, eles lidam precisamente com esta nova *era da brutalidade* – política, social, intelectual, estética – que emergiu quando a história *não* chegou ao fim. Os dois primeiros capítulos, na aparente diversidade de assuntos, recolhem e apresentam este novo estágio em que vivemos. Ao contrário do que sucede no célebre poema de Kaváfis, os bárbaros não chegam porque eles já estão dentro da cidade.

Mas se os bárbaros estão cá dentro, que podemos nós fazer? Denunciá-los e combatê-los, sem dúvidas. Mas também imitar os antigos monges sitiados para preservar e cultivar o que merece ser preservado e cultivado. A busca da beleza possível. A fruição dos domésticos prazeres: lugares, memórias, histórias. E a celebração do humor – sobre os outros, sobre nós, *sobretudo sobre nós* – como a forma suprema de salvação. Os dois capítulos seguintes procuram realizar essa modesta e solitária tarefa.

Contas feitas, o que resta? Agradecimentos com dez anos de história: a Otavio Frias Filho, diretor da *Folha de S.Paulo*; e a Alcino Leite Neto, editor da Três Estrelas.

Last but never least, o melhor destas páginas é dedicado ao meu pequeno João, que foi crescendo na barriga materna à medida que o livro crescia também. Ainda não nos conhecíamos pessoalmente quando terminei o livro, apesar de partilharmos o mesmo nome e, pelas imagens então disponíveis, os mesmos gestos de reflexão metafísica. Mas não deixa de ser irônico que no momento em que finalizava estas linhas alguém avançasse pelo corredor da clínica com o belo propósito de sermos apresentados.

Vamos ao que interessa?

Animais políticos

O sexo da política

Passei os últimos dias a viajar pela Itália. Comecei no norte, terminei a sul. Nada a declarar: se a Itália não é o mais belo país do mundo, eu nada sei sobre o mundo. O que, aliás, não espanta: o mundo também nada sabe sobre a Itália, esse perpétuo mistério.

Basta lembrar o seu presidente, Silvio Berlusconi, que tanto horroriza as consciências moralistas. O homem tem 71 anos. O homem tem apetite sexual de 17. E continua a colecionar amantes com uma velocidade inquietante. Todas as semanas, todos os dias, a todas as horas, aparece mais um rosto, mais um nome, mais uma ninfa, de preferência pouco acima do limite legal da idade. Os casos variam. Podem ser meninas de "boas famílias" que recebem de Silvio presentes caros e regulares. Podem ser prostitutas de luxo que aparecem em festas privadas para Silvio e os amigos, porque o homem é generoso e gosta de partilhar. Infelizmente, a mulher de Berlusconi não aprecia o espírito do marido e deplora o seu gosto por "menores".

Berlusconi não responde. Melhor: não confirma nem desmente. Limita-se a dizer um "eu sou mesmo assim", e os italianos, pelos vistos, aplaudem o fato de ele ser mesmo assim. Exagero?

Não exagero. Auscultando o povo nas ruas, confirmo o que digo. As mulheres italianas adoram Berlusconi e, em privado, lamentam os homens que têm em casa. Os homens invejam Berlusconi e, em privado, lamentam as mulheres que têm em casa. E quando eu replico com uma frase moralista e clichê ("Mas tudo isso não é uma vergonha para a Itália?"), os nativos olham-me com espanto e depois perguntam de que planeta eu venho. Nada respondo. Dizer "Portugal" seria um suicídio. Por enquanto.

Sei do que falo. Lamento o que falo. Os italianos tiveram Mussolini e têm Berlusconi. Que o mesmo é dizer: em ditadura ou democracia, homens viris para orgulhar a raça. Portugal, pelo contrário, teve um ditador durante quatro décadas que, de acordo com a história oficial, morreu casto. Essa imagem de castidade não perturbava os portugueses. Perturbar? A castidade de Salazar, juntamente com a sua pobreza material, era argumento de peso que os saudosistas usavam para elogiar o nosso António e o seu regime. "Salazar morreu pobre", diziam eles. E, em matéria sexual, morreu como veio ao mundo. Eis um homem que teve um único amor: a pátria.

Esse retrato mudou nos últimos anos. Mudança inevitável: vivemos num mundo saturado de sexo. Vivemos num mundo onde o sucesso pessoal, e cultural, também se mede entre os lençóis. Foi assim que os portugueses descobriram subitamente que um ditador casto não era motivo para orgulhos. Era motivo para engulhos. Quando todo o mundo transa em quantidade e qualidade, que espécie de povo é esse que é incapaz de produzir um ditador experimentado?

Vieram livros de história. Vieram descrições detalhadas, e fantasiosas, de todas as amantes que o velho António comeu em surdina. O número anda, algures, entre as quarenta e as quatrocentas. Impossível dizer com rigor. E, depois dos livros, vieram os filmes. Para ilustrar devidamente todos os casos com a nudez frontal obrigatória. Acabei agora mesmo de assistir a um deles. Intitula-se *A vida privada de Salazar* e teve sucesso televisivo entre os lusitanos. Não admira: o filme pretende ser um retrato íntimo de Salazar, do berço até a cova. Mas talvez seja mais rigoroso apresentá-lo como um retrato íntimo do falo de Salazar, que tem aqui papel heroico digno de Oscar. Da prima à empregada, passando pela atriz de teatro ou pela jornalista ocasional, Salazar não foi um ditador. Salazar foi um triturador.

Só Deus sabe o que os nossos políticos andam a fazer nas horas vagas. Mas existe uma lei civilizacional que é possível esboçar: das aventuras de Berlusconi à ressurreição sexual de Salazar, nenhum povo gosta de se olhar ao espelho e ver uma imagem de frouxidão. As conquistas do líder são as conquistas de todos.

Por isso aconselho: se a ideia do leitor é experimentar carreira política promissora, uma vida de abstinência não serve. Melhor começar desde já a colecionar algumas espécies variadas, na cor ou na idade. O gosto do povo, como sempre, é democrático.

28.7.2009

Carecas de saber

Sou português, mas tenho vivido no Brasil nas últimas semanas. E o mais engraçado é que nem sequer cheguei a sair de Lisboa. A culpa é das eleições brasileiras, que comentei para a televisão portuguesa. Isso implicou trabalho: semanas e semanas e semanas de leituras esotéricas sobre candidatos, sistema eleitoral, indicadores econômicos. Sem falar de telefonemas ruinosos para amigos paulistanos: gente do PT, gente do PSDB. E até cartomantes, que acertaram mais do que as pesquisas no primeiro turno. Fiquei um especialista no assunto e todas as noites sonhava com Dilma, ou com Serra, ou com Marina. E com o palhaço Tiririca. Pior do que já estou, não fico.

Mas sinto culpa. Uma culpa profunda, porque nunca disse a verdade sobre o pleito eleitoral. Sim, nas minhas intervenções públicas falava do óbvio. As interferências de Lula na campanha, impróprias para um país civilizado. A polêmica do aborto, que em condições normais teria liquidado Dilma. O caso Erenice e a quebra do sigilo fiscal da família Serra, uma vergonha em qualquer hemisfério. E quando o âncora de serviço me perguntava sobre a possível derrota de Serra, eu preparava minha voz de tenor, meu rosto de sabedoria, e repetia o que toda gente repete: é difícil combater a popularidade de Lula; é difícil combater o peso de um Estado assistencialista que praticamente comprou os pobres todos do Brasil; e Serra, coitado, não conseguiu encontrar o tom certo na campanha. Nem sequer soube combater a acusação de que tencionava privatizar a Petrobras (uma acusação assassina, como se viu com Alckmin em 2006).

Inútil. Tudo isso foi inútil. Se eu fosse corajoso, e não esse covarde que se olha ao espelho, teria dito a verdade ao vivo, na TV, e calado os meus colegas. Faria cara de enfado, retiraria o microfone do blazer e diria: "Serra vai perder porque é careca, meninos". E depois abandonaria o estúdio, com passos triunfais, perante o choque geral.

É a verdade. E Simon Carr, o grande jornalista britânico, concorda comigo. Carr não escreveu sobre Serra, claro, mas seu último artigo para a revista *Intelligent Life* (o título diz tudo) é brutal e certíssimo: a partir da década de 1960, os carecas desapareceram da política ocidental.

O leitor é um apreciador de Winston Churchill? Esqueça. O monumental estadista que venceu a Segunda Guerra jamais seria reeleito hoje: careca, gordo, fumante, politicamente incorreto – seria trucidado em qualquer eleição. Escreve Carr que, a partir da década de 1960, houve um colapso da autoridade na política. O eleitorado, para lá da competência, passou a valorizar uma outra qualidade: a juventude. Ou, pelo menos, a aparência de juventude. E não existe maior símbolo de juventude que o cabelo.

No Reino Unido, Alec Douglas-Home foi o último premiê careca. Em 1963. Depois dele, nunca mais houve carecas em Downing Street. E os que tentaram (como William Hague ou Duncan Smith, ambos conservadores) foram desfeitos pelos trabalhistas. David Cameron quebrou o enguiço, mas cuidado, avisa Carr: Cameron está a perder cabelo; o seu índice de popularidade está a baixar também.

Simon Carr não aplica a sua análise a outros países. Aplico eu. Nos Estados Unidos, o último presidente calvo foi Dwight Eisenhower. Em 1953. Gerald Ford é um caso discutível, mas Ford assumiu a presidência depois da demissão de Nixon. Sem passar pelas urnas.

De então para cá, tivemos Carter, Reagan, Bush (pai), Clinton, Bush (filho) e agora Obama. É preciso dizer o que toda essa gente tem em comum? Mesmo na Europa, e até em Portugal, a tese de Carr confere: em Portugal, nos últimos anos, jamais tivemos um premiê ou mesmo um presidente da República calvos. E, na Europa, Berlusconi poderia ser exceção da regra. Isso se Berlusconi não tivesse sofrido as agruras do inferno para implantar cabelo. "Fiz isso por respeito a Itália e aos italianos", disse ele, em comunicação célebre. A Itália agradeceu.

O Brasil, não: elegeu Dilma, ou seja, a única candidata com juba de leão. Em 2006 foi a mesma coisa entre Lula e Alckmin.

Para ganhar essa eleição, alguém deveria ter dito a José Serra uma de duas palavras: "implante" ou "peruca". Em política, não é dos carecas que as urnas gostam mais.

2.11.2010

O mundo é pequeno

Os meus amigos abandonaram-me. Uns moram no Brasil. Outros partiram para o Brasil. Para passar o Natal e a virada do ano. Que brutalidade. Haverá maior sacrilégio? Como é possível viver a quadra natalícia, esse tempo arcádico que Charles Dickens praticamente inventou no século XIX, nas areias de uma praia? Alguém imagina o Pai Natal de bermuda e chinelos, a beber uma caipirinha? E as renas? Quem acredita que esses pobres bichos sobreviveriam no calçadão de Ipanema? Natal no Brasil é um erro de *casting*.

A Europa, pelo contrário, cumpre o papel. Chuva. Frio. Neve. Atrasos nos aeroportos. Mortos nas estradas. Um Natal tradicional. Exatamente como deve ser. E, para além de tudo isso, até a chuva, o frio e a neve têm direito a tratamento jornalístico especial. Não sei quando começou essa moda. Talvez com a histeria ignara do aquecimento global. O que sei é que não existe jornal ou programa de TV que não seja um longo show de meteorologia.

Começa com coisas banais. É dezembro. Os termômetros desceram em todo lado. E os repórteres europeus saem para as ruas para noticiar o fato: faz frio, chove, cai neve. Os fatos são comunicados à nação como se estivesse iminente uma invasão alienígena. A nação treme. Não de frio. De medo.

Alguns jornalistas, não contentes com o medo, apostam no pânico. E questionam o cidadão comum: "O que pensa do frio?". O cidadão comum, perante as câmeras, não ri nem agride o jornalista. Inicia uma longa dissertação sobre a problemática do frio. Faz sentido. O frio é um problema. Só em Portugal, o instituto de meteorologia tem por hábito lançar "alertas" de acordo com o estado do tempo. Existem "alertas" para todos os gostos. E de todas as cores. Vermelho. Amarelo. Laranja. Desconheço o que significam. Sei que se multiplicam. Lisboa pode estar sob "alerta vermelho" e, horas depois, passar para amarelo. Ou vice-versa. Aceitam-se apostas.

Mas o melhor não é a cor dos "alertas", são os conselhos que vêm atrelados. Se faz frio, as autoridades aconselham o uso de roupa quente. Se chove, aconselham chapéu de chuva. Parece óbvio. Não é. Um povo infantilizado começa a perder a capacidade básica para distinguir fatos básicos. Se não houvesse esses "alertas", desconfio que a população seria como o Papai Noel brasileiro: pronta para enfrentar a tempestade de bermuda e chinelos.

Porque a verdade, a triste verdade, é que estamos mais infantis do que nunca. O jornalista britânico Michael Bywater, em livro sobre a matéria (*Big Babies, or: Why Can't We Just Grow Up?*), já tinha alertado para o fato: a todas as horas, em todos os lugares, são infindas as campanhas que tratam o parceiro como criança. Campanhas que nos dizem o que devemos ser; pensar; comer; dizer; como nos devemos comportar; vestir; e até despir, ou não fosse o sexo o prato principal das sociedades adolescentes em que vivemos.

Essa infantilização absoluta dos cidadãos não é apenas praticada por autoridades democraticamente eleitas, que aconselham roupa quente quando faz frio ou chapéu de chuva quando cai chuva. Encontra-se na quantidade obscena de publicações que determinam "estilos" e "tendências" como se um ser adulto precisasse de ter um "estilo" e cultivar uma "tendência". Escreve Bywater, em frase primorosa: "O meu pai não tinha um estilo de vida. Ele tinha uma vida". Curioso. O meu também. E o seu, leitor?

No Ocidente balofo e pós-ideológico, ninguém tem uma vida para viver em paz. Porque só é possível ser-se adulto quando somos deixados em paz: nós, confrontados com as nossas escolhas e responsabilidades, sem uma mão paternalista a guiar as nossas existências. O circo em volta impede essa autonomia ao prolongar perpetuamente a infância. Quando somos tratados como crianças, dificilmente deixaremos de ser crianças.

Hoje, é o frio. Amanhã, será a forma correta de inspirar e expirar o ar, conhecida antigamente como "respiração". Um dia, quem sabe, haverá uma autoridade qualquer para aconselhar o uso de fraldas 24 horas por dia. É mais seguro e, além disso, nem sempre existem banheiros ao virar da esquina.

28.12.2010

Fumar, urinar, mendigar

A semana foi dominada pelo Egito. Mas existem sinais de fanatismo do outro lado do mundo. Falo de Nova York, que resolveu aprovar uma lei revolucionária sobre o fumo.

Segundo leio, o conselho municipal da cidade, na impossibilidade de exterminar fisicamente os fumantes (por enquanto), prepara-se para afastá-los da paisagem. Fumar em parques, praias e outras zonas pedestres (como Times Square) será impossível. E existem multas para os prevaricadores: 100 dólares, exatamente o mesmo que para quem urina em público ou pede esmola.

Engraçado. Aos olhos das autoridades, o fumante não é um sujeito autônomo, que escolhe um modo de vida com a maturidade própria das pessoas crescidas. O fumante está ao mesmo nível do selvagem incontinente que, tomado por urgência canina, resolve fazer o serviço na esquina de uma rua. Ou, então, é um simples mendigo: um farrapo físico, para alguns moral, que depende da generosidade de terceiros.

Se juntarmos a tudo isso a impossibilidade de fumar em bares ou restaurantes (desde 2003) e a crescente proibição de fumo em hotéis, edifícios públicos e até apartamentos privados, o que resta aos fumantes em Nova York?

Resta, sejamos justos, a possibilidade de fumarem no meio das pistas e das rodovias, entre os escapes dos carros. Com sorte, ainda serão atropelados por eles.

Nada que horrorize Michael Bloomberg, *mayor* da cidade, para quem "o direito ao ar puro" não pode ser comprometido. Falar de "ar puro" em Nova York não deixa de ser uma piada macabra; é como falar das águas límpidas do rio Tietê. Mas entendo Bloomberg: a sua cruzada não é científica pelo simples motivo de que não existe um único estudo, em mais de sessenta anos de pesquisas, capaz de comprovar definitivamente a relação entre "fumo passivo" e câncer. A cruzada de Bloomberg e de incontáveis fanáticos como ele é uma cruzada moral: movidos por uma ideia de perfeição humana, onde o vício não entra, eles pretendem transformar Nova York numa espécie de Meca puritana, onde todos rezam à mesma divindade. A Deusa Saúde. A única que sobreviveu no Ocidente pós-cristão.

Lamento. Mas não desisto. E da próxima vez que aterrar em Nova York, prometo fumar um cigarro no meio de Times Square, ao mesmo tempo que me alivio num poste. Pode ser que haja um desconto para quem comete dois crimes de uma vez.

Ou três. Porque as multas serão pagas com o dinheiro das esmolas.

7.2.2011

Homens e animais

É uma marca de progresso: a discussão sobre os "direitos dos animais" chegou ao Brasil. Com estrondo: leio na *Folha de S.Paulo* que centenas de cachorros foram resgatados de um instituto de pesquisa médica no estado de São Paulo. A violência veio a seguir, com carros vandalizados ou completamente destruídos.

Nada de novo na frente ocidental. Na Inglaterra, por exemplo, tenho amigos que trabalham com ratinhos de laboratório em suas pesquisas científicas. Nenhum deles comenta o fato em ambientes sociais. Como bares, cinemas, restaurantes. Nunca se sabe: pode haver um fanático da "libertação animal" por perto e as coisas descarrilam facilmente. Como já descarrilaram no passado: histórias de insultos, ameaças de morte, agressões físicas e até profanação de sepulturas de familiares de cientistas fazem parte do cardápio. Na experimentação médica, o silêncio, e não o cachorro, é o melhor amigo do homem. Como se chegou até aqui?

O filósofo Roger Scruton escreveu um livro (*Animal Rights and Wrongs*) que ajuda a explicar o fenômeno. E o fenômeno explica-se com o declínio da religião nas sociedades ocidentais: quando os homens acreditavam que eram os seres superiores da criação, ninguém pensava nos "direitos" ou nas "sensibilidades" dos bichos. Nós, e apenas nós, tínhamos sido criados à imagem e semelhança do Pai. Não havia como confundir um ser humano com um batráquio.

A "morte de Deus" alterou a discussão: se não existe um Pai com seus filhos prediletos, então todos somos habitantes do mesmo espaço – e todos somos, como diria o extravagante Peter Singer, criaturas dotadas de "senciência", ou seja, capazes de experimentar a dor e o prazer. Donde, evitar a dor é um imperativo tão legítimo para humanos como para animais.

Claro que, nas teorias de "libertação animal", nem todos os animais desfrutam da mesma sorte empática: mesmo Peter Singer, nas tardes de insuportável calor australiano, também é capaz de matar uma mosca ou duas. Mas o leitor entende a ideia: se conseguimos imaginar um animal a falar e a cantar num filme da Disney, por que não conceder-lhe estatuto moral pleno?

Porque isso é uma aberração filosófica, explica ainda Roger Scruton sobre o argumento Disney: existem traços básicos da nossa comum humanidade que estão ausentes do restante mundo animal. São esses traços que fazem com que "nós", e apenas "nós", sejamos seres morais no sentido pleno da palavra. "Nós", e apenas "nós", somos capazes de julgar, meditar, revisitar o passado, planear o futuro – desde logo porque somos seres temporais por excelência, conscientes da nossa história e do nosso fim. "Nós", e apenas "nós", somos dotados de imaginação e, sobretudo, de "imaginação moral": somos capazes de rir, corar, sentir remorsos ou alimentar indignações (e premeditadas vinganças). E, talvez mais importante, "nós", e apenas "nós", somos capazes de reivindicar e defender "direitos", o que implica que "nós", e apenas "nós", somos capazes de entender o que significam certos "deveres". Como, desde logo, o "dever" de não infligir dano desnecessário sobre animais (moscas excluídas). Será a pesquisa científica um "dano desnecessário sobre animais"?

Não creio, sobretudo quando contemplo as alternativas. O americano Carl Cohen, outro filósofo sobre essas matérias que também recomendo aos interessados (com o seu *The Animal Rights Debate*), é primoroso ao colocar o problema no seu duplo e potencial impasse: os defensores da libertação animal preferem que sejam os homens a tomar o lugar dos bichos nos laboratórios? Ou preferem antes que não existam mais cobaias nos laboratórios e que os avanços científicos possam parar de vez neste ano da graça de 2013?

Boas perguntas. Esperemos pelas respostas. Mas, até lá, talvez não fosse inútil convidar os militantes da "libertação animal" a recusarem daqui para frente todos os tratamentos médicos que têm no seu historial o uso de animais em laboratório. Em nome da coerência. Se isso significar, no limite, a morte de alguns dos militantes, tanto melhor: unidos na vida, unidos na morte.

22.10.2013

Post scriptum – Recebi centenas de e-mails a semana passada por causa de um texto sobre os "direitos dos animais". Não preciso de esclarecer que a maioria não foi simpática. Com verdadeiro espírito humanista, muitos dos defensores dos animais desejaram-me doenças que eu, um hipocondríaco confesso, nem sabia que existiam. Para além das inevitáveis ameaças de morte, sempre antecedidas de tortura (lenta). Agradeço a gentileza e espero ansiosamente pelo dia em que o mundo será governado pelo espírito tolerante dessa gente.

Para os restantes leitores, que insistiram em seis perguntas recorrentes (e civilizadas), aqui vão respostas civilizadas:

1. Se é possível fazer pesquisa sem animais, como justificar o uso dos bichos?

Não é possível fazer todo o tipo de pesquisas sem usar animais. A ciência evoluiu imenso, e as pesquisas *in vitro* (usando células em laboratório, algumas das quais humanas) e *in silico* (com computadores) têm ocupado o lugar das tradicionais pesquisas *in vivo*. Mas, para certas patologias, e sobretudo para se obterem respostas precisas a farmacologias várias, é necessário o uso de organismos vivos com certo grau de complexidade (o que exclui, por exemplo, moscas ou lesmas). Não usar animais implicaria, em muitos casos, usar seres humanos – ou, em alternativa, frear o progresso científico.

2. Os animais dos laboratórios são tratados de forma cruel.

Uma absoluta falácia. Os animais *domésticos* são, muitas vezes, tratados de forma cruel. Animais de laboratório são, como o nome indica, seres vivos criados em ambiente controlado (temperatura, som, conforto, comida etc.) de forma a infligir o menor sofrimento possível. Algumas experiências implicam dor ou desconforto. Mas o uso de animais em laboratório está submetido a legislação rigorosa, onde os "limites de severidade" são cada vez mais apertados. Dissecar animais em praça pública, como aconteceu no passado para conhecer o sistema circulatório (um feito que fez a medicina avançar vários séculos), seria impensável nos dias de hoje. E ainda bem.

3. É legítimo usar animais para testar cremes e batons?

Não é legítimo e deve ser severamente punido. Na Europa, já é desde março desse ano. Mas a discussão do artigo lidava com pesquisa médica, não estética. Confundir ambas revela ignorância ou má-fé.

4. Todos os ativistas dos "direitos dos animais" estão errados?

Pelo contrário: a ciência deve muito aos ativistas razoáveis dos "direitos dos animais", que contribuíram para que a ciência "humanizasse" o seu trato com os bichos. Os defensores razoáveis dos "direitos dos animais" legaram à ciência o desafio dos "três erres": *to reduce* (reduzir, sempre que possível, o número de animais em laboratório); *to replace* (substituir, sempre que possível, o uso de animais por outra alternativa – estudo de células ou simulação computacional, por exemplo); e *to refine* (refinar, sempre que possível, a forma como a pesquisa é feita – uso de anestésicos e analgésicos quando o desconforto é previsto, criação de um ambiente confortável e estimulante para os animais etc.). O diálogo entre cientistas e "eticistas" deve por isso continuar.

5. Você não gosta de animais e por isso defende o uso deles pela ciência?
Não pretendo tornar a discussão pessoal. Mas gosto de animais, tenho animais e até já escrevi sobre todas as lições "filosóficas" que aprendi com o meu gato.

6. Todas as vidas são sagradas e nenhum animal deve ser sacrificado para nosso benefício.
Quem parte dessa premissa encerra o debate mesmo antes dele começar. Não tenho tais certezas – e, como onívoro, é evidente que continuo a usar os animais como fonte principal de alimentação. Sobre a "sacralidade" da vida, confesso uma paralisia agônica com certos cálculos utilitaristas mesmo em relação à vida humana (para mim, a mais importante). Se, por hipótese, fosse possível salvar 10 milhões de pessoas gravemente doentes pelo sacrifício em laboratório de 10 indivíduos, valeria a pena matar esses dez inocentes? Instintivamente, direi que não e ficarei feliz com as minhas vaidades deontológicas. Pensando friamente, não sei se diria não – e que Deus, ou o sr. Kant, me perdoe. Porém, se a vida de 10 milhões de pessoas dependesse da vida do meu gato, não haveria hesitação alguma.

29.10.2013

O triunfo dos porcos

Todos os domingos, presto homenagem ao mundo lusófono. Como? Fazendo um churrasco aqui na Inglaterra, embora os meus vizinhos talvez não apreciem o gesto. Por causa do cheiro? Não. Por causa das carnes. Os meus vizinhos são a Oxford University Press, que pelos vistos tem problemas com "porcos", "salsichas" e outros produtos associados.

Em recomendação editorial aos seus autores, e sobretudo aos escritores de histórias infantis, a vetusta Oxford University Press aconselha que tais palavras sejam evitadas para não ofenderem muçulmanos e, vá lá, judeus. Segundo a empresa, os livros são vendidos em mais de duzentos países. É preciso ter "sensibilidade" para respeitar a "sensibilidade" de culturas diferentes.

Eu, por mim, concordo e prometo moderar as minhas gulas suínas. Só não entendo por que motivo a editora se limita ao inocente porco. Em nome de uma agenda verdadeiramente multiculturalista, o pessoal da Oxford University Press deveria apagar dos seus livros tudo aquilo que ofende alguém em qualquer religião ou sociedade. Porcos, sim. Mas também o uso abusivo de vacas (sagradas na Índia); mariscos (que os judeus mais rigorosos condenam); e várias classes de peixes (que muitas tribos africanas não consomem).

Depois dos bichos, a empresa poderia avançar com iguais limpezas na sua literatura (apagando personagens homossexuais; cenas de sexo fora do casamento; casos de aborto ou eutanásia); nos seus livros científicos (Darwin seria o primeiro a ser jogado no lixo); e até nos manuais médicos (todos sabemos que a menstruação pode provocar explosões em Cabul ou Riade).

No final dessa purga, não sei quantos livros a Oxford University Press teria para vender. Mas, como dizem os eruditos, quantidade nunca foi qualidade.

o

Em Paris, dois homens encapuzados fizeram doze mortos no ataque ao jornal *Charlie Hebdo*. No fim, gritaram palavras heroicas em nome do Profeta. Confrontados com esse episódio, qual a melhor palavra para descrever os dois autores do massacre?

Se o leitor pensou na palavra "terroristas", a BBC discorda: em entrevista ao jornal *The Independent*, um dos diretores da casa afirmou que a palavra é um pouco "pesada" e que basta dizer "dois homens armados" para arrumar o assunto. Sem nenhuma carga pejorativa.

O sr. Tarik Kafala tem toda a razão. E o que é válido para Paris, é válido para a Nigéria, onde o pessoal do Boko Haram continua a degolar "infiéis" com uma impressionante eficácia. Se uma pessoa começa a chamar "terrorista" a alguém só porque ele gosta de degolar "infiéis" em nome da *sharia*, eu pergunto com tristeza onde este mundo vai parar.

o

O ator Benedict Cumberbatch, que assina um papel estimável como o matemático Alan Turing em *O jogo da imitação*, concedeu uma entrevista radiofônica onde lamentava a ausência de *coloured actors* na indústria cinematográfica. Desastre: no dia seguinte, os jornais vergastaram Cumberbatch pelo uso da expressão, e ele, desolado, pediu desculpas pelo sucedido. Fez muito bem: de que vale defender as minorias quando tudo que importa é a correção das palavras?

Claro que, aqui entre nós, eu honestamente não sei que palavra teria sido mais apropriada para defender atores, digamos, que têm a pele, digamos, com um tom ligeiramente mais, digamos, inclinado para a direita na paleta cromática. "Negros" seria imperdoável. "Pretos" seria um suicídio. "Pessoas de cor" seria erro semelhante – e, além disso, um pouco circense. "Afro-americanos" poderia deixar de fora os "afro-ingleses" – ou então partir do pressuposto, ofensivo e colonialista, de que todos eles vieram de África.

A verdade é que, no meio da discussão, não encontrei uma única proposta capaz de garantir terreno livre. O que permite concluir que o melhor é não falar da discriminação que existe contra atores, digamos, você sabe. Esse silêncio, em rigoroso respeito pela etiqueta politicamente correta, será muito útil na luta pela igualdade de atores, digamos, enfim, desisto.

Razão tinha George Orwell quando dizia que a tirania dos homens começa com a tirania das palavras. Sim, Orwell, aquele escritor que imaginou o mundo em que vivemos: um mundo dominado por porcos, por mais que isso custe à Oxford University Press.

3.2.2015

O caso Monteiro Lobato

A minha infância foi pobre. Televisivamente falando. Não poderia ser de outra forma. Nasci depois da Revolução dos Cravos, que enterrou a ditadura portuguesa em 1974. A televisão lusa dava os primeiros passos em liberdade e a programação era incipiente. Mas havia exceções. Uma delas era *O sítio do pica-pau amarelo*, uma produção da TV Globo baseada na obra de Monteiro Lobato. Lembro-me das aventuras de Pedrinho e Narizinho com a mesma gratidão com que me lembro das aventuras de Lucy e Edward nas *Crônicas de Nárnia* de C. S. Lewis, que li na mesma idade, teria uns sete ou oito anos. E também da boneca Emília, de Dona Benta e da Tia Nastácia. Puro encantamento. Por causa de Monteiro Lobato, conheci melhor o folclore brasileiro, e a própria literatura brasileira. Depois da série, li Monteiro Lobato *lui-même*. E, por causa do autor, fui entrando no cânone.

Primeiro, *Meu pé de laranja lima*, de José Mauro de Vasconcelos, desde logo porque havia um "portuga" na trama. O livro fez um sucesso em Portugal digno de J. K. Rowling. E depois passei a dietas mais pesadas, com Lima Barreto, Nelson Rodrigues. E o notabilíssimo Rubem Fonseca.

O racismo de Monteiro Lobato incomodou-me? Nem pensei nisso. Não penso nisso agora. O que não significa que Monteiro Lobato não o fosse: as suas referências a "pretos" podem ser desconfortáveis para uma audiência moderna. Mas se as audiências modernas apenas lessem o que se ajusta ao cânone politicamente correto do momento, que obras ficariam nas nossas bibliotecas? Poucas. Quase nenhuma. Todas as épocas têm as suas fogueiras.

Por isso pasmo com a decisão do Conselho Nacional de Educação de sinalizar com pânico radioativo e instintos censórios a obra *Caçadas de Pedrinho*, publicada por Monteiro Lobato em 1933. O caso já chegou à imprensa portuguesa, que tem dedicado alguma atenção ao assunto. Deveria dedicar mais porque estamos na presença de um exemplo clássico de ignorância cultural. E, ironicamente, de preconceito ideológico.

Segundo leio, o livro *Caçadas de Pedrinho* tem referências que não são agradáveis à população negra. Uma princesa, por exemplo, aconselha Emília a não beber café. Para não ficar "morena". E a Tia Nastácia, que cozinhava os melhores petiscos da minha infância, é referida como "pobre preta". Isso, para o Conselho de Educação, é intolerável. A função do ensino, para o nobre órgão, é inculcar os valores certos na cabeça das crianças, afastando qualquer ofensa às minorias.

Sou capaz de entender a generosidade do Conselho de Educação. Mas se a função do ensino é afastar do currículo tudo aquilo que ofende a sensibilidade moderna, repito, não fica nada para mostrar. Apagar o passado que nos interpela com seu rol de ofensas e preconceitos é apagar Platão ou Aristóteles, dois conhecidos escravagistas com intoleráveis tendências misóginas. É apagar os versos de Dante na sua *Divina Comédia* com passagens "islamofóbicas". É apagar Voltaire pelas mesmas razões, a começar pela sua peça *Maomé*. É apagar Mark Twain pelos mesmos motivos que nos levam a censurar Monteiro Lobato. É não permitir que Shakespeare nos contamine com seu esporádico antissemitismo. E, por falar em antissemitismo, é jogar no lixo a poesia de T. S. Eliot, o maior de todos os modernistas. E etc. etc. etc. A lista não tem fim.

Avaliar a cultura passada com as lentes ideológicas do nosso tempo não é apenas um grosseiro erro de anacronismo. É destruir esse passado pela destruição do mundo que ele expressa; é, no limite, uma privação cultural. E esse crime não é apenas um crime que cometemos sobre o passado. É também uma porta que abrimos para crimes futuros: para que as gerações vindouras, dominadas por seus próprios valores ou preconceitos, possam usar a guilhotina sobre os nossos valores ou preconceitos; sobre a nossa voz singular e presente; sobre nossos vícios e virtudes; sobre nós. Uma inquisição permanente que não tem descanso.

O caso Monteiro Lobato é mais um exemplo de como o objetivo do pensamento politicamente correto não é "corrigir" o pensamento politicamente incorreto. É criar um mundo de silêncio, transformando o passado num imenso cemitério.

29.11.2010

Os verdadeiros escravos

Semanas atrás, escrevi na *Folha* sobre o "caso Monteiro Lobato". Tudo porque o Conselho Nacional de Educação, com os caninos da censura afiados, preparava-se para sinalizar com histeria politicamente correta uma obra do referido escritor onde existiam referências pouco simpáticas a "pretos". Dizia eu que o gesto revelava a ignorância de quem propunha tal sinalização: cada obra expressa o espírito de uma época. E se limpamos Monteiro Lobato, acabamos por limpar grande parte da tradição cultural do Ocidente; uma tradição que ofenderá sempre alguém, algures, ao contestar ou ofender crenças ou valores particulares.

Um pormenor, porém, deixei de fora: limpar uma obra de arte de qualquer referência ofensiva para certas minorias ou raças é também um ato de vandalismo cultural. Porque nada nos autoriza a desfigurar uma obra de arte para que ela possa acomodar os preconceitos transitórios da nossa época.

Se não o disse sobre Monteiro Lobato, posso dizê-lo sobre Mark Twain, um dos meus autores de formação e cujo centenário de morte foi lembrado no ano que findou. Leio agora que uma nova edição de *As aventuras de Huckleberry Finn*, esse amado livro, pretende apagar as 219 vezes em que a palavra *nigger* aparece no texto. Em substituição de *nigger*, surgirá "escravo" – um termo que expressa de forma rigorosa as "relações de classe" no sul dos Estados Unidos em pleno século XIX. Como explicar essa mudança?

O autor do prodígio, o professor Alan Gribben, confessou à imprensa que não consegue ler nas aulas e em voz alta as passagens da obra onde *nigger* surge. O termo é ofensivo e, mais que ofensivo, esconde a realidade da escravatura. Para o professor Gribben, uma pequena "alteração" em nada modifica o humor e a grandeza narrativa da obra de Twain. E todos ficam contentes.

Em tempos mais civilizados, nem valeria a pena comentar a barbaridade: se um professor de literatura é incapaz de evitar o pecado do anacronismo, exportando para o passado juízos morais que são próprios do tempo presente, isso deveria desqualificá-lo imediatamente para ensinar literatura.

Mas o professor Gribben não comete apenas o pecado do anacronismo. Ele pretende redimir o seu "desconforto" com um ato de vandalismo estético.

Apagar as palavras originais de um autor pela substituição de novas palavras é tão grotesco como redesenhar a Capela Sistina para não ofender a sensibilidade dos ateus; pintar umas calcinhas sobre a vagina de Courbet para não ofender a dignidade feminista; extirpar toda a violência expressiva dos filmes de Tarantino para não ofender a consciência dos pacifistas. E etc. etc. etc. A lista, também aqui, não tem fim.

Os fanáticos desejam expor, com militância abusiva, os crimes da escravatura. Mas, aprisionados à sua ignorância e à sua selvajaria, nem se apercebem que os verdadeiros escravos são eles.

10.1.2011

O amor que não ousa ladrar seu nome

Confesso: nunca tive paixões por animais. Falo de paixões românticas, arrebatadoras, sejam platônicas ou mesmo carnais. Nunca perdi a cabeça por um porco, nunca me apaixonei por um cavalo, nunca pensei em constituir família com uma vaca ou uma galinha. Às vezes penso que a culpa é da minha educação: uma educação repressiva, católica, claramente "especista", para quem os seres humanos eram seres humanos, os animais eram animais. E a arca de Noé não era a casa da mãe Joana. Terei perdido alguma coisa?

Provavelmente. Michael Kiok, líder de um dos principais grupos zoófilos da Alemanha, tem alguns pensamentos sobre o assunto. Aos quatro ou cinco anos, conta Kiok à revista *Der Spiegel*, ele olhava para os animais domésticos com uma ternura especial. Nada de alarmante: quem, em juízo perfeito, não gosta de afagar um cachorro ou sentir o doce ronronar de um gato?

Acontece que os sentimentos de Kiok pela bicharada começaram a ganhar outros contornos na adolescência. Contornos eróticos que levaram a atos eróticos. Para Kiok, que se escusa a esclarecer se hoje mantém relacionamentos monogâmicos ou promíscuos com bípedes ou quadrúpedes, os animais não são animais, muito menos "irracionais". São parceiros de pleno direito, que sabem como expressar a sua afetividade. Nas palavras do próprio, "os animais são mais fáceis de compreender do que as mulheres".

Sobre este último ponto, e com o devido respeito a Kiok, tenho dúvidas. É um fato que até Freud, no leito da morte, terá confessado uma certa frustração por partir deste mundo sem nunca ter entendido a cabeça feminina. Mas o mundo evoluiu muito depois de Freud. E existe literatura abundante sobre os sinais românticos que as mulheres gostam de emitir para conquistar um homem. A forma como falam. Como sorriem. Como mexem no cabelo. Como tocam casualmente no braço do potencial parceiro.

Como será o olhar apaixonado de um bode? A disponibilidade sexual de uma cabra? O momento sacramental em que um hamster se rende às evidências, desiste de pedalar a sua roda e está pronto para ser beijado?

Temo bem que todas essas perguntas ficarão agora sem resposta. Isso porque a Alemanha tenciona ilegalizar o bestialismo com multas que podem atingir os 25 mil euros. O país está cansado de pertencer ao mesmo clube que a Dinamarca, a Suécia e, claro, a Bélgica, onde o bestialismo é legal (no duplo sentido da palavra). Agora, através da câmara baixa do Parlamento, Berlim quer punir "comportamentos impróprios" com a espécie animal.

Não sei que dizer. Por um lado, entendo a necessidade de proteger os animais indefesos do país, que continuam à mercê dos cerca de 100 mil predadores sexuais que se aproveitam da fraqueza emocional de um pato ou de um esquilo para fazerem o que não têm coragem de fazer com um ouriço. Mas que fazer nos casos de paixão correspondida? Devemos nós, humanos arrogantes, legislar afetos que não entendemos?

Por outro lado, prevejo dificuldades na aplicação da lei. A primeira, evidente, é saber como detectar casos de assédio e, sobretudo, agressões consumadas. Partindo do pressuposto de que o testemunho de um animal não tem grande peso na justiça, como decifrar o olhar amedrontado de uma ovelha, obrigada a fugir continuamente das investidas do seu pastor? E como agir a tempo e horas quando, em prados ou chiqueiros, canis ou capoeiras, se estiver na iminência de um crime?

Sem falar do óbvio: se o Parlamento alemão deseja punir as "relações impróprias", o que será uma relação *apropriada*? Onde traçar a linha? Será possível beijar um cachorro? Em caso afirmativo, com língua ou sem língua? E, já agora, língua dele ou língua nossa?

Dúvidas, dúvidas, dúvidas. E, suspeito, o início de uma vida clandestina para amantes como Michael Kiok, condenados a viver as suas histórias nos calabouços da clandestinidade. Só espero que Michael, e milhares como ele, não desistam dos seus sonhos e sigam em frente. A grande literatura romântica sempre se fez de amores proibidos. Tenho a certeza, que a perseguição de hoje será um novo capítulo na história literária de amanhã.

4.12.2012

Deus é verde

O terremoto de Lisboa de 1755 não foi apenas um terremoto. Foi uma trágica, devastadora e assaz perfeita confluência de desastres. A terra tremeu. O fogo veio a seguir e devorou as casas. Finalmente, o mar devorou a cidade. Foi então que a inteligência europeia, com Voltaire à cabeça, formulou a questão: como é possível que Deus tenha permitido semelhante brutalidade? As palavras de Voltaire correram a Europa, e "Lisboa" ganhou ressonâncias malignas que só "Auschwitz" acabaria por ter no século XX.

Mas a inquietação de Voltaire não foi a única. Como explica Susan Neiman num brilhante tratado sobre a história filosófica do mal (*O mal no pensamento moderno*), o terremoto de Lisboa não se limitou a ser pasto para o racionalismo dos *philosophes*. O terremoto, em suma, não mostrava apenas ao mundo a crueldade de Deus – ou até a Sua inexistência. Para os anti-iluministas, provava o contrário: a justiça e a onipotência divinas sobre uma Humanidade corrupta e pecadora. O terremoto era um castigo de Deus sobre a licenciosidade dos Homens. E nem mesmo as diferentes sensibilidades religiosas da época escaparam às suas guerras privadas. Para os jansenistas, o terremoto era um castigo sobre uma "cidade jesuíta", onde a Inquisição ainda funcionava. Para os jesuítas era o oposto: um castigo divino precisamente porque a Inquisição não funcionava com a dureza e a regularidade aconselháveis. O italiano Gabriel Malagrida foi um dos rostos mais conhecidos desse fervor religioso e, um ano depois do terremoto, ainda pregava aos lisboetas para que se arrependessem dos seus pecados e se preparassem para o Juízo Final. O terremoto do ano anterior fora um mero aperitivo. O prato principal ainda estaria para vir.

O mundo acabou, é certo. Mas apenas para Malagrida, queimado pouco depois como herege num apropriado auto de fé. Conta a mesma Susan Neiman que a morte de Malagrida marcava também o fim de uma era que via nos "males naturais" uma expressão dos "males morais". Nas clássicas palavras atribuídas ao marquês de Pombal, a única resposta possível perante o terremoto era "enterrar os mortos e alimentar os vivos". Meditações teológicas para que, quando havia pestes e fomes a evitar?

Os mortos foram enterrados. Deus também: os "males naturais" passaram a ser imprevisíveis, contingentes, inexplicáveis. E sobre eles passou a repousar um silêncio de resignação e horror. É esse silêncio que a maioria observa com as imagens do Japão e a sua particular confluência de desastres. Nada há a dizer, nada há a explicar, exceto enterrar os mortos e cuidar dos vivos.

Mas há quem resista: o presidente do European Economic and Social Committee, órgão consultivo da União Europeia com certa importância "científica", aproveitou o momento para questionar se a catástrofe japonesa não seria um resultado do aquecimento global – ou, como hoje se diz e uma vez que o mundo deixou de aquecer desde inícios do século XXI, das "alterações climatéricas". Nas palavras do preclaro Staffan Nilsson, talvez a natureza esteja a falar conosco. Não deveríamos ouvi-la?

Não foi caso único: jornais e televisões foram invadidos por iguais interrogações, normalmente vertidas por políticos e fanáticos da causa ambientalista. A natureza, na visão dessa gente, não pode ser imprevisível, contingente, inexplicável. Como, na verdade, sempre foi ao longo da história. Isso seria um insulto para a nossa patética soberba. Se o Japão ficou parcialmente destruído, existe uma causa última. E na impossibilidade da causa ser um deus monoteísta, talvez as respostas se encontrem num deus panteísta: uma Mãe Natureza indignada com os abusos dos seus filhos, que resolve assim puni-los de forma brutal para que eles deixem de cometer pecados contra ela.

Enganam-se os que pensam que o espírito de Malagrida morreu nas chamas da Inquisição. Os fanáticos da causa verde apenas pintaram Deus com outra cor, mas a atitude mental é a mesma: a atitude de quem explica os "males terrenos" como um castigo dos céus. Ou, perdão, da Terra.

16.3.2011

Caça ao gordo

Pobres gordos. Numa cultura que elevou a saúde, a juventude e a beleza a patamares verdadeiramente insanos, a espécie já não tinha vida fácil. Mas uma coisa é a estética; outra, bem mais grave, são os imperativos da ética. Agora, a ciência resolveu dar uma ajuda para empurrar os gordos rumo ao abismo moral.

Leio nos jornais que a London School of Hygiene and Tropical Medicine estabeleceu uma ligação séria, e alarmante, entre os gordos e o inevitável aquecimento global. Dizem os cientistas que os primeiros são diretamente responsáveis pelo segundo.

Para começar, porque comem. Muito. Demais. Diariamente, um gordo consome 1.680 calorias só para sair da cama (sem grua), e mais 1.280 só para efetuar as tarefas mais banais. É incomparavelmente mais do que uma pessoa decente, ou seja, com peso "normal". Resultado: a energia despendida para produzir cada vez mais comida contribui decisivamente para o efeito estufa (uns 20% do problema global). No mundo, existem 400 milhões de gordos. Mas a Organização Mundial de Saúde afirma que em 2015 existirão 700 milhões. Como será possível alimentar a gula dessa gente toda sem arruinar definitivamente o planeta?

O apocalipse não termina aqui. Porque os gordos não se limitam a comer. Eles também andam por aí, transportados em carros ou aviões. E o peso dos gordos exige quantidades crescentes de combustível.

Por outras palavras: os gordos arruínam o ambiente e põem em perigo a sobrevivência da humanidade. Mas não apenas o ambiente. Ao comerem como não devem e ao pesarem o que não podem, os gordos contribuem para outros problemas "menores", como a falta de alimentos no mundo e a insuportável subida dos preços do barril de petróleo. Soluções?

Por enquanto, a ciência fala. Como falou no passado contra outras classes de viciosos (os fumantes, por exemplo), que foram progressivamente desumanizadas pelas sociedades higiênicas do Ocidente.

Depois da ciência falar, e de estar criado o clima ideal para a intolerância e para o preconceito, os políticos terão uma palavra sobre o assunto, criminalizando certos comportamentos tidos por "desviantes" ou "antissociais". Já está a suceder na Europa, onde se discute seriamente se os hospitais públicos devem tratar pessoas que fumam, comem em excesso ou não praticam exercício físico com masoquismo diário. O raciocínio é exemplar: por que motivo os meus impostos devem ser usados para tratar um fumante, um gordo ou um sedentário?

Curiosamente, não parece passar pela cabeça dos zelotes que os fumantes, os gordos e os sedentários também pagam impostos e, como é lógico, esperam ser tratados pelas instituições que sustentam. Essa evidência não passa pela cabeça dos zelotes porque os fumantes, os gordos e os sedentários já perderam há muito o estatuto de cidadania plena, habitando as catacumbas clandestinas da sociedade civilizada.

Eu, se fosse gordo, começava a temer pelo meu generoso corpinho. E, entre a dieta ou a fuga, optava sensatamente pela dieta. Dá menos trabalho e, francamente, a Terra agradece.

26.5.2008

Mulheres que apanham

Todas as mulheres gostam de apanhar. Só as neuróticas é que reagem. Assim falava Nelson Rodrigues. E assim falo eu, em jeito de provocação, ao meu auditório feminino lá em casa. Sem sucesso: rodeado por mulheres mais inteligentes do que eu, elas tratam de responder às provocações com outras de igual calibre, irreproduzíveis num jornal de família.

Eu, sovado e acabrunhado, encerro a discussão, fugindo para a primeira premissa: "Estão vendo? Neuróticas, todas vocês".

Brinco. Mas depois, com o café da manhã, encontro notícias que ressuscitam o velho Nelson e conferem *gravitas* aos seus aforismos. Uma delas vem no *Sunday Times* e parece inventada por uma jornalista (neurótica): o americano Julien Blanc vem a caminho do Reino Unido. Pior: Blanc pode já estar em Londres, pronto para organizar os seus *workshops*. Quem é Julien Blanc?

A julgar pelo tom da notícia, parece que o rapaz é um descendente de Jack, o Estripador, pronto para arruinar mulheres de boa ou má fama. Mas depois lemos que o talento dele é ensinar os homens, em cursos de três dias pelo preço de 1.276 libras, a seduzir, usar e destruir emocionalmente uma donzela. "O meu brinquedo sexual favorito", diz o pensador Blanc, "é a minha namorada." O sucesso tem sido planetário.

Se a coisa ficasse pelos jornais, nada a opor: a crise da imprensa também é uma crise de inteligência. O pior é que a sombra do temível Blanc já chegou aos governos. A Austrália expulsou-o do território como quem expulsa o conde Drácula. O Brasil, que em princípio seria visitado pelos seus caninos em janeiro, já avisou que não há visto para ninguém. Igual posição é assumida pela ministra do Interior britânica, Theresa May, partindo do pressuposto de que o monstro ainda não chegou às ilhas britânicas. Blanc não terá autorização para entrar porque ele é um "perigo público" e os seus cursos podem "incitar o abuso e a violência".

Uma pessoa lê essas coisas e pergunta, como um velho dinossauro fora do seu parque jurássico, que mundo é esse em que as mulheres precisam da proteção dos governos para não caírem na cantiga do bandido. Serei o único a pensar que o comportamento da Austrália, do Brasil e do Reino Unido trata as mulheres como crianças – e um idiota americano qualquer como um voraz mentor de pedófilos? Os conselhos de Julien Blanc – como manipular uma mulher, como humilhá-la, como chantageá-la – são de um primitivismo infantil, é certo. Mas transformá-lo em "perigo público" e impedi-lo de viajar, para além de duvidoso do ponto de vista legal, é retirar às mulheres, sobretudo a mulheres *adultas*, qualquer estatuto de autonomia ou racionalidade.

Certamente que existirão sempre vozes de compaixão para as quais nem todas as mulheres possuem esse grau de autonomia ou racionalidade (belo paternalismo). Mulheres sem instrução; mulheres sem independência econômica; mulheres com baixa autoestima (grotesca palavra) – todas elas são presas fáceis para predadores difíceis. Pena que a realidade, às vezes, desminta tais piedades. Por ironia cósmica, o mesmo *Sunday Times*, na sua revista dominical, publica extratos da autobiografia da atriz Anjelica Huston, mulher de Jack Nicholson durante duas décadas. E, durante essas duas décadas, Huston foi fazendo uma longa lista de todas as mulheres que Jack Nicholson foi devorando nas horas livres e que provocaram na pobre Anjelica angústias sem nome. O próprio Jack, aliás, raramente negava esses casos. Quando muito, dizia apenas que era "sexo por compaixão", sem importância ou continuidade.

Confrontado com tal benemérito, um dinossauro perguntará o que fez Anjelica Huston perante tanto abuso e humilhação durante vinte longos anos. No fundo, qual foi a atitude de uma mulher econômica e socialmente independente ante as terríveis infidelidades do seu amado vilão?

A ministra Theresa May, ou o ministro das Relações Exteriores do Brasil, talvez dissessem que o amor tem razões que a razão desconhece – e que é exatamente por isso que as mulheres devem ser protegidas em hábitat apropriado. Como certos pandas no jardim zoológico.

Nelson Rodrigues discordaria. Para ele, Anjelica Huston era perfeitamente saudável, não neurótica. Por isso gostava de apanhar.

18.11.2014

Santas e prostitutas

Censurar Paris Hilton é um gesto honroso e até higiênico: na sua vulgaridade plástica, Paris Hilton é um insulto à beleza natural das mulheres brasileiras. Fosse eu presidente da República e jamais Paris Hilton poderia estrelar em comercial televisivo. Seria como convidar um futebolista californiano para jogar na seleção canarinha.

Acontece que o governo brasileiro não censurou Paris por motivos patrióticos, ou até estéticos, o que seria compreensível. Censurou por motivos éticos. Eis a história: Paris foi convidada para fazer uma campanha publicitária de uma cerveja. O filme mostra Paris, num hotel carioca, colada à janela do quarto, passando a lata da bebida pelo corpo. Simula prazer.

Cá fora, o mundo simula delírio. Um rapaz, versão moderna e ridícula de James Stewart em *Janela indiscreta*, fotografa a lata, não Paris, com verdadeiro fervor alcoólico. Na praia, a multidão aplaude o espetáculo e bebe em homenagem.

A Secretaria de Políticas para as Mulheres não gostou. Eu também não gosto de uma secretaria com esse nome, mas divago. A juntar ao repúdio governamental, alguns consumidores também se sentiram chocados com a indecência de Paris. E o Conselho Nacional de Autorregulamentação Publicitária abriu três processos pela manifesta imoralidade do comercial. Uma coisa é ter mulheres na praia, seminuas, bebendo vários barris de cerveja. Outra, bem diferente, é ter uma mulher de vestido negro, na janela de um quarto de hotel, com uma lata de cerveja na mão. Para os moralistas da cerveja, na praia vale tudo. No quarto, não vale nada. E quando surge uma imagem demoníaca dessas, a solução é proibir. Na cabeça deles, a imagem degrada as mulheres e, em especial, a mulher loira, universalmente considerada a versão feminina de Forrest Gump.

Não vale a pena perder tempo com a profunda contradição do raciocínio: a sexualização onipresente na cultura popular brasileira faz de Paris Hilton um hino à castidade. Mas vale a pena perder tempo com a natureza paternalista de um governo que ressuscita os piores clichês do feminismo rasteiro para defender a sua dama. O que nos disse o movimento feminista que explodiu pelo mundo depois da Segunda Guerra?

Não é possível resumir em poucas frases a multiplicidade de argumentos e até de movimentos que marcharam pela causa. Mas, simplificando, o feminismo apresentava-se às massas com o propósito de "libertar" a mulher, o que implicava enterrar os seus papéis clássicos de subjugação falocêntrica. As grilhetas femininas não estavam apenas em casa: na humilhação de cozinhar para o homem, de criar os seus filhos e de suportar as suas "violações" regulares no leito conjugal (obrigado, Andrea Dworkin). A libertação implicava também que a mulher deixasse de ser objeto sexual; deixasse de ser "coisa", "carne", "corpo" e passasse a ser "pessoa". A luta contra a indústria pornográfica, por exemplo, foi um *must* do movimento, sobretudo nos Estados Unidos, e muitas vezes uniu as "revolucionárias" do movimento feminista com a extrema direita religiosa mais reacionária. Ironias da história.

Ironias que a notável escritora Camille Paglia sublinhou em textos críticos sobre a condição feminina. Para Paglia, o movimento feminista, longe de defender a "libertação" das mulheres, apenas pretendia substituir uma forma de autoritarismo por outra. Paglia não nega as provações que as mulheres experimentaram durante grande parte da história. Mas Paglia, ao contrário de Dworkin e suas vestais, entendia que a verdadeira libertação não passava por um novo catálogo de proibições. Passava por dar às mulheres o que estas não tinham anteriormente: *escolha* e *poder*.

Ou, em linguagem prosaica, se uma mulher deseja ser "coisa", "carne", "corpo", isso não a diminui enquanto "pessoa". Pelo contrário: é uma poderosa manifestação de autonomia e, no limite, de domínio sobre aquele que a deseja. Liberdade não é impor um único padrão de comportamento. Liberdade é, precisamente, não impor nenhum.

Proibir o comercial de Paris Hilton em nome da "dignidade das mulheres" é, tão simplesmente, um insulto às mulheres. Um insulto à capacidade destas para decidirem ser o que entenderem: santas, prostitutas ou nenhuma delas.

Para o insulto ser perfeito, só faltava que o governo brasileiro liberasse o comercial sob a condição de Paris Hilton usar burca da cabeça aos pés. Não ria, leitor. Brasília está longe de Teerã, sim. Mas o espírito é o mesmo.

2.3.2010

O insulto de Gisele Bündchen

Chegou a Portugal mais uma polêmica machista brasileira. Tempos atrás, a personagem principal era Paris Hilton, em hotel do Rio, passando uma cerveja gelada pelo corpo. No calçadão, o pessoal delirava. Mas o governo brasileiro não delirou, e o Conar (Conselho Nacional de Autorregulamentação Publicitária) foi chamado de emergência, com tesoura censória.

Agora, foi Gisele Bündchen, o que representa um progresso face a Paris. Assisti à propaganda nos noticiários lusos: Gisele, de calcinha e sutiã, comunicando ao marido que o cartão de crédito – dela e dele – estourou. A mensagem da propaganda é simples e eficaz: se existem más notícias para comunicar, o melhor é fazê-lo em traje apropriado. Como a lingerie Hope, estrelada pela modelo.

A Secretaria de Políticas para as Mulheres voltou a não gostar da brincadeira e voltou a chamar o Conar. A publicidade é sexista, reproduz estereótipos sexistas ao apresentar a mulher como "objeto sexual de seu marido". Tesoura nela? Veremos.

Não vou negar as premissas do governo: é óbvio que a publicidade recorre a estereótipos. Como qualquer publicidade deste mundo: alguém conhece uma propaganda que não utilize, explícita ou implicitamente, um clichê qualquer?

Mais ainda: não pode existir humor, ou tentativas de humor, sem se recorrer a estereótipos – sexuais, culturais, raciais, econômicos, políticos, psicológicos. Será que Brasília vai criar um conselho nacional para proibir qualquer brasileiro de contar piadas de portugueses?

A atitude do governo, para além de abusiva numa sociedade livre, revela burrice sobre os mecanismos do humor. Mas revela também um outro tipo de burrice: assistindo à propaganda, qualquer pessoa alfabetizada entende que o verdadeiro insulto não é às mulheres. O verdadeiro insulto é aos homens.

A lingerie Hope, ao apresentar Gisele de calcinha e sutiã para comunicar o estouro do cartão de crédito, está simplesmente a dizer: os homens são tão básicos e imbecis que basta você aparecer em lingerie para eles perdoarem tudo. A batida do carro. O estouro do cartão de crédito. Quem sabe a demolição da casa.

Fosse eu tão fanático como o pessoal da Secretaria de Políticas para as Mulheres e já estaria a contratar um advogado para defender os meus direitos – e os direitos de todos os homens! – perante mais essa agressão sexista.

3.10.2011

Em defesa da chatice

A Suíça é chata. Diz a sabedoria popular. E acrescenta, com horror: um país que só produz relógios e chocolates não pode ser coisa excitante. Podemos sempre replicar: depende dos relógios e depende dos chocolates. Sem esquecer os queijos. Já provou, leitor?

Mas não contesto. Chata, sim, chatíssima, sobretudo se a compararmos com lugares mais animados – a Somália, por exemplo. Talvez por isso eu goste tanto dela. É um princípio pessoal: só viveria em países e cidades onde ninguém se intromete na vida de ninguém. Esse vício tem nome: liberdade. E muitos procuraram essa liberdade nesta chatíssima Suíça, lugar de exílio, trabalho e inspiração para incontáveis fantasmas. Jorge Luis Borges morreu há 25 anos nesta mesma cidade de Genebra. Ignazio Silone passou por cá. Charles Chaplin também viveu por estas bandas. O norte da Europa, globalmente considerado, sempre foi isso: a última paragem dos renegados. Enquanto o sul perseguia ou queimava – judeus, heréticos vários, livres-pensadores políticos – o norte recebia-os. E tolerava-os. Sem os condenar.

É por isso que acompanhei com interesse o julgamento do parlamentar holandês Geert Wilders, aqui ao lado, em Amsterdã. Não por causa de Wilders, personagem que me é indiferente, confesso, e um pouco repulsivo. O que me interessava saber era se, em 2011, o norte da Europa continuava a ser esse espaço bem chato de liberdade e tolerância, onde é possível dizer as maiores barbaridades sem sentir o chicote da censura autoritária. Questão pessoal: eu posso um dia precisar desse espaço.

Mas relembremos o filme: Geert Wilders não é figura "consensual", como se diz. "Populista", "provocador", "fascista", "boçal" – os adjetivos abundam. As polêmicas também. Tudo porque Wilders, em filmes ou discursos, gosta de descer o pau sobre o Islã. Diz ele: o Islã é uma religião de violência e guerra. Diz mais: o Alcorão é comparável ao *Mein Kampf*, a autobiografia programática de Hitler e do nazismo. Diz ainda: a Europa deve proteger o seu espaço público, evitando a "islamização" progressiva que é imposta por uma imigração muçulmana sem controle. Pergunta sacramental: Geert Wilders tem razão no que diz?

Responder a essa questão é começar pelo lado errado. Sim, é possível desmontar cada um dos argumentos radicais do homem. Reduzir a religião islâmica à sua dimensão bélica é um erro grosseiro e tão fundamentalista como as leituras fundamentalistas dos mais fundamentalistas. Comparar o Alcorão ao *Mein Kampf* é não entender a natureza histórica, filosófica e rácica do nazismo. E sobre os perigos da imigração muçulmana, não é possível misturar a vasta maioria de muçulmanos que procura na Europa um porto de abrigo com as franjas mais perigosas e radicais – que existem e persistem, e que são um perigo real para o Ocidente.

Mas tudo isso é secundário para o problema principal. Porque o problema principal é saber se assiste a Geert Wilders o direito de expressar opiniões fortes, desagradáveis e até equivocadas. Aliás, não apenas a Geert Wilders; a dúvida é extensível a todos aqueles que, antes dele e seguramente depois dele, navegaram e continuarão a navegar as mesmas águas: as águas da blasfêmia e da heresia.

O tribunal de Amsterdã não teve dúvidas: as palavras de Geert Wilders podem ser fortes. Mas uma sociedade que não tolera palavras fortes será uma comunidade de cidadãos fracos: de gente que acabará sempre por impor aos outros uma mordaça mental em nome de sensibilidades particulares – políticas, religiosas, morais.

A absolvição de Geert Wilders não é apenas uma vitória para ele, ou para a "liberdade de expressão". É uma vitória para a Europa, ou para uma certa Europa: uma Europa que, depois de guerras longas e sanguinárias motivadas por diferentes concepções religiosas, entendeu que a única forma de garantir um "modo de vida" comum passava por não perseguir as diferentes "paixões" em confronto. Geert Wilders não gosta do Islã. Muitos muçulmanos não gostam de Geert Wilders. Não é grave.

Grave seria se esse impasse só pudesse ser quebrado pela morte de uma das partes. Chamem-me antiquado, mas eu prefiro a chatice do impasse a qualquer excitação sanguinária.

29.6.2011

O céu é o limite

Nunca concordei com a visão caricatural que atribui à esquerda o monopólio da "igualdade". Tudo depende do que entendemos pela palavra.

"Igualdade" será igualdade de todos perante a lei? Concordo. "Igualdade" será igualdade de tratamento para brancos, negros ou pardos no acesso a profissões ou universidades? Também concordo. Como diria o reverendo Martin Luther King, os homens devem ser julgados pelo seu caráter, não pela cor da sua pele.

O problema é que uma parte da esquerda quer julgar a cor da pele, não o caráter de um homem. Para essas patrulhas, o objetivo já não está em abolir situações aberrantes de discriminação racial no acesso a profissões ou universidades. O objetivo agora é outro: voltar a discriminar racialmente de forma a garantir igualdade de resultados, e não apenas de oportunidades. Esse conceito de igualdade é um travesti do conceito original.

As cotas raciais, toleradas em universidades americanas (e, por decisão do Supremo Tribunal Federal, brasileiras também), são um bom exemplo. Desde logo porque elas começam por imitar o pior do pensamento racista: a diluição da identidade na pigmentação da pele de um grupo. Para um racista, não existe o João ou a Maria; não existe gente concreta, com vícios e virtudes concretos. O racista agrupa: para ele, só existem "negros", ou "brancos", ou "pardos". O grupo suplanta o indivíduo. Só o grupo é dotado de uma qualidade própria – ou, melhor dizendo, imprópria.

Os defensores das "políticas afirmativas" são racistas invertidos. Para eles, também não há nenhum João ou Maria. E os indivíduos não devem ser avaliados pelas suas qualidades pessoais. O que existem são grupos que devem ser discriminados positivamente: as qualidades particulares dos indivíduos que compõem esses grupos não interessam para nada.

O resultado dessa despersonalização foi bem estudado por Thomas Sowell, economista americano (e negro) que durante três décadas acompanhou as consequências das "políticas afirmativas" nos Estados Unidos e em outras regiões do mundo (Índia, Sri Lanka, Nigéria etc.). A principal obra de Sowell intitula-se, precisamente, *Affirmative Action Around the World: An Empirical Study*, e a sentença do autor não é otimista: as vantagens das "políticas afirmativas" são bem menores que os prejuízos que elas causam.

Para começar, as "políticas afirmativas" alimentam nos seus beneficiários a humilhante ideia de que eles voam com asas falsas. Ironicamente, o que começa por ser um instrumento favorável à "autoestima" rapidamente se converte num dano para essa mesma "autoestima".

Mas o mais interessante é que essa percepção de fraude pessoal não se limita ao beneficiário dessas políticas. Ela estende-se igualmente à sociedade que o rodeia, gerando o tipo de hostilidade e ressentimento que se procurava combater. Uma vez mais, um instrumento favorável à "integração" também se transforma num mecanismo de exclusão.

O resultado perverso de todos esses estigmas está na desistência, ou pelo menos na menor exigência, que o beneficiário exibe na sua formação intelectual: estudar para que quando existe um lugar na universidade que premia a cor da minha pele? E o inverso também acontece: de que vale o meu esforço quando eu tenho a cor da pele errada? Se a cor da pele é critério relevante de admissão universitária, todos os grupos sociais, sejam ou não beneficiados por "políticas afirmativas", perdem o estímulo para realizarem o seu máximo potencial.

Como afirma Thomas Sowell, os defensores das "políticas afirmativas" acreditam que estão apenas a transferir benefícios de um grupo para o outro, corrigindo injustiças históricas. Na verdade, estão a cometer novas injustiças e a empobrecer a sociedade como um todo, privando-a dos melhores médicos, dos melhores engenheiros, dos melhores professores – independentemente da cor da pele.

Para que o desastre fosse completo, ironiza Sowell, só faltava que os Estados Unidos começassem também a discriminar (negativamente) os alunos asiáticos que apresentam resultados acadêmicos superiores a brancos ou negros. E por que não?

Quando as universidades deixam de ser lugares de excelência e viram laboratórios de fanatismo ideológico, o céu é o limite.

29.5.2012

Amestrando proletários

O problema do pensamento politicamente correto é que ele nada tem de correto. Na ânsia de impedir qualquer ofensa a grupos ou minorias, ele converte-se na mais grotesca ofensa que existe para esses grupos ou minorias.

A revista alemã *Der Spiegel* relata um caso que merece partilha: parece que a Universidade Livre de Berlim decidiu publicar um guia interno para que os alunos de famílias proletárias possam ser mais facilmente integrados na vida acadêmica. E que nos diz o guia?

Coisas sensatas. Primeiro, informa os estudantes da instituição que os coleguinhas proletários não se sentem naturalmente confortáveis em ambientes não proletários. Mas o guia vai mais longe e exorta os alunos de classe média a gerar o ambiente ideal para que os coleguinhas proletários se sintam em casa. Como? Por exemplo, aconselhando a classe média a não criticar ou ridicularizar nenhuma afirmação dos coleguinhas proletários. Para os autores do guia, os alunos proletários são como certas espécies zoológicas. E isso implica não os assustar e, logicamente, não os alimentar com doses arcaicas de conhecimento "burguês" e "reacionário".

Como é evidente, o pensamento politicamente correto das patrulhas parte de duas ideias profundamente ofensivas.

A primeira ideia é a defesa explícita de que alunos de famílias proletárias estranham ambientes eruditos e neles definham. Sim, seria possível fazer uma lista de intelectuais gerados pelo "proletariado" – de Jack London a D. H. Lawrence – que marcaram a história da cultura ocidental. As patrulhas politicamente corretas não conhecem essa lista. Preferem a caricatura do filho do operário fabril que só consegue ser feliz e "autêntico" no meio da fuligem. Livros, para ele, dão soneira. Ou coceira, tanto faz.

Mas é a segunda recomendação que impressiona pela sua evidente discriminação. Para as patrulhas, sempre que um aluno proletário abre a boca, é preciso ser condescendente para escutar as alarvidades que ele diz. A universidade não é uma universidade, com a missão de corrigir erros e procurar algum conhecimento válido para todos. A universidade é uma grande encenação – ou, melhor ainda, uma sessão coletiva de terapia onde ninguém está certo (ou errado) porque todos estão certos (ou errados). O que o pensamento politicamente correto produz não é difícil de imaginar: a perpetuação do estigma de alunos proletários e a impossibilidade de eles aprenderem alguma coisa (na universidade) para ascenderem social e economicamente (na vida profissional). Quando se sai da universidade exatamente como se entrou, é preciso perguntar que mecanismo de atraso explica o resultado. Ironia: o atraso é promovido por aqueles que imaginam lutar contra ele.

Depois de críticas severas da imprensa alemã, o guia da Universidade Livre de Berlim foi retirado para "reformulação". Mas ele deveria ensinar duas lições preciosas aos fanáticos do pensamento politicamente correto. Para começar, ele ensina como é tirânico falar em nome de grupos inteiros. Porque não existem grupos inteiros. O proletariado não existe. Os negros não existem. Os gays, as mulheres, os anões não existem. O que existe são indivíduos diversos, com histórias ou interesses diversos. Haverá proletários que não gostam de livros. Haverá proletários que não vivem sem eles. E haverá burgueses, genuínos burgueses, para quem ler, escrever e pensar são formas medievais de tortura. Conheço vários. A caricatura do "proletário" como um jumento apedeuta diz mais sobre as patrulhas politicamente corretas do que sobre o proletariado que elas julgam defender.

Por último, respeitar as pessoas não significa tratá-las como crianças. Ou como velhos dementes a quem sorrimos e aplaudimos sempre que eles tentam vestir as cuecas pela cabeça. O conhecimento verdadeiro não tem cor, sexo ou classe. Quando tem, então não é conhecimento verdadeiro.

Um guia decente para uma universidade decente só precisava de duas mensagens: "bem-vindo" e "mostra o que vales". Nada mais.

2.7.2013

Melhor pedófilo que racista

Era uma vez uma pequena cidade no sul do Yorkshire chamada Rotherham. Nunca a visitei. Mas, pelas fotos disponíveis, parece uma daquelas típicas cidades do interior de Inglaterra, com o seu encantador ar de desolação e sujidade. Conheço várias.

Rotherham passou a estar nas notícias devido a um "escândalo" que terá ocorrido entre 1997 e 2013. Nesse período, e como tem relatado o enviado da *Folha de S.Paulo*, 1.400 menores terão sido abusados sexualmente e traficados para prostituição pelo país inteiro. Caso recusassem participar nos crimes, eram ameaçados com violências de uma inimaginável crueldade.

Perante essa novela, a pergunta lógica é saber como foi possível, durante dezesseis anos, violar e traficar 1.400 menores a partir de um lugarejo que fica a três horas de Londres – e não em Cabul ou Mogadíscio. A resposta, contida no relatório do professor Alexis Jay, é de arrepiar um defunto: as "autoridades" locais – serviços sociais, polícia, até políticos – sabiam ou desconfiavam do sucedido. Alguns até receberam as vítimas – peço desculpa: as "alegadas" vítimas, que denunciavam os crimes e pediam ajuda na punição dos agressores. O problema, como afirma o mesmo relatório, é que essas vítimas eram brancas; e os agressores – peço desculpa novamente: os "alegados" agressores – eram na sua maioria paquistaneses muçulmanos, que gostavam de "caçar" carne branca. As "autoridades" preferiram não investigar a fundo a monstruosidade de Rotherham porque, no glorioso mundo do multiculturalismo demente, parece que é pior ser racista, ou acusado de racismo, do que ser pedófilo e cafetão.

Aliás, o relatório nem precisava de o afirmar: tempos atrás, e como lembra a revista *The Spectator*, os serviços sociais de Rotherham entenderam que era seu direito remover três crianças do lar familiar porque os pais eram simpatizantes do partido eurocético Ukip. Não vale a pena relembrar que o Ukip, por mero acaso, venceu as últimas eleições europeias na Inglaterra. Democraticamente. A verdadeira ameaça, para os serviços sociais, estava no fato de os pais daquelas crianças votarem num partido que se recusa a "promover ativamente a causa multiculturalista". A mesma causa que condenou 1.400 menores a um regime de escravidão sexual. Desconheço se as três crianças retiradas da família também fizeram parte do circuito de violação e prostituição que não perturbou os serviços sociais.

A procissão ainda vai no adro e o temor inglês é que, depois de Rotherham, comecem a surgir por toda a Inglaterra casos semelhantes. Há até quem fale em Oxford, essa arcádia de conhecimento e solenidade, como um antro de criminalidade igual. Esperemos pelas cenas dos próximos capítulos.

Por enquanto, a história de Rotherham oferece duas lições.

A primeira, óbvia, é mostrar como o pensamento politicamente correto não é apenas uma doença intelectual. Na prática, essa doença tem consequências: ao desejar "proteger as minorias" de estigmas e discriminações, os fanáticos do pensamento politicamente correto acabam desprotegendo outras minorias que estariam mais bem servidas se a lei fosse igual para todos. Cega e justa.

Mas existe uma segunda lição, menos óbvia, mas igualmente importante: a covardia das autoridades de Rotherham não é apenas uma traição a gente pequena e vulnerável. Também é uma traição à própria comunidade paquistanesa, sobretudo aos milhares de inocentes que, como lembra o enviado da *Folha*, ajudaram a construir o país e a defender o reino na Segunda Guerra Mundial. Se os criminosos tivessem sido tratados e punidos individualmente, a comunidade paquistanesa não seria confundida com eles. Nem manchada pelos seus crimes. Mas o pensamento politicamente correto não trata os indivíduos como indivíduos. Prefere a atitude totalitária de os tratar em rebanho, removendo-lhes a identidade – e a responsabilidade.

Eis a ironia final: aqueles que defendem a "política de grupos" são os mesmos que destroem a dignidade desses grupos.

9.9.2014

Somos todos beijoqueiros

A Benetton ainda existe. Quem diria. Caminho pelas ruas e vejo a última campanha polêmica da marca: grandes líderes mundiais em beijos apaixonados. As parelhas são óbvias em sua óbvia diferença ou inimizade. Temos Barack Obama beijando o presidente chinês Hu Jintao. O israelense Benjamin Netanyahu beijando o palestino Mahmoud Abbas. O premiê sul-coreano beijando o ditador norte-coreano Kim Jong-il. E o papa Bento XVI, que nunca pode ser esquecido nessas ocasiões solenes, beijando com solenidade o imã da Grande Mesquita do Cairo.

A mensagem da Benetton, como sempre, é "simpática", "leve" e "divertida": para que tanto ódio quando um beijo cura tudo? De fato. Se, em 1939, Winston Churchill vestisse Benetton, ele saberia que a melhor forma de lidar com Adolf Hitler não seria derrotá-lo ou eliminá-lo. Seria, simplesmente, beijá-lo.

A campanha da Benetton revela, de forma cristalina e aparentemente inofensiva, o que existe de ilógico na mensagem pacifista. Porque não há nada de mais ilógico do que a ideia "consensual" de que todos os seres humanos têm igual mérito moral. Não interessa o que você é. Não interessa o que você faz. Para a Benetton, não existem diferenças entre um democrata e um ditador; não existem diferenças entre alguém que respeita os direitos humanos e quem os nega ou viola.

A Benetton é pacifista. E o pacifismo não discrimina: nunca atribui a nenhum sujeito uma qualidade moral distinta de acordo com a sua conduta ou caráter. Para a Benetton, somos todos iguais: criminosos ou respeitadores da lei; fundamentalistas ou tolerantes – somos todos, numa palavra, beijoqueiros.

Eis, em propaganda publicitária, a filosofia do nosso tempo. Um tempo que fez da neutralidade perante qualquer valor o seu único dogma aceitável. "É proibido proibir!", dizia-se no maio parisiense de 1968. Hoje, é proibido condenar.

E se as vítimas, ou as famílias das vítimas, de alguns desses ditadores ou torcionários ainda alimentam um grão de ódio pelas injustiças dos carrascos, a Benetton tem um conselho para elas: fechar os olhos, juntar os lábios – e beijá-los.

29.11.2011

As leis da selva

Terroristas encapuzados atacam um jornal satírico francês. Matam dez jornalistas e dois policiais. Nos minutos seguintes, nas horas seguintes, nos dias seguintes, os sábios mentecaptos que ajudaram a criar o caldo relativista em que os fanáticos cresceram e prosperaram cumprem estas cinco leis (sem exceção):

1ª lei – Não importa se o sábio mentecapto é ateu, agnóstico ou crente. De joelhos, ele reza a todos os santos para que os autores da chacina não sejam muçulmanos. O ideal era que fossem judeus (de preferência israelenses) ou, no mínimo, cristãos. Alguns dos sábios, apesar de praticarem ioga, não se importariam que o terrorismo fosse budista, só para variar: dois monges com os ensinamentos do Dalai Lama debaixo do braço matando toda a gente com um "mantra" assassino.

2ª lei – É oficial: os terroristas professam a religião islâmica e afirmam, orgulhosos, que mataram em nome do Profeta. Os sábios mentecaptos sofrem um leve desmaio.

3ª lei – Reanimados com teses de doutorado instantâneas sobre "islamismo", os sábios mentecaptos começam a disparar que não é legítimo fazer qualquer identificação entre "Islã" e "terrorismo". O fato de os terroristas terem expressamente usado o Alcorão e o nome do Profeta para realizarem os seus massacres nem sequer deve ser mencionado. Somos nós, ocidentais, que confundimos as coisas, nunca eles.

4ª lei – Procurar causas exteriores para explicar o massacre. Pode ser o defunto George W. Bush. Ou então é a "islamofobia" que "marginaliza" os marginais. Alguns dos sábios mentecaptos chegam mesmo a comparar a situação de exclusão dos muçulmanos que hoje vivem na Europa com os judeus do gueto em plena Segunda Guerra Mundial. Compreende-se: os judeus eram enfiados em guetos pelos nazistas porque, como todos sabemos, alguns deles tinham por hábito plantar bombas ou matar civis em nome de uma interpretação radical da Torá.

5ª lei – Culpar as vítimas. No caso do jornal *Charlie Hebdo*, as vítimas eram jornalistas, cartunistas e policiais. Todas elas têm culpas repartidas. Os policiais porque representam a face visível da repressão (aqui, o sábio mentecapto cita Žižek). Os jornalistas e os cartunistas porque excederam os "limites" e não mostraram "deferência" pela sensibilidade dos fanáticos.

Daqui a uns dias, daqui a uns meses, daqui a uns anos, quando surge um novo massacre, o sábio mentecapto regressa à lei nº 1 e repete todos os passos com igual coerência.

Perante isso, quais deveriam ser as cinco leis que uma pessoa racional deveria exibir perante a chacina de Paris? Arrisquemos:

1ª lei – Reconhecer que existe uma desproporção entre atentados terroristas com caução islâmica e atentados terroristas motivados por outras questões (nacionalistas, étnicas etc.). Quando existe um atentado com os contornos do parisiense, é legítimo presumir que o terrorismo islamita está de volta.

2ª lei – Não desmaiar com o fato. Procurar entendê-lo: saber como e onde se radicalizaram os assassinos – na França ou no exterior? E, dependendo das respostas, saber como foi possível o florescimento de uma indústria de ódio dentro das portas do país ou como se permitiu a entrada pelas fronteiras de quem aprendeu a lição fora dele.

3ª lei – Existe uma relação entre "Islã" e "terrorismo" que é estabelecida pelos próprios terroristas. Isso cria um problema à religião muçulmana e obriga os líderes religiosos a condenar enfaticamente quem comete tais "heresias". O xeque da mesquita de Lisboa, por exemplo, disse sobre o assunto: "Se eles não estão satisfeitos em viver num país liberal, podem emigrar e deixar-nos em paz". É a resposta de um homem corajoso e bom.

4ª lei – Não procurar causas exteriores ao massacre. Elas não existem. O que existe é um fanatismo semelhante aos totalitarismos do século XX: o mesmo ódio à liberdade e a mesma pretensão em submeter a sociedade a uma utopia de trevas.

5ª **lei** – As vítimas são vítimas. Se o Islã ainda não teve a sua Reforma (e o seu Iluminismo), problema dele. O *Charlie Hebdo* usava ácido sulfúrico sobre cristãos, judeus, muçulmanos, hindus, animistas ou druidas. Se isso fere a "sensibilidade" dos crentes, eis o preço a pagar para quem deseja viver no século XXI – e não na Idade Média.

12.1.2015

A loucura é contagiosa

Os terroristas franceses já devem estar com as suas 72 virgens no paraíso – e o leitor, no conforto do seu lar, sente que existe uma pergunta lógica, porém desconfortável, que ocupa espaço no seu crânio ecumênico. A saber: se o jornal satírico *Charlie Hebdo* nunca tivesse publicado *cartoons* ofensivos para a religião muçulmana, será que o massacre teria ocorrido? Melhor ainda: por que motivo insistimos em "blasfemar" contra a fé dos radicais? Ganhamos alguma coisa com isso? Para o leitor benemérito, se o Ocidente apagar o mundo islâmico dos seus radares, obedecendo caninamente aos preceitos da *sharia*, o mundo islâmico também apagará o Ocidente das suas armas. A Deus o que é de Deus, a César o que é de César – e a Alá o que é de Alá. Cada um no seu canto. Em paz e sossego.

Existem várias formas de lidar com essas perguntas ingênuas. A mais óbvia seria lembrar que o terrorismo islamita não precisa de nenhum pretexto para atacar um "modo de vida" que ele abomina no seu todo. Se não fossem os *cartoons*, seria outra coisa qualquer: aos olhos do fanatismo, os "infiéis" não pisam o risco apenas quando usam o lápis. E, além do mais, silenciar a liberdade de expressão seria um suicídio civilizacional – e uma vitória para os assassinos.

Mas existe outra forma de responder às inquietações do leitor – e a história do século XX continua sendo a melhor escola. Daqui a uns dias, passarão cinquenta anos sobre a morte de Winston Churchill. E um livro recente tem ocupado os meus dias: *The Literary Churchill*, de Jonathan Rose, uma biografia do velho Winston que procura explicar o seu percurso político através dos textos que ele leu, escreveu e, naturalmente, representou como grande ator que era.

Um capítulo da obra, porém, merece atenção especial à luz do terrorismo na França: na década de 1930, com a memória da Primeira Guerra Mundial ainda fresca, a elite política (e conservadora) britânica tentava desesperadamente não embarcar em um novo conflito contra a Alemanha. E lorde Halifax, ministro dos Negócios Exteriores, era apenas um dos rostos dos "apaziguadores" que acreditou na possibilidade de manter a fera na sua jaula. Halifax conheceu pessoalmente Hitler em 1937 e notou que o *Führer* nutria um ódio insano por dois temas em especial: o comunismo soviético (lógico) e, atenção leitor, a liberdade de expressão da imprensa britânica (ilógico?). Para Hitler, e para o seu ministro da Propaganda, Goebbels, a imprensa britânica era o grande obstáculo para a paz. Por quê?

Ora, porque: bastava ler a prosa antigermânica do *News Chronicle* ou do *Manchester Guardian* para concluir que os jornalistas britânicos não respeitavam a figura sagrada de Hitler, o "profeta" da raça ariana. E quem diz "ler", diz "ver": no *Daily Herald* ou no *Evening Standard*, Hitler não era apenas severamente criticado (por Churchill, por exemplo). Ele era igualmente ridicularizado nos *cartoons* de Will Dyson ou David Low (os Wolinskis da época).

Halifax, que nunca se notabilizou pela coragem, regressou à Inglaterra com a mesma ideia que o leitor ecumênico tem na cabeça: se ao menos a imprensa se comportasse... Quem sabe? Talvez Hitler ficasse sossegadamente em Berlim, desenhando nas horas livres e constituindo família com Eva Braun.

Aliás, Halifax não se ficou pelas ideias: ele convenceu mesmo David Low a moderar os seus desenhos, coisa que o artista fez, mas só até Hitler invadir a Áustria em 1938. Depois disso, regressaram os *cartoons* antinazistas (que os "apaziguadores" continuavam a considerar "gratuitos" e de "mau gosto"). Curioso: Hitler devorava a Europa, pedaço a pedaço, em busca do seu "espaço vital". Mas as avestruzes britânicas acreditavam que tudo seria diferente se o lunático Adolfo fosse tratado com "respeito" pelos jornais.

Churchill nunca mostrou respeito. E, quando finalmente assumiu o governo em 1940, tratou Hitler com a dureza de sempre. A besta nazista foi derrotada em 1945. Existe uma moral na história dessa história?

Existe, leitor ecumênico: não somos nós os culpados pela loucura dos outros. Imaginar o contrário, por medo ou ignorância, é simplesmente partilhar a loucura em que eles vivem.

13.1.2015

Dois males

Mudam-se os tempos, mudam-se as vontades, como dizia um conhecido conterrâneo meu. Ainda me lembro, com duas lágrimas nostálgicas, dos protestos contra Mubarak no Egito. Quem não se lembra? O ditador, depois de três décadas de mando, era acossado nas ruas por milhares, milhões de manifestantes. E não houve jornalista ocidental com credenciais progressistas em dia que não tenha escrito os seus poemas em homenagem à praça Tahrir. Eis a cabeça do progressista típico: Mubarak = mau; protestos = bons; irmandade muçulmana = melhor que Mubarak.

Aqui, uma pessoa alfabetizada sentia uma leve tontura intelectual. Mubarak não era flor que se cheirasse – um ditador é um ditador é um ditador. Mas os progressistas conheciam mesmo a Irmandade Muçulmana, esse brilhante grupo fundado por Hassan al-Banna em finais da década de 1920 que representa tudo aquilo que a inteligência progressista abomina? Dito de outra forma: os jornalistas que toleravam a Irmandade conheciam as posições do clube sobre as relações entre o Estado e a religião, os direitos das mulheres, dos gays, das minorias religiosas etc. etc.? Conheciam os atentados terroristas promovidos pelos seus líderes ou cometidos em seu nome (o palestino Hamas é apenas o melhor exemplo)? E estariam dispostos a trocar um Egito autocrático por um Egito submetido aos preceitos da *sharia* sem pensar duas vezes?

Perguntas sem sentido. Retorno ao pensamento circular do progressista circular: se Mubarak era mau e os protestos eram bons, a Irmandade só poderia ser melhor que Mubarak.

Pena que os egípcios não sejam tão generosos com Mohamed Morsi, agora deposto. Conta a revista *The Economist* que 94% da população considera os militares a instituição mais respeitável do país. A mesma revista informa que o número de manifestantes que tomou novamente as ruas do Egito contra o faraó deposto oscila entre os 10 e os 14 milhões (o país terá 81 milhões). Motivos para tanto ruído e fúria?

Todos e mais alguns. A incompetência do governo Morsi. A corrupção. A venalidade. A insegurança. A fome. A falta de energia. A violência contra minorias religiosas e étnicas. Os crimes contra mulheres – não, não temos espaço na *Folha de S.Paulo*. E o que dizem os progressistas de ontem sobre as manifestações de hoje?

Estranhamente, não vi os poetas da praça Tahrir com novos sonetos sobre os descontentamentos dos egípcios. Aliás, a julgar pelos textos publicados, parece que o golpe militar contra Morsi aconteceu por capricho – e não pela ruína política, econômica e social a que ele conduziu o país. Sem falar da ruína moral: uma das suas nomeações políticas mais notáveis foi indicar Adel el-Khayat para governador da turística cidade de Luxor. Quem é El-Khayat? Digamos apenas que é alguém que entende de turismo. Ou, mais especificamente, de como rebentar com turistas. Em 1997, na mesma cidade de Luxor, foram 58 estrangeiros e 4 nativos em um atentado de grupo islamita a que El-Khayat pertence.

O presidente Morsi foi eleito democraticamente – uma importante diferença em relação ao seu antecessor. Mas será que a legitimidade democrática absolve qualquer governante das suas derivas antidemocráticas? Sobretudo quando entre essas derivas está o golpe constitucional de novembro de 2012, através do qual Morsi pretendia governar autocraticamente como Mubarak antes dele?

Não se trata aqui de defender o golpe militar. Trata-se de defender o direito a não se defender ninguém: nem Morsi, nem os militares, nem sequer Mubarak. Porque sem instituições democráticas fortes – separação de poderes; judiciário independente; liberdade de expressão; respeito pela iniciativa privada; etc. etc. – qualquer orgasmo democrático com o Egito atual corre o risco de ser apenas ejaculação precoce.

Ao contrário do que pensam as cabeças infantis, a política não é uma luta permanente entre o bem e o mal. Às vezes, é uma luta entre dois males igualmente perversos. E, nessas matérias, recordo sempre a sagaz observação de Kissinger sobre a guerra entre Irã e Iraque: "É uma pena que não possam perder os dois".

9.7.2013

Só faltam os palestinos

O presidente Lula prepara a sua despedida e, em um gesto final, resolveu manifestar apoio a um Estado palestino nas fronteiras pré-1967. Foi o dilúvio: choveram críticas e cartas contra a atitude de Lula. E alguns membros da comunidade judaica manifestaram o seu "repúdio" ante a "traição" do presidente. Isso faz sentido?

Não faz. Desde 1988 que mais de cem países já reconheceram um Estado palestino nas fronteiras anteriores à Guerra dos Seis Dias (1967). É um gesto simbólico, que pressiona para uma solução prática: a existência de dois Estados, lado a lado, com fronteiras e soberanias reconhecidas.

Aliás, essa não é apenas uma solução prática. É uma solução antiga. A ideia dos dois Estados, repetida hoje por qualquer jornalista ou diplomata, tem sido proposta sucessivamente desde que a Liga das Nações, nos escombros da Primeira Guerra Mundial, determinou o Mandato Britânico para a Palestina pós-otomana. Assim foi em 1919. Assim foi em 1937, quando a Comissão Peel, enviada ao terreno para apurar as causas da violência entre árabes e judeus, recomendou a partição do território em dois Estados. E assim foi em 1947, por obra e graça das Nações Unidas.

O mais irônico dessa história – digo "irônico" para não escrever "trágico" – é que a "solução dos dois Estados" sempre foi aceita por Israel, mas recusada pelos árabes palestinos. Recusada em 1919. Recusada em 1937. Recusada em 1947. E por aí adiante, até chegarmos a Camp David, dez anos atrás, quando o premiê israelense Ehud Barak ofereceu a Yasser Arafat o que o presidente Lula se limitou a reafirmar agora: um Estado palestino em Gaza e na Cisjordânia; e Jerusalém, a velha joia da coroa, partilhada entre os dois povos. Arafat, sem grande originalidade, fez o mesmo que seus antecessores: recusou.

Podemos olhar Camp David de várias formas. Eu prefiro seguir a opinião geral dos países árabes – repito: árabes – depois do fracasso de Camp David: Arafat cometeu um crime. Um crime sobre os palestinos; um crime sobre os israelenses; e um crime sobre a "comunidade internacional", que depois de 2000-2001 nunca mais acreditou na boa fé das lideranças palestinas. O que não admira: em Camp David, Barak estava disposto a tudo. Mas, mesmo depois do fracasso monumental dessas negociações, Ariel Sharon fez o impensável. Retirou-se voluntariamente de Gaza em 2005, acreditando que depois da morte de Arafat (em 2004) as novas lideranças palestinas estavam interessadas em mudar o rumo.

Erro. Nas eleições parlamentares desse mesmo ano, o Hamas vencia em Gaza. Tradução: Gaza passava a ser controlada por uma organização islamita que, na teoria e na prática, não estava e não está interessada em negociar. O seu objetivo é claro: a destruição da "entidade sionista". Uma destruição que não é apenas retórica: com a emergência de um Irã nuclear, o patrono espiritual e material do Hamas (em Gaza) e do Hezbollah (no sul do Líbano), esse objetivo está hoje mais próximo do que nunca.

O presidente Lula pode apoiar os Estados palestinos que entender. Mas é importante lembrar três fatos desagradáveis a respeito.

Primeiro, que na história dos "dois Estados" a parte que os tem recusado tem sido repetidamente a mesma.

Segundo, que uma hipotética retirada israelense da Cisjordânia ficou adiada *sine die* depois do sucedido em Gaza.

E, terceiro, que não haverá qualquer Estado palestino nos territórios pré-1967 quando uma das partes – o Hamas – nem sequer reconhece a existência do Estado de Israel e, mais, continua empenhado na sua destruição incondicional.

O mais irônico do conflito israelense-palestino – e escrevo "irônico" para não escrever "trágico" – é que não é apenas o presidente Lula a desejar um Estado palestino. Toda gente deseja isso. Só faltam mesmo os palestinos.

13.12.2010

Terra de cegos

Sou um homem novo. Resolvi mudar de vida. Durante anos, marchei contra. Sempre que havia uma nova moda intelectual na praça, eu marchava contra. Multiculturalismo? Pós-modernismo? Relativismo? A minha úlcera inchava. Era contra, contra, contra.

Não mais. Cansei de ódios gratuitos, insultado por manadas de esquerdistas politicamente corretos. Rendo-me. Serei multiculturalista, pós-modernista e relativista *a partir de hoje*. E, para testar a minha nova carapaça, nada melhor que ler o jornal de cabeça limpa e aberta.

Então encontro uma história inspiradora. Segundo leio, um xeque na Arábia Saudita lançou uma *fatwa* sobre mulheres que andam na rua com os olhos destapados. O xeque Mohamed Al-Habdan defende que mulheres com olhos destapados usam maquiagem (proibida na Arábia Saudita) e cultivam certos prazeres lascivos (como, por exemplo, olhar para o mundo em volta). O ideal, diz o xeque, é caminhar apenas com um olho destapado.

O meu antigo ser não toleraria semelhante afronta. E, confrontado com o xeque, imagino o velho João Pereira Coutinho, em seu reacionarismo perigoso, perguntando simplesmente onde estão as feministas quando mais precisamos delas.

Obviamente, não estão: uma coisa é acusar o Ocidente de excessos falocêntricos; outra, bem diferente, é sair do Ocidente e lutar pelos direitos das mulheres onde elas são realmente humilhadas e oprimidas. No primeiro caso, o gesto é premiado com um lugar na universidade, ou na mídia. No segundo, com um lugar na cadeia, ou no caixão. As feministas podem ser feministas, mas não são completamente idiotas.

Na Arábia Saudita, as mulheres não têm direitos políticos de qualquer espécie. Não podem votar. Não podem ser eleitas. Não podem, aliás, caminhar sozinhas na rua sem companhia de maridos ou familiares: as autoridades sauditas não toleram atos de "prostituição". E quando uma mulher é violada, o mais certo é ser ela a máxima responsável, punida com prisão e chicotadas. Serei capaz de condenar o xeque e a cultura islâmica que humilha e oprime as suas fêmeas?

Não sou. Seguindo a moda multiculturalista, é necessário "compreender" a "autenticidade" de culturas distintas da nossa. Julgá-las não é apenas de uma arrogância insuportável; é, como diria Edward Said, esse gênio que leio agora com fervor e devoção, uma forma de as menorizar pelo exercício do nosso "imperialismo" intelectual. Eles espancam e às vezes matam as suas mulheres; nós, sei lá, costumamos espancar e até matar as nossas moscas. Quem é melhor do que quem?

Até porque o xeque tem alguma razão e, se me permitem, as suas preocupações com a moral e os costumes só peca por defeito. Nada garante que uma mulher com um olho destapado não possa continuar a usar maquiagem. E uma pala no olho, como o xeque defende, pode ser um atrativo suplementar em certos circuitos sadomasoquistas, onde os zarolhos são reis. O ideal era tapar os dois olhos e aconselhar as mulheres islâmicas a orientarem-se pelo nariz. Não é impossível: os cães costumam fazê-lo com sucesso, desenvolvendo as células receptoras do olfato de uma forma que está interdita à generalidade dos humanos. E se os cães conseguem, por que não as mulheres?

Substituir os olhos pelo nariz traria consideráveis vantagens para as mulheres muçulmanas e para o desenvolvimento moral e até econômico de toda a região. Com os olhos tapados, não haveria maquiagem, não haveria lascívia, não haveria tentação: a moral estaria salvaguardada pela transformação da mulher em múmia. Mas não numa múmia qualquer: se as mulheres muçulmanas sonham com a plena emancipação, o fato de terem os seus narizes desenvolvidos permitiria empregá-las em vários ramos de atividade. Imagino, sem dificuldades, o uso de mulheres sauditas em aeroportos ou investigações criminais, devidamente treinadas para farejarem malas ou rastros com odores suspeitos. Não excluo que algumas delas pudessem usar coleira e serem guias para cegos de todas as idades. E haveria espaço para que as melhores guardassem os seus lares, ladrando ao mínimo sinal de estranhos.

Com o tempo, os países islâmicos acabariam por respeitar as suas mulheres caninas. E, no recato doméstico, o marido trocaria a violência habitual por um afago ou um biscoito sempre que a mulher trouxesse o jornal na boca.

14.10.2008

Quem tem medo de Michel Houellebecq?

Li algures que Michel Houellebecq, depois de publicar *Submissão*, nunca mais viveu em paz: tem segurança 24 horas por dia para o caso de um jihadista islâmico ajustar contas com ele.

Um jihadista islâmico? Li *Submissão* quando o livro aterrou nas livrarias. E, se a minha memória não me atraiçoa, não me lembro de ver na obra uma única referência ofensiva ao Islã e ao Profeta. O contrário talvez seja mais exato: Houellebecq trata a religião islâmica com um respeito que ele nunca dedicou a nenhuma outra religião. Se Houellebecq cometeu uma blasfêmia, não foi contra o Islã. Foi contra quem?

Antes de responder à pergunta – no fundo, a pergunta decisiva sobre o livro – um breve resumo da história: a França vai a eleições no futuro próximo. Espantosamente, os dois candidatos que podem vencer o pleito presidencial no segundo turno são Marine Le Pen, da Frente Nacional, e Mohamed Ben Abbes, o criador da Fraternidade Muçulmana. Vence Ben Abbes e a França começa a transformar-se em República islâmica.

Tudo isso é relatado por um professor universitário de meia-idade, especialista na obra do escritor francês Joris-Karl Huysmans (1848-1907), e com a alma mergulhada no torpor existencial que é típico de Houellebecq. É através desses relatos fatuais, enfadados, de um antissentimentalismo brutal – que Houellebecq conta ao mundo como a pátria da "liberdade, igualdade, fraternidade" se entrega nos braços do islamismo. E a explicação, a sinistra explicação para o fato, encontra-se numa palavra que os franceses conhecem bem: colaboracionismo. A vitória de Ben Abbes só foi possível pelo colaboracionismo dos guardiões da República.

Começa por ser o colaboracionismo dos próprios partidos do regime: empatada com Marine Le Pen, a Fraternidade Muçulmana vai comprando, com poder e ministérios menores, a esquerda socialista e a direita do UMP, que se agarram à legenda para não desaparecerem do mapa.

Mas o carrinho de compras não se limita aos partidos. O colaboracionismo continua com os jornalistas, que endeusam Mohamed Ben Abbes e nunca lhe colocam as perguntas difíceis. Será verdade que o novo governo irá acabar com turmas mistas? Será verdade que os docentes terão que fazer a sua conversão ao Islã? Silêncio. Covarde silêncio.

Finalmente, e depois dos jornalistas, dá-se a "traição dos intelectuais", um desporto que eles gostam de praticar com regularidade: no caso, professores universitários que aceitam colaborar com o governo porque o dinheiro do petróleo paga três vezes mais – e, além disso, com a poligamia instituída, é sempre possível ter mais uma aluna para casar.

E quando nós, leitores, esperamos que os resultados da nova República criem uma distopia como nas narrativas de Zamyatin ou Orwell, não encontramos nada disso. Só paz e sossego. O desemprego cai (as mulheres, relembro, saem do mercado de trabalho para lides domésticas). As famílias, preocupadas com a correta formação espiritual das crianças, sentem-se tranquilas com a "decência" promovida pelo governo. E a sociedade descobre, apesar da revolução de 1789, que a verdadeira liberdade só vem com a "submissão" às leis divinas, não com o laicismo militante.

O próprio narrador de Houellebecq resume tudo na mais gélida sentença do livro. Acontece quando Myriam, a namorada judia, deixa França em busca da salvação em Israel.

"Não há um Israel para mim", conclui o professor. E, não havendo esse Israel, que caminho resta a um homem solitário, com "o coração ressequido e endurecido pela farra" (palavras do seu herói Huysmans), que teme o envelhecimento e a morte – e já ficaria feliz com uma mulher (ou, corrigindo, duas) para os prazeres do palato e da glande? Obviamente, colaborar.

O livro de Houellebecq, como todas as obras anteriores, é mais uma meditação irônica e brilhante sobre o esgotamento espiritual do Ocidente. Sobre a ausência de "crença" em qualquer coisa – e "crença" no sentido lato do termo. Pode ser em Deus. Pode ser na simples liberdade humana – e na importância de a defender – contra todas as tentativas de a destruir.

Se a mensagem de Houellebecq incomoda algumas almas "humanistas", o problema não está em Houellebecq. Está nos espelhos que essas almas têm em casa, onde todos os dias contemplam os seus rostos covardes e vazios de qualquer sentido.

2.6.2015

Torturas da Copa

Vuvuzelas. Que palavra! Dias atrás, desconhecia a existência do "instrumento". Dias depois, a Copa do Mundo na África do Sul resume-se nessas nove letras. Vuvuzelas. De início, acreditei que o problema era do meu aparelho de TV. Os jogos começavam e havia um zumbido permanente a pairar sobre os jogadores, como se uma manada de elefantes invisíveis tivesse invadido o campo.

Tentei tudo. Esmurrei o televisor, telefonei para a loja onde o comprei, pedi ajuda técnica ao pessoal da TV a cabo. Cansado de lidar com o bicho, passei a lidar comigo. Estaria a enlouquecer? Estaria a escutar manadas de elefantes que só existiam na minha cabeça?

O problema não era meu. O problema estava nas vuvuzelas. As vuvuzelas dentro dos estádios. E as vuvuzelas fora dos estádios. No meu bairro lisboeta, todas as casas têm uma vuvuzela, oferta simpática de um posto de gasolina nacional à torcida lusitana. No meu prédio, todos os apartamentos têm uma vuvuzela. Os meus vizinhos mais próximos tocam vuvuzela. E, quando um começa, os outros respondem. Parece que é um código informal, como acontece em certos presídios: quando alguém decide destruir o sossego da rua, os outros acompanham em alegre eco. Como se dissessem: "Estou aqui! Vamos torturar o João Pereira Coutinho?".

Essa comunicação primitiva, importada da selva africana, dura horas e horas e horas. Centenas ou milhares de vuvuzelas, cada uma a expelir 120 decibéis (segundo dizem os especialistas). Durante horas e horas e horas, Lisboa está invadida por um som ainda mais estridente do que uma serra elétrica ou um helicóptero (dizem os especialistas outra vez). Agora, é só multiplicar pelas centenas ou milhares que dominam a capital portuguesa e imaginar a trilha sonora.

Por isso assisti, com proteção auditiva própria de trabalhadores de aeroporto, ao Portugal x Coreia do Norte. Escrevo depois do jogo. E temo suas consequências. Sete a zero? Um exagero. Uma humilhação. E, quando o assunto é a Coreia do Norte, é importante ter cuidado com os exageros e as humilhações.

Um pouco de história é importante. Sou português. Nasci depois de 1966. Mas sei o que aconteceu em 1966. Portugal jogou na Copa da Inglaterra. Eliminou o Brasil de Pelé na primeira fase. E, nas quartas de final, encontrou a Coreia do Norte. Sofreu três gols. Marcou cinco. Avançou para a semifinal, onde a anfitriã (e o juiz) fez o resto. Mas a verdadeira tragédia aconteceu depois do jogo. Aconteceu quando os norte-coreanos regressaram a casa. A revista americana *The New Republic* relatou recentemente o sucedido: os jogadores foram recebidos como heróis pela população, mas as autoridades oficiais de Pyongyang não gostaram do três a cinco com Portugal.

A equipe foi desmantelada. Os jogadores foram criticados violentamente pela imprensa oficial do Partido, acusados de "espionagem" e outras atividades "subversivas". E, depois de criticados, seguiu-se a tortura e o envio para os campos de concentração do regime.

Meio século depois, a situação não se alterou. A Coreia do Norte continua a ser um estado comunista e paranoico (uma redundância, eu sei), especialista no assassinato dos seus cidadãos (por crimes "antissociais"). Um regime que precisa de ajuda externa para se alimentar e que por isso chantageia o mundo com o seu arsenal nuclear. Sem falar do esporte favorito do país: não falo do futebol, nem sequer do feminino, onde as norte-coreanas são craques; falo do sequestro contínuo de cidadãos sul-coreanos junto à fronteira. Talvez uns quinhentos continuem a apodrecer nos calabouços da Coreia do Norte.

Como patriota e português, aplaudo a vitória de Portugal. Mas será decente que a felicidade do meu povo se faça às custas de duas dezenas de jogadores, que provavelmente terão igual recepção em Pyongyang quando a Copa terminar?

Não admira que alguns deles já tenham dado sinais de deserção, mendigando asilo político. Como não admira que a minha alma de torcedor esteja dividida. Um empate talvez tivesse sido mais caridoso para evitar a previsível tortura. Até porque, em matéria de tortura, os jogadores da Copa já tiveram a sua dose. Basta ouvir as manadas de elefantes que habitam os estádios. E que já chegaram ao meu bairro e ao meu televisor.

22.6.2010

Crimes gramaticais

O escritor russo Alexander Soljenítsin escreveu um dia que os piores vilões de Shakespeare já não metiam medo aos homens do século XX. Motivo? A consciência. Nas peças do bardo, eles podem conspirar, atraiçoar, matar. Mas a consciência acaba sempre por ajustar contas com eles no final. Exatamente como ajustou contas com Raskolnikov, o personagem central de *Crime e castigo* que não aguenta dois cadáveres a boiar na consciência e se entrega às autoridades do czar. Raskolnikov é talvez o último vilão clássico a sentir ainda "o céu sobre ele e a lei moral dentro dele".

Depois de Raskolnikov, a ideologia substituiu a consciência. E quem tem uma ideologia pode conspirar, atraiçoar e matar à vontade. Nada é pessoal. É tudo em nome do Partido, ou da História, ou da Raça. O século XX é a prova dessa miséria moral: de como os homens deixaram de sentir "as compungidas visitas da Natureza" que tanto assustavam lady Macbeth enquanto matavam milhões de seres humanos em nome de um ideal.

Mas o que acontece a um desses ideólogos quando, confrontado com as ruínas tangíveis da sua ideologia, ele volta a sentir o peso da própria consciência? Eis a perdição de Nicholas Rubashov, o prisioneiro de *O zero e o infinito*. Sim, ele começou por acreditar na Revolução e foi um dos mais importantes dirigentes bolcheviques. Até ao dia em que deixou de usar a primeira pessoa do plural – "nós, o Partido"; "nós, o Estado"; "nós, o Povo" – e começou a escutar a primeira pessoa do singular: o solitário e insubornável "eu".

O primeiro grande crime de Rubashov é, literalmente, um crime gramatical. Mas é mais que isso: é um crime religioso. Rubashov deixou de ter "fé" na sua "religião secular". E, como diria o filósofo, para quem provou o fruto da árvore do conhecimento, o paraíso está perdido.

O zero e o infinito é a obra-prima de Arthur Koestler. Críticos vários afirmam que o livro, ao denunciar as purgas soviéticas na década de 1930, serviu para que Koestler se despedisse do comunismo da sua juventude, desiludido com as aberrações do camarada Stálin. Talvez. Mas isso não é uma fraqueza. Pelo contrário, é a principal virtude do livro: publicado em 1940, quando muitos "idiotas úteis" ainda desculpavam o indesculpável, Koestler analisava os dois lados do comunismo com conhecimento de causa. O lado dos que deixaram de acreditar, como Rubashov. E o lado dos que ainda acreditavam (como os inquisidores Ivanov e, sobretudo, o sinistro Gletkin).

Comecei com Raskolnikov, o vilão de Dostoiévski. Termino com ele. Porque Raskolnikov é expressamente citado como exemplo por um dos inquisidores de *O zero e o infinito*. Para mostrar ao herético Rubashov como a consciência só atrapalha. "A consciência se alimenta do cérebro como um câncer", afirma gelidamente Ivanov, "até que toda a matéria cinzenta seja devorada."

Não conheço melhor retrato sobre a mentalidade totalitária.

15.1.2013

Adolf Hitler, leitor

Ah, as virtudes da leitura! Não existe político ou intelectual *engagé* que, em programas de governo ou artigos de ocasião, não fale apaixonadamente sobre a importância do ato para uma vida luminosa. Sempre tive dúvidas. Ler não é verbo desgarrado. Nem questão de quantidade. Ler é uma questão de qualidade. Não interessa que o sujeito leia muito. Interessa que ele leia o que vale a pena. Más leituras em más cabeças costumam ter efeitos trágicos.

Adolf Hitler é um caso: setenta anos atrás, o *Führer* enfiava uma bala na cabeça. A rendição da Alemanha na Segunda Guerra Mundial viria logo a seguir. E, nas explicações convencionais sobre a emergência do "monstro", Hitler é precisamente isto: um "monstro", sem explicação humana ou racional.

Lamento discordar: Hitler é um produto perfeitamente compreensível de uma Alemanha arruinada pela Primeira Guerra – e novamente arruinada pela Grande Depressão da década de 1930. Além disso, a instabilidade política da República de Weimar foi terreno fértil para que um demagogo talentoso e ressentido conquistasse uma nação inteira.

Mas Hitler não se explica apenas com os conhecidos fatos da história. Aquele homem pensava, escrevia e discursava daquela maneira porque era também um leitor voraz. Timothy W. Ryback, em livro que recomendo (*A biblioteca esquecida de Hitler*), permite conhecer o erudito Adolfo. Quando morreu em seu *bunker*, Hitler deixava 16 mil volumes para a posteridade. Desses 16 mil, existem hoje uns 1.200 nos Estados Unidos. Olhando para essas obras, e sobretudo para os sublinhados e anotações dos livros que Hitler terá realmente lido, é possível compreender melhor a sua cabeça destrutiva.

Enganam-se os que pensam que o nacional-socialismo, na sua imensa boçalidade, se fez à sombra das páginas complexas de Fichte, Schopenhauer ou Nietzsche. Desses três, Hitler retirou, quando muito, uma expressão aqui, um pensamento acolá – tudo para enfeitar os seus textos com uma ilusão de conhecimento. Hitler era um leitor voraz, repito; mas era um *mau* leitor voraz: porque procurava no pensamento alheio argumentos, ou pseudoargumentos, que apenas reforçassem as suas lunáticas teorias.

Mas Hitler era também um mau leitor porque, resumindo uma longa história, os seus livros de eleição eram lixo puro para qualquer intelecto civilizado. Deixando de lado o número impressionante de obras de ocultismo e espiritismo que só reforçaram a sua messiânica paranoia, a Hitler interessavam sobretudo "meditações" científicas, ou pseudocientíficas, sobre a decadência da Alemanha e a contaminação – material, intelectual, rácica – de que era vítima o povo alemão.

Isso começou logo na Primeira Guerra Mundial, quando um pequeno livro sobre Berlim, da autoria de Max Osborn (ironicamente, um autor judeu), foi lido e relido pelo então cabo austríaco. Em *Berlin*, Osborn defendia uma cidade limpa de "elementos estranhos" que pudessem degradar arquitetonicamente "uma distintiva visão teutônica". O livro teve uma influência tão profunda em Hitler que, anos mais tarde, nos seus desejos grandiosos de refazer Berlim, era no livro de Osborn que o *Führer* pensava ainda.

E quem fala em corrupção arquitetônica fala em corrupção internacionalista. O nacionalismo de Hitler encontra-se em autores românticos como Herder ou o referido Fichte? Não, não se encontra: está antes na prosa medíocre de um Otto Dickel, que, contra o fatalismo de Oswald Spengler, apelava aos instintos mais primários da nação germânica para que regenerasse o Ocidente.

Por último, a "praga judaica": como explicar essa funesta obsessão?

Com livros, sempre com livros. Não apenas com as obras infames de Stewart Chamberlain ou Henry Ford. Mas lendo – e levando a sério – os avisos de Madison Grant, um autor de terceira categoria, para quem a "raça nórdica" (ou "ariana", como Hitler preferia chamar-lhe) se deixara abastardar pelo contato com "raças inferiores". A miscigenação que ocorreu na América Latina era a prova dessa bastardia.

Nos setenta anos da morte de Hitler, escutaremos os clichês recorrentes sobre a ascensão e queda do "monstro". Mas jamais conheceremos verdadeiramente esse "monstro" se nos esquecermos da singela observação de Walter Benjamin: a biblioteca de um homem é a sua mais fiel (auto)biografia.

5.5.2015

Mentes cativas

Aqui há uns anos, em encontro promovido pela Liberty Fund, conheci um professor polaco que sobreviveu ao século XX. Não foi fácil. Sobreviver ao nazismo, primeiro, e ao comunismo, depois, não é para qualquer um. Mas na conversa que tivemos, lembro-me de uma correção que ele fez ao meu discurso. Falava eu sobre a atração das massas do leste da Europa pela "Nova Fé" moscovita. Ele interrompeu-me e disse que as massas não sentiram qualquer atração. Todas elas sabiam, na carne, que a "Nova Fé" não passava de uma mentira institucionalizada. A atração existira, sim, mas entre os membros do Partido e, de forma mais ambígua, entre os "intelectuais".

Recordo esse diálogo certeiro porque acaba de ser publicado no Brasil um dos mais importantes livros sobre a forma como esses "intelectuais" se renderam à "Nova Fé". Intitula-se *Mente cativa*, e o autor, Czeslaw Milosz (1911-2004), poeta emérito e testemunha dos horrores do nazismo e do comunismo antes de optar pelo exílio, explica por escrito o que o meu amigo polaco verbalizou sem hesitar. Uma passagem de *Mente cativa* ilustra o que digo: acontece quando Milosz evoca uma viagem pela União Soviética em 1939, quando, no comboio, encontra um casal de camponeses. A mãe alimenta o filho mais novo; o pai prepara o chá para o mais velho; ambos trocam palavras sussurradas sobre as crianças. Milosz confessa que assistiu à cena em lágrimas. Aquele casal, provavelmente analfabeto, conseguira ainda conservar sementes de humanidade no meio da desumanidade geral.

As massas não compraram a mentira; mas por que motivo os intelectuais o fizeram? Não serão eles os clássicos guardiões do Bem, da Verdade e do Belo? Para responder à pergunta, é necessário entender como funcionaram as mentes ilustradas nas "democracias populares". E o primeiro mito a desfazer, escreve Milosz, é acreditar que a adesão à "Nova Fé" se fez apenas pela violência imposta pelo Partido. A adesão era muitas vezes *voluntária* porque nascia de um medo mais primordial: o medo do vazio e do absurdo. Com a velha ordem em ruínas, com a destruição das teologias tradicionais e dos valores que nortearam e uniram gerações passadas, os ditames férreos e "científicos" do marxismo-

-leninismo afiguravam-se como a panaceia milagrosa para que o intelectual recuperasse uma noção de ordem no meio da desordem epistemológica e ética da modernidade.

Mas o intelectual não sentia apenas o medo do vazio e do absurdo. Ele temia a solidão a que seria votado se se afastasse da ortodoxia dominante. Seria possível escrever de forma relevante quando nos colocamos à margem do materialismo dialético? Quando, em suma, remamos contra o determinismo da história? O medo da solidão não era mais do que o temor da esterilidade. Para a vaidade dos literatos, um trabalho sem significado será sempre pior do que nenhum trabalho.

Czeslaw Milosz presenciou esses fenômenos de autodestruição espiritual: a forma como a dúvida se instalava nas mentes cativas; os inícios da rendição; algumas resistências pontuais, embora já contaminadas pelos demônios da autocensura. E, depois da crise, a entrega total à "Nova Fé". Como se essa entrega garantisse a paz desejada. Não garantia. Apenas a paz ilusória e amarga de quem destruía uma vida interior e uma perspectiva pessoal sobre o mundo. Para viver uma mentira que, lá bem no fundo, se pressentia ainda como mentira.

Os intelectuais de Moscou, Budapeste ou Varsóvia, escreve Milosz, não eram poetas, romancistas, filósofos; antes de tudo, eram *atores*, permanentemente divididos entre o que sentiam e o que mostravam. Mediam gestos, palavras, expressões. Representavam. E dessa representação, alienante e até dolorosa de início, começaram a retirar um prazer infantil, masoquista, perverso. Inumano. Até não saberem mais distinguir a máscara do rosto. Porque a máscara devorara o rosto.

O livro de Czeslaw Milosz não é apenas o mais pungente retrato sobre a destruição moral a que os "intelectuais" se submeteram nos regimes comunistas. Ler a prosa soberba de *Mente cativa* é encontrar também, de forma mais mitigada, é certo, alguns traços que persistem nas classes cultivadas das sociedades livres. Traços que encontramos ainda em intelectuais que, temendo a dissensão e a solidão, preferem as certezas enganadoras do rebanho. E de caminhar com ele rumo ao matadouro interior.

1.6.2010

A servidão voluntária

Sazonalmente, recebo mensagens de leitores que me perguntam por livros fundamentais no mundo da política. Respondo. Melhor, vou respondendo. E é provável que, nas canseiras do dia, os meus disparos tenham alvos diversos: um Aristóteles aqui; um Maquiavel ali; um Locke mais além. Mas quando penso demoradamente no assunto, consultando os meus neurônios com uma contemplação digna de Montaigne, percebo que nunca sugeri um amigo dele, autor de um ensaio crucial na biblioteca de qualquer cavalheiro que se preze. Verdade que o autor em questão escreveu o texto na juventude para depois o renegar. Não vou especular sobre esse gesto (outras histórias). Exceto para dizer que o mal estava feito e, no meu caso, a cabeça do cronista já estava formatada pelas palavras do sr. Étienne de La Boétie (1530-1563). O nome não figura como deveria nos grandes compêndios do pensamento político, embora a importância do francês seja imensa na Europa continental. Sem esquecer as palavras que o amigo Montaigne lhe dedicou nos seus ensaios.

O texto em causa intitula-se *Discurso sobre a servidão voluntária* e, com a devida vênia a todos os anarquistas posteriores, que só impropriamente podem ser considerados discípulos de La Boétie, não encontro reflexão mais brilhante sobre a natureza da tirania – e, atenção, sobre a natureza daqueles que se submetem ao tirano. Porque essa é a questão que anima o ensaio. Como é possível que homens, cidadãos, nações inteiras possam sofrer privações mil às mãos de uma única criatura?

O tirano, afirma La Boétie olhando para a história clássica, é normalmente a figura mais ridícula e "efeminada" que existe. Raramente é um Hércules, raramente é um Sansão. Para usar a magistral prosa de La Boétie, ele é alguém "não habituado ao pó da batalha", um estranho "às areias do torneio". E, no entanto, é aos pés dessa anedota que os homens voluntariamente se escravizam. A ela concedem poder; a ela entregam as chaves das suas próprias correntes. Como explicar esse espantoso fenômeno?

Por interesse, dirá La Boétie, referindo-se a uma minoria. Gente de igual caráter aproxima-se do tirano para lucrar alguma coisa com ele. Mas mesmo sobre essa gente vil, as perguntas do autor são as mesmas: que existência será a dos rastejantes quando passam o dia tentando agradar à pessoa que mais temem?

E quando não são os pequenos tiranos a submeterem-se à grande tirania, é o resto da nação em peso a fazê-lo, o que torna a servidão voluntária ainda mais insondável. La Boétie arrisca uma hipótese: quando a tirania começou, é possível que as primeiras vítimas tenham sentido o fato como uma privação fundamental. Mas o tirano só sobrevive porque a servidão torna-se uma espécie de tradição. Gerações passam, a memória do crime apaga-se. E para quem nunca conheceu um regime de liberdade, viver sem liberdade parece a mais natural das condições.

A proposta final de La Boétie é, logicamente, simples: não é preciso lutar contra o tirano para terminar com o abuso; basta que um povo inteiro não colabore mais na sua própria escravidão. "Sem madeira, o fogo apaga-se", escreve metaforicamente o autor. E o Colosso, sem pedestal, quebra-se em mil pedaços, conclui.

O texto foi escrito no século XVI. Mas é impossível não pensar no jovem La Boétie quando olhamos para o nosso tempo. Tivemos ditaduras que sobreviveram obscenamente. Não apenas pelo aparato policial que elas promoveram. Mas também porque milhares, milhões de seres humanos permitiram que elas sobrevivessem. Como? Entrando voluntariamente no curral.

Curiosamente, se La Boétie teve herdeiros, eles encontram-se nos intelectuais do leste da Europa que lutaram contra o comunismo. Nomes como Václav Havel que, ao apelarem para "o poder dos sem poder", repetiam o que La Boétie dissera antes deles: um povo que não é cúmplice da mentira também não será cúmplice da sua própria servidão.

E se o leitor pensa que o texto de La Boétie só se aplica às tiranias históricas, desengane-se: ele tem igual valia para as pequenas tiranias cotidianas. O dilema, ontem como hoje, permanece: por que motivo tantos de nós se submetem aos caprichos de um só – um político, um chefe, um amante?

Se os homens repetissem mais vezes essa pergunta e agissem em conformidade, a máquina que os oprime pararia no minuto seguinte.

10.2.2015

Os ensinamentos de Chávez

Como evitar o tipo de "apagão" que paralisou o Brasil na última semana? Uma resposta possível foi dada por Hugo Chávez em uma reunião de ministros transmitida pela TV e reproduzida na internet. Chávez é amigo do ambiente. E respeitar o ambiente implica mudar os hábitos dos venezuelanos e obrigar o povo a poupar luz nos gestos mais banais do cotidiano. Como, por exemplo, ir ao banheiro durante a noite. Ligar a luz é gasto desnecessário. Melhor usar lanterna para o efeito.

O conselho segue o essencial da filosofia paternalista de Chávez: seja luz ou seja água, a chave é não usar. Ou, pelo menos, reduzir. Não admira que o presidente tenha exortado igualmente os venezuelanos a tomarem duchas de três minutos e a evitarem qualquer tipo de cantoria matinal debaixo de água. "Eu contei, três minutos, e não cheiro mal", disse o presidente, sem que possamos confirmar a proeza (falo do tempo, não do cheiro).

Temo, porém, que a ideia da lanterna noturna apresente problemas adicionais. Sim, admito, ela é perfeita para pessoas com bexigas regulares. Mas o que fazer em casos extremos, quando um pobre homem, algures pelos sessenta ou setenta anos, tem a próstata em mau estado e necessita de viagens constantes ao vaso sanitário? Não será o uso maciço da lanterna, e das pilhas da lanterna, e da posterior reciclagem destas, uma despesa energética ainda maior para a Venezuela?

Sem falar de cidadãos com aparelhos digestivos frágeis, para quem o banheiro não é apenas uma necessidade; é uma dolorosa inevitabilidade. Como garantir que o venezuelano em situação de aperto tem tempo, disposição e clareza mental para procurar uma lanterna pela casa escura antes do desastre anunciado?

Chávez não pensou nas minorias. Mas pensou em tributá-las fortemente: se o recibo da luz sobe de um mês para o outro, o cidadão paga o dobro. Se volta a subir no mês seguinte, fica sem luz. Ao terceiro mês, provavelmente sem banheiro. Espero apenas que Chávez não proíba também as fraldas ou o penico.

Quando os cidadãos são tratados como crianças, convém lembrar que as crianças não são anjos.

16.11.2009

Crimes contra São Paulo

Viajo para São Paulo em breve. Mas hoje, domingo, dia em que escrevo essas linhas, já recebi da minha tia paulistana o conselho habitual: "Meu querido, se eles pedirem, você dá tudo". Abençoada tia. Quando a viagem é para Roma ou Paris, há sempre a sugestão de um restaurante, de um museu, de uma loja ou de um parque. São Paulo é outra história: se "eles" pedem, eu dou tudo.

E eu já dei: anos atrás, no lobby de um hotel a dois passos da avenida Paulista, fui assaltado à mão armada. "É só o laptop", disse-me o rapaz, uma cara amedrontada e imberbe que tremia com a pistola na mão. Nesse milésimo de segundo, lembrei-me da minha tia e virei cachorro de Pavlov: ele pediu, eu dei. Sem pestanejar. Prejuízos? Nenhuns: nem físicos, nem psicológicos. O hotel pagou um novo laptop e eu ainda ganhei uma história para contar.

Nos dias seguintes, em conversas com amigos, relatava o episódio com a estupefação própria de um europeu. Eles também estavam espantados: não pelo roubo, uma das atrações turísticas da cidade, mas pela ousadia do assaltante, que arriscou a vida para entrar no hotel. Raciocínio dos meus amigos: se o roubo fosse no carro ou na rua, tudo bem. Mas no hotel? Onde podem existir seguranças?

Relembro hoje as minhas aventuras passadas. Não apenas porque retornarei a São Paulo na próxima semana, mas porque os assaltos em espaços públicos deixaram de ser privilégio meu. Todos os dias leio na imprensa que um restaurante ou um bar sofreu mais um arrastão. O *modus operandi* é sempre o mesmo: entra o bando, alguém armado ameaça os presentes e depois é só fazer a limpeza. E a polícia?

Segundo o site da revista *Veja*, nos primeiros vinte dias de junho houve 26 casos registrados. E a polícia não parece estar demasiado preocupada com "acontecimentos menores", sem a grandeza de matanças ou sequestros. "Acontecimentos menores"?

Se a história do crime ensina alguma coisa é que "acontecimentos menores" são terreno fértil para "acontecimentos maiores". Que o digam James Q. Wilson e George Kelling, que há trinta anos escreveram sobre o assunto na revista *Atlantic Monthly*. O ensaio, intitulado "Broken Windows", virou um clássico da criminologia e influenciou profundamente a luta contra o crime em Nova York nos anos 1990. Durante as duas décadas anteriores, a Big Apple era considerada um caso perdido – em homicídios, estupros, assaltos e tráfico de droga. Como se inverteu esse cenário?

O *mayor* Rudolph Giuliani e o comissário da polícia William Bratton apostaram em estratégias pesadas – mais policiais nas ruas; responsabilização direta das chefias por incidentes ou delitos em suas áreas urbanas. Mas Giuliani e Bratton aprenderam algo de mais sutil com o ensaio de Wilson e Kelling: condições de desordem só geram mais desordem. Exemplo: bairros onde os edifícios estão degradados, as janelas quebradas, os muros cobertos de pichação são ninhos potenciais de marginalidade e crime. A primeira coisa a fazer é consertar o bairro; é não tolerar que ele seja vandalizado novamente; é punir a pequena delinquência para evitar que ela se transforme em grande delinquência.

O ensaio de Wilson e Kelling, e a ação posterior de Giuliani e Bratton, revolucionou o combate ao crime. Não apenas em Nova York, mas em todas as cidades americanas onde a estratégia foi seguida. E a experiência da "tolerância zero" não se limitou a cidades americanas. Na Europa, essa intransigência com os pequenos delitos acabou por ser recompensada na Holanda, na Inglaterra, na Itália. O pequeno crime e o grande crime são disruptores da vida social. E o primeiro é a antecâmara do segundo.

Se as autoridades paulistanas consideram os arrastões em bares ou restaurantes "acontecimentos menores", elas deveriam ler James Wilson e George Kelling. Sobretudo estas palavras: "as estatísticas do crime medem perdas individuais, mas não medem as perdas comunitárias". E as perdas comunitárias, acrescento eu, são mais difíceis de regenerar.

Eu até posso dar tudo quando "eles" pedem. Mas esse crime sobre mim é, na verdade, um crime contra São Paulo.

25.6.2012

O caso John Galliano

O estilista John Galliano não gosta de judeus. Corrijo. John Galliano não gosta de judeus, ama Hitler e gostaria de exterminar os que sobraram em novas câmaras de gás. Eis, em resumo, o "pensamento" da criatura, posto a circular na internet. Foi num café de Paris: Galliano, alcoolizado e com o seu reconhecível traje de palhaço, insulta um casal. A empresa Dior não gostou da brincadeira e fez o que normalmente se faz a um empregado inapto: colocou-o na rua. Ponto final?

Isso pensava eu. Mas o interessante do "caso Galliano" não foi o caso em si. Foram as reações ao caso, que se dividiram em dois tipos e em dois tempos. Primeiro, houve aplausos: a França pune legalmente ofensas antissemitas e não gosta que um "criador" lhe relembre a sua vasta história de perseguição aos judeus. Do caso Dreyfus à República de Vichy, o historial não é propriamente limpo. Punir Galliano é exemplar e, mais que exemplar, catártico: uma forma de gritarmos bem alto que não toleramos mais o que nossos antepassados fizeram de baixo.

A essa reação moralista, sucedeu-se outra: a dos que defendem a liberdade de expressão em qualquer circunstância. E que, deplorando a conduta de Galliano, acrescentaram que todos temos direito às nossas sujidades mentais. Contra judeus, muçulmanos, cristãos. E brancos, e negros, e amarelos, e azuis.

Entendo o moralismo dos primeiros. Inclino-me para concordar com os segundos. Mas, com a devida vênia a ambos, o "caso Galliano" não é um caso de antissemitismo; nem sequer de liberdade de expressão no sentido lato e nobre do termo. É um caso puramente econômico. Como lembra a sempre sábia *Economist*, a Dior faturou 29 bilhões de dólares em 2010. Galliano contribuiu com 4% desse faturamento geral. É fazer as contas: será que uma empresa que fatura 29 bilhões de dólares pode dar-se ao luxo de empregar um antissemita ambulante que, ainda por cima, só participa residualmente no bolo geral?

Não pode. O risco não compensa. E a Dior, antes de vender vestidos e sonhos, paga contas e empréstimos. Um pormenor que deveria servir de aviso para "estrelas" várias que, alimentadas pelo circo da bovinidade geral, se julgam maiores do que os cheques que as mantêm.

O caso Galliano, mais que uma questão moral, é sobretudo uma lição empresarial. E até nisso o capitalismo é bom. Disciplina os selvagens.

7.3.2011

Esquerda, ida e volta

Minha vizinha é linda. Minha vizinha é de esquerda. Um problema? Não para mim, uma alma tolerante e pluralista e mentirosa. Para ela. Mas, como diria Jack, o Estripador, vamos por partes.

Aconteceu em setembro. Começou o ano acadêmico em Lisboa e uma espanhola mudou-se para o apartamento ao lado do meu. Encontrei-a na porta da rua, transportando as malas. Ofereci ajuda. Resposta dela: "Lá porque eu sou mulher você pensa que não consigo?".

Alarme. Feminista na área. Fugir, fugir, fugir – eis o sinal luminoso nos meus neurônios. Mas fugir daqueles olhos absurdamente azuis?

Não, claro que não, e depois falei de uma hérnia discal precisamente por excesso de peso. "É preciso ter cuidado." Ela comprou a primeira mentira. Se Deus me der tempo e saúde, outras se seguirão.

História da donzela: veio para Portugal apaixonada pela literatura dos lusos. A ideia é fazer doutorado, ficar uns anos, experimentar a vida do país. Excelente ideia. "Pena chegar com esse governo fascistinha, você não acha?", perguntou ela.

Explicação prévia: o governo português atual, que alguns consideram de centro-direita, tem sido um exemplo de socialismo no seu pior. Sobretudo carregando nos impostos como nenhum governo socialista antes dele. Mas o que responder? A verdade, só a verdade, nada mais que a verdade?

Não. A mentira, só a mentira, nada mais que a mentira. "Fascistinha é dizer pouco", murmurei com venenoso sarcasmo.

E eu? Quem sou eu? Que faço? Quais são os meus gostos e desgostos?

Falar de colunismo e televisão e livros é matéria interdita. Livros? O último chama-se *Por que virei à direita,* Deus do céu. Respondi vagamente ("dou aulas") e depois menti vagamente ("mas o meu sonho é trabalhar numa ONG"). Os olhos dela brilharam e eu senti o meu *cachet* a subir. Mas tanta mentira desgasta. Voltando aos livros, é impossível esconder a biblioteca inteira. Foi o primeiro momento em que a máscara quase caiu. "Você lê muitos autores de direita, não?", perguntou ela, olhando para as estantes com os meus Hayeks, os meus Oakeshotts, os meus Voegelins.

Pausa. Sangue-frio. "Você tem que conhecer o inimigo", respondi. Ela concordou. E depois perguntou pelos autores da minha vida. "Tirando o Slavoj Žižek? Não vejo mais ninguém com qualidade hoje em dia."

Ela não conhecia Žižek. Com luvas e máscara de proteção, comprei um livro do ogre no dia seguinte. Foi o meu presente de aniversário em outubro. Ela gostou de Žižek; mas, surpresa das surpresas, achou as páginas sobre a necessidade de violência revolucionária um pouco excessivas. "Por causa dos inocentes", disse ela.

Eu poderia ter ficado calado. Não fiquei. "Mas você acha que no capitalismo há mesmo inocentes?" Silêncio. E epifania: a única forma de trazer esse anjo um pouco mais para o centro é eu próprio radicalizar-me à esquerda.

Nos últimos tempos, as conversas ficaram surreais. Defendo Cuba. Defendo a Venezuela. Ataco os Estados Unidos até pela falta de água em Lisboa. E sobre os colunistas de direita que "invadiriam a mídia", os tribunais deveriam fazer qualquer coisa. "Onde está a liberdade, afinal?", pergunto eu, indignado. De resto, a crise europeia tem responsáveis perfeitamente identificáveis ("a ganância dos bancos") e o "aquecimento global" é a maior ameaça à vida na Terra ("e quem diz o contrário deveria ser preso"). O resultado desse cortejo de insanidades está na moderação dela, que cresce de dia para dia: por cada loucura minha, ela tenta um equilíbrio. "Você é muito radical", eis a queixa dos últimos tempos. Eu medito, faço cara de caso. Depois me rendo e concordo. "Sim, você tem razão."

O objetivo, agora, é virar o barco para a direita por influência dela. Há sinais de esperança. Tímidos. Tênues. Dias atrás, assistindo ao *biopic* sobre Thatcher com Meryl Streep no papel da "dama de ferro", arrisquei: "Essa Thatcher era mulher de coragem. Fascista, mas de coragem". Ela completou. "Eu gosto dela. Quando você é mulher, tem que ser um pouco fascista num mundo de homens." Repicaram os sinos na minha alma. Se as coisas continuam assim, no próximo ano estaremos os dois no Fórum da Liberdade de Porto Alegre, a cantar hosanas a Milton Friedman e à Escola de Chicago. E por que não?

Vem na Bíblia: todas as grandes conversões são sempre histórias de amor à segunda vista.

10.12.2013

Como ganhar eleições

Que delícia: tenho passado os últimos tempos na companhia de Quinto Túlio Cícero. O nome talvez acenda uma luz na cabeça do leitor. Cuidado: é a luz errada. Quinto era o irmão mais novo do famoso Marco Cícero. E em 64 a.C., quando Marco se candidatou ao lugar de cônsul (o mais importante cargo no *cursus honorum* da República Romana), Quinto decidiu escrever um pequeno manual – pelo menos, a maioria dos especialistas atribui-lhe a autoria – onde explicava ao irmão como ter sucesso em política.

O manual dá pelo nome latino de *Commentariolum Petitionis* e existe uma tradução inglesa de Philip Freeman intitulada *How to Win an Election.* Começa em tom suave: o caçula elogia a inteligência, a oratória e a integridade de Marco. Mas depois acrescenta, como um Maquiavel *avant la lettre,* que a política não trata de verdades. Trata de aparências. Quem ganha a batalha das aparências ganha a batalha pelo poder.

Essa guerra começa logo no estudo dos adversários. Não das suas "propostas" (só amadores perdem tempo com as propostas dos outros), mas das suas fraquezas mais mundanas. No caso de Marco Cícero, ele teria que explorar as fraquezas de um adversário como Antônio (que teve a propriedade confiscada por dívidas; que foi expulso do Senado; que até comprou uma escrava para satisfazer os seus apetites, informa Quinto); e as fraquezas de Catilina (que cresceu em luxúrias com a própria irmã; que assassinou o cunhado; e que também tinha uma queda por rapazinhos). Fazer chegar esses escândalos à opinião pública é o primeiro dever de um candidato responsável.

Mas a política não vive apenas de "campanhas negativas", avisa Quinto. É preciso uma "campanha positiva" – e essa campanha começa em casa. O candidato deve ter o apoio da família, dos amigos, dos vizinhos, dos clientes, dos antigos escravos e dos atuais servos. "Os rumores que se tornam públicos", esclarece Quinto, "começam na família e nos amigos." E, depois da família e dos amigos, é preciso o apoio dos desconhecidos. De que forma? Prometendo, prometendo. O candidato vencedor é aquele que promete tudo a toda a gente. Ou, para ser mais preciso, é aquele que promete o que diferentes públicos querem escutar.

Claro que é humanamente impossível satisfazer o mundo inteiro quando se chega ao poder. Mas essa não é a questão, escreve Quinto, levemente exasperado. A questão é que "o povo prefere uma mentira graciosa a uma recusa imediata". Um político que proclame, com toda a honestidade, que não pode prometer o que não tem a certeza de cumprir é um candidato acabado. Depois, quando finalmente ascende ao poder, o político poderá sempre dizer que as circunstâncias mudaram e que as promessas de ontem, infelizmente, não podem ser cumpridas hoje. Talvez amanhã.

Finalmente, é importante ter o apoio dos poderosos. E "poderosos", aqui, significa múltiplas coisas: aristocratas, comerciantes ricos, artistas, jovens ilustres – há várias formas de poder. E o importante, conclui Quinto, é lembrar a alguns desses poderosos os favores que lhes fizemos; e aos outros, que ainda não estão em dívida para conosco, declarar que seremos nós a estar em dívida para com eles. Nada funciona tão bem como apelar para a ambição alheia.

Os conselhos de Quinto tiveram sucesso: Marco seria eleito cônsul; dois anos depois, o próprio Quinto seria pretor (uma espécie de administrador judiciário) e, posteriormente, governador da atual Turquia. O sucesso político dos irmãos Cícero só teria fim com a queda da República e a emergência do Império: foram ambos condenados à morte.

E hoje? Hoje, hipocrisias à parte, não há político de sucesso que não siga os conselhos de Quinto: na forma como destrata os adversários; como usa e abusa da família para compor um quadro de respeitabilidade moral; como faz promessas e mais promessas, sem a mais vaga intenção de as cumprir; e como tece relações de dependência e favores mútuos com os poderosos do seu tempo.

O livrinho de Quinto é hilariante e arrepiante. E difícil de engolir. Razão tinha o poeta: os seres humanos nunca suportaram demasiada realidade.

11.11.2014

Tempos modernos

Habemus crisis

Começa hoje o conclave para a eleição do novo papa e o tom é apocalíptico. Leio na imprensa que a Igreja Católica enfrenta a maior crise da sua história. São escândalos sexuais, corrupção financeira, lutas de poder dentro da Cúria. É a incapacidade de Roma para se adaptar ao mundo moderno, ordenando mulheres para o sacerdócio, terminando com o celibato dos padres e abençoando o uso da camisinha. Estou alarmado. Quem não está? Até porque a história da Igreja é, ao longo dos seus 2 mil anos, um invejável reinado de paz onde a palavra "crise" nunca foi conhecida.

Sim, se quisermos ser absurdamente rigorosos, podemos afirmar que a história da Igreja não começou bem: o seu fundador foi torturado e morto pelas autoridades romanas no tempo de Tibério. Mas, tirando esse pormenor, o que veio a seguir?

Historiadores histéricos, que obviamente não conhecem os escândalos de pedofilia, falam de perseguição aos cristãos antes da conversão de Constantino (século IV) e alguns, como Tácito, deixaram páginas brutais sobre a brutalidade de Nero para com a seita. Mas todos sabemos que, depois da conversão do imperador, o cristianismo hibernou durante 2 mil anos. Desafios doutrinais, como o "gnosticismo" ou o "arianismo", são mais mito que realidade e jamais provocaram abalo entre os cristãos. As invasões bárbaras, que destroçaram o Império Romano, também não foram sentidas pela Igreja. Nem as invasões bárbaras, nem as invasões dos exércitos de Maomé, que proporcionaram piqueniques multiculturalistas entre monges e muçulmanos, com os budistas a tocar flauta.

E sobre as relações entre a Igreja e os Estados imperiais, todos sabemos que o convívio foi pacífico durante a Idade Média. A "questão das investiduras", por exemplo, não passou de uma sucessão de zangas de namorados entre papas e imperadores.

Aliás, olhando para a própria Cúria Romana, é difícil encontrar um período mais negro do que o atual. Historiadores histéricos, uma vez mais, falam de papas homicidas, corruptos, sodomitas ou envenenados ao longo do período medievo – um caldo de miséria moral que levou Gregório VII à exasperação reformista. Alguns vão mais longe e escrevem mesmo sobre as rivalidades entre os papados de Roma e Avignon. Nunca acreditei nisso.

Logicamente que até um cético como eu, para quem a crise atual da Igreja não tem paralelo, tem de reconhecer os incômodos causados pela Reforma Protestante do século XVI. A Reforma, dizem os livros, significou um cisma profundo na unidade da fé cristã (isso se esquecermos a forma simpática, quase amigável, como Roma e Constantinopla se excomungaram mutuamente séculos antes). Mas a Europa quase não sentiu a Reforma, e as guerras religiosas (e políticas) de que se fala carecem de fundamentação histórica. Henrique VIII, na minha interpretação dos fatos, apenas queria ser livre para amar.

De resto, a Igreja Católica nunca viveu em crise com o Iluminismo continental (Voltaire era visita frequente do Vaticano), e, sobre a Revolução Francesa, enfim, o óbvio: um dos momentos mais belos na existência da instituição. Digo "um dos mais belos", e não "o mais belo", porque esse só viria em 1917, quando Lenin chegou ao poder. Ou terá sido em 1949, com Mao Tse-tung?

Um historiador com tendência para o dramatismo diria que a história da Igreja Católica é, no essencial, a história das crises da Igreja Católica. E da forma como a Igreja resistiu a elas. Um historiador com tendência para o dramatismo, ao ter consciência desse passado, poderia também dizer que as crises de hoje são importantes, sem dúvida. Começando nos casos de pedofilia (que merecem punição exemplar) e terminando nas perseguições anticatólicas da China, do Egito ou do Sudão (um fato ignorado pelos sábios da mídia), o próximo papa terá muito com que se ocupar. Mas esse historiador diria igualmente que os problemas de hoje, quando comparados com os problemas do passado, são quase uma brincadeira de crianças.

Esse historiador não lê jornais nem vê televisão. Se lesse ou visse, deixaria os livros poeirentos em paz e, de joelhos perante o Altíssimo, faria as suas preces antes do Juízo Final.

12.3.2013

Este é o meu corpo

Caro leitor: você está contente com o seu corpo? Pense bem. Olhe-se bem. Os ingleses não estão. Informa a BBC Brasil que um grupo de deputados auscultou a população nativa a respeito. As conclusões do estudo, intitulado *Reflections on Body Image*, são dramáticas: ninguém gosta da respectiva carcaça.

Nas escolas o cenário é particularmente aterrador: um em cada cinco meninos de dez anos despreza a própria figura; uma em cada três meninas também. A situação é tão extrema que os deputados sugerem aulas de imagem e expressão corporal para combater a insatisfação com o corpo. É preciso mais "autoestima", dizem os especialistas. A saúde psíquica de uma nação inteira depende disso.

Boa sorte, rapazes. Mas posso explicar por que motivo o projeto educacional está destinado ao fracasso? Deixo ficar a teoria para mais tarde. Prefiro a prática por agora.

Moro em frente a uma academia de ginástica. E todos os dias, manhã cedo, contemplo através do vidro exércitos de infelizes que marcham lá para dentro em busca das formas perfeitas. O cortejo é deprimente, concedo: a angústia plasmada no rosto de cada um dos peregrinos faria as delícias de Hieronymus Bosch. Mas o essencial da experiência está na propaganda da academia – duas frases escritas em inglês e com cores berrantes, logo na entrada: *One life. Live it well.*

Nem mais. Durante séculos, a civilização ocidental – corrijo: a civilização judaico-cristã que forjou o Ocidente – tinha uma singular visão do corpo que se alterou com a modernidade. Simplificando, o corpo tinha a sua importância como guardião da alma divina. Mas só a alma era eterna; só a alma viajava para o outro lado, o que concedia ao corpo um estatuto perecível e secundário. Quando existe um horizonte de eternidade pela frente, e quando essa eternidade se assume como prolongamento da existência terrena e compensação das suas misérias inerentes, é normal que o olhar humano não atribua ao corpo e às suas imperfeições o lugar histérico de hoje.

Esse horizonte de eternidade perdeu-se. Para usar as palavras de Thomas Hardy em um poema célebre sobre o "Funeral de Deus", a divindade podia ser uma projeção que os homens modernos não conseguiram mais manter viva. Mas existem consequências desse enterro. Se não existe nenhuma continuidade pós-terrena, se tudo que resta é esta passagem breve e incompleta que termina entre quatro tábuas, o olhar humano recentra-se sobre a matéria. Pior: coloca a matéria no altar das antigas divindades e troca as orações e as penitências do passado pelo calvário tangível da malhação matinal. Só existe uma vida. Só existe uma oportunidade para vivê-la bem.

As frases promocionais da academia podem ser lidas como um grito festivo e obviamente narcísico. Mas também são a expressão de uma angústia e um terror bem profundos: a angústia e o terror de quem sabe que não terá uma segunda oportunidade. Todas as fichas do jogo estão cá embaixo, não lá em cima. Aliás, não existe mais "lá em cima".

Os deputados ingleses, sem originalidade, acreditam que a insatisfação com o corpo tem origem nas imagens de perfeição irreal que a moda ou o cinema cultivam. O clichê de um clichê. Erro crasso. Essas imagens de perfeição irreal são a consequência, e não a causa, de uma cultura que concedeu ao corpo uma fatídica importância. E "fatídica" pela razão evidente de que condena os homens a adorar um deus falível por definição. Um deus caprichoso e inconstante, sujeito às inclemências da velhice, da doença e da morte. Se existem causas perdidas, o corpo é a primeira delas. Alimentar causas perdidas é um sintoma de demência.

É por isso que a nossa obsessão com a carcaça não se corrige com aulas de imagem e expressão corporal. Não se corrige com mais "autoestima". Ironicamente, corrige-se com menos "autoestima". Somos pó e ao pó retornaremos. Aulas de teologia fariam mais pelas crianças inglesas do que renovadas sessões com o corpo no papel principal.

5.6.2012

Escritores e pedófilos

Um dia perguntaram a Gore Vidal se ele gostaria de mudar alguma coisa na sua biografia. O escritor respondeu: "A minha mãe". Em três palavras, Vidal *vintage*: uma mistura de ironia e crueldade. E de presciência, talvez: se é verdade que todas as famílias felizes são iguais, então cada família ressentida é ressentida à sua maneira.

O verniz da família Vidal estalou recentemente depois do escritor, falecido em 2012, ter deixado o seu patrimônio (37 milhões de dólares) à Universidade Harvard. A família respondeu com um livro onde alega que Vidal teria vivido anos de terror com a possibilidade de William Buckley, seu fiel inimigo, o denunciar como pedófilo. Buckley teria provas de vários crimes sobre menores. Muito apropriadamente, os descendentes de Buckley confessam que o "dossiê Vidal" foi jogado fora depois da morte do patrono. Como quem joga uma roupa velha.

Perfeito. Não há provas. Apenas uma mancha: Vidal era pedófilo e não se fala mais do assunto. Uma mancha dessas não é apenas destrutiva de uma reputação. É destrutiva e macabra porque Vidal já não está entre os vivos para responder. Se bater em gente indefesa é sinal de covardia, o que será bater em gente morta?

Mas o "caso Vidal", que agitou as águas literárias, coloca uma questão mais séria: será que o comportamento pessoal de um artista, e mesmo o comportamento alegadamente criminal dele, diminui ou altera a qualidade da sua obra? O jornalista Mark Lawson, que analisou o caso no *Guardian*, diz que não. E relembra vários exemplos de condutas privadas reprováveis que nem por isso desqualificam o autor. O antissemitismo de Richard Wagner não deve ser um impedimento para apreciar a sua música. E convém não esquecer Roman Polanski, que abusou de uma menor nos Estados Unidos e, por causa disso, nunca mais lá regressou. O crime de Polanski desqualifica os filmes que ele fez?

A minha resposta também é negativa: existe uma autonomia na criação estética que não se confunde com a biografia ética. Admito apenas uma exceção a essa regra (já lá irei), mas pretender julgar qualquer obra com as falhas de conduta do criador seria inaugurar uma "caça às bruxas" que deixaria os nossos museus e as nossas bibliotecas irremediavelmente mais pobres. O antissemitismo de Céline não retira uma vírgula à grandeza romanesca da sua obra. Martin Heidegger merece ser lido, e bem lido, independentemente dos entusiasmos pelo nazismo. E, para recuarmos na história, não passa pela cabeça de ninguém condenar a pintura de Caravaggio simplesmente porque ele era um delinquente e um provável homicida.

Exceções à regra? Apenas uma: quando o próprio autor não respeita a separação entre a ética e a estética, usando a segunda para esconder a primeira. A misantropia de Evelyn Waugh não me incomoda porque os seus romances não procuram sublimar ou ocultar o ser intratável que ele era. Mas confesso algumas dificuldades em levar a sério o humanismo moralista de Arthur Miller quando sei que esse humanismo não era praticado pelo próprio em relação ao filho com síndrome de Down, que ele abandonou no asilo e conscientemente rasurou da sua biografia. Repito: não espero que um artista seja um santo. Mas também não tolero que ele se faça passar por santo. E, sobretudo, que faça sermões aos outros exigindo essa santidade.

Finalmente, a separação entre a conduta ética e a autonomia estética funciona para ambos os lados. A violação de Polanski não retira qualidade aos seus filmes. Mas a qualidade dos filmes não o absolve da violação (e da fuga), mesmo sabendo que a vítima já o perdoou publicamente. Acreditar que a vida estética está acima da lei é apenas repetir o mesmo tipo de "diletantismo ético" que produziu horrores mil na história moderna. Se Polanski regressar aos Estados Unidos, a justiça que trate do que é da justiça. Os filmes bastam-se e bastam-me.

E Gore Vidal? Começo e acabo com o óbvio: no século XX norte-americano, não encontro maior ensaísta. Nem melhor escola de estilo para qualquer candidato ao *métier*. O que Vidal fazia nas horas livres, não é da minha conta. E, perante a ausência de provas (e de vítimas), não é da conta de ninguém.

19.11.2013

Estudos pornográficos

A atriz Sylvia Kristel morreu há poucos meses. Senti a notícia como uma perda pessoal. E nostálgica. Lembro-me bem: teria uns doze ou treze anos quando a conheci. Moça simpática. Foi em casa de um colega de turma que, por razões nunca suficientemente explicadas, conseguira cópias em VHS da série de filmes *Emmanuelle*.

Todas as sextas à tarde havia uma peregrinação à casa do cavalheiro. E ele, qual Grande Gatsby pré-adolescente, recebia os convidados no portão e depois cobrava ingressos à pequenada. Com o dinheiro do lanche, era possível assistir ao filme e, por gentileza do anfitrião, beber ainda um copo (de limonada). No final, os cinéfilos abandonavam a sala e caminhavam rápido na mais profunda clandestinidade. Rumo a casa.

Assim foi durante semanas: enquanto os pais imaginavam as crianças em estudos demorados, as crianças dedicavam-se a outro tipo de aulas. Até o dia em que um delator resolveu contar o esquema à diretora da escola depois de ter sido barrado na entrada daquele clube privado. Os pais foram avisados. Houve castigos para todos os gostos e feitios – e eu, com as orelhas a arder, despedi-me de Sylvia Kristel com um beijo imaginário.

Verdade que, olhando para trás, os filminhos de *Emmanuelle* eram quase exemplos líricos de castidade. Sobretudo quando comparados com a pornografia que abunda na internet e que tem provocado discussão séria no Reino Unido. Não será hora de ter uma profissional da indústria a ministrar aulas de educação sexual nas escolas? Aulas teóricas, entenda-se, não práticas.

A sugestão foi feita por Mark Slater, responsável por um colégio de elite em Cambridge. Diz o professor Slater ao *Sunday Telegraph* que as crianças estão cada vez mais expostas a cenas violentas e, pormenor fundamental, irreais. Uma professora de educação sexual com conhecimento de causa poderia explicar a natureza fantasiosa das cenas, preparando os jovens para vidas de maior respeito mútuo – e, acrescento eu, sem lesões físicas desnecessárias.

O professor não está sozinho nessa batalha. A editora Routledge, que em tempos mais bárbaros editava Karl Popper ou Friedrich Hayek, prepara-se também para lançar a primeira revista científica sobre estudos pornográficos. *Porn Studies*, eis o título. Objetivo? Estudar o fenômeno da pornografia "sob todos os ângulos", uma ambição que já deu polêmica entre a comunidade científica, e não necessariamente pelas razões mais literais. Conta o jornal *The Observer* que vários estudiosos da matéria criticam a revista por adotar um tom neutro sobre o assunto. Pornografia é coisa séria. Ela é responsável pela degradação das mulheres, pelo comportamento violento dos homens e, atendendo ao funcionamento hormonal da espécie, talvez pelo aquecimento global.

Aliás, por falar em aquecimento global, os críticos da revista comparam o conselho científico da dita aos "negacionistas climáticos" que não concordam com o sr. Al Gore sobre o destino dos glaciares. A polêmica promete continuar.

Não tenciono contribuir para ela. Se as melhores escolas e editoras entendem que é sua função conceder à pornografia estatuto intelectual respeitável, eu não passo de um lamentável dinossauro. Que, logicamente, nasceu no tempo errado. No distante século XX, eu e os meus amigos éramos uns incorrigíveis devassos. Hoje, no século XXI, teria sido possível evitar todos os castigos. E sustentar, com cara séria e erudita, que aquelas tardes passadas com a sra. Sylvia Kristel eram visitas de campo – ou, melhor ainda, deveres de casa.

Imagino mesmo os nossos pais, cobertos de orgulho, comentando uns com os outros o amor dos filhos pelo estudo e os dias inteiros passados no quarto.

18.6.2013

O livro da selva

É fácil rir dos selvagens. Sobretudo quando acreditamos sinceramente que não somos como eles. Engano.

Em 2001, o Taliban controlava o Afeganistão e ordenou a destruição dos Budas de Bamiyan, patrimônio cultural da humanidade. Foram as primeiras risadas. De horror. Em 2015, vieram as segundas. Com o pessoal do Estado Islâmico, no museu iraquiano de Mosul, rebentando às marretadas as peças escultóricas do lugar. Nos dois casos, a justificativa foi a mesma: o Islã radical, que exige submissão completa ao fundamentalismo dos fanáticos, não tolera idolatrias – e, no caso dos budas, heresias. Rebentar é a solução. E nós?

Inegável: a Inquisição deixou de funcionar há duzentos anos. Ninguém é transformado em churrasco por ofender a Santa Madre Igreja, principal motivo pelo qual tantos artistas "corajosos" e "subversivos" gostam de a ofender. Mas isso não significa que não existam "religiões seculares" (obrigado, Raymond Aron) com seus instintos igualmente censórios. No século XXI, a principal religião está na Igreja da Saúde: ofender essa divindade, a única que restou na alma temente dos homens ocidentais, é crime de lesa-majestade.

Que o diga a empresa Disney: daqui para frente, os estúdios que trabalham para a casa do Mickey Mouse não irão retratar mais fumantes em suas histórias. A saúde está em primeiro lugar. A saúde do público jovem está em primeiríssimo. O caso é interessante por dois motivos – um pessoal, outro substancial.

O pessoal passa por relembrar todos os filmes da Disney a que assisti nos verdes anos sem necessariamente ter imitado o comportamento dos seus personagens mais carismáticos. Nunca saltei de edifícios montado em tapetes voadores. Nunca envenenei maçãs para matar alvas donzelas. Nunca confraternizei com tigres ou leões na selva, esperando que eles devolvessem o afeto e cantassem comigo em uníssono. E quando havia personagens fumando, nunca saí da sala com sintomas de privação. A ideia paternalista de que reagimos a um filme como cachorros de Pavlov é uma fantasia digna de uma obra da Disney, que carece de base empírica.

Mas existe uma razão substancial que lida com a própria natureza da sétima arte. Se a Disney considera o cigarro uma influência nociva nas cabeças do auditório, o que tenciona a empresa fazer com histórias onde existem personagens vingativos, violentos, preconceituosos ou meramente imbecis? Será que a Disney tenciona mostrar ao seu público esses vícios nefandos que dão pelo nome de vingança, violência, preconceito e imbecilidade?

Para além do óbvio: com narrativas onde os animais ganham voz e trejeitos humanos, não será isso uma lamentável exploração dos bichos, comparável a um espetáculo de circo? Aliás, falar em circo não é por acaso: informa a imprensa inglesa que, depois de proibir o fumo, a Disney já recebeu inúmeros pedidos para que o próximo *Dumbo*, dirigido por Tim Burton, não termine com o elefante no circo – mas em uma reserva natural apropriada.

Desconheço se Tim Burton pondera esse novo final, para alegria dos defensores dos "direitos dos animais". Em caso afirmativo, espero também que as orelhas do elefante possam ser igualmente reduzidas. Deficiência física não deve ser tema de paródia. O que, naturalmente, exclui de imediato os sete anões.

E se falamos de limitações físicas, convém não esquecer as mentais: a Disney pode conservar Mickey, Minnie e, no limite, o somítico tio Patinhas. Mas não será hora de deixar o Pateta em paz? O Pateta e, claro, alguns estereótipos culturais que a Disney espalha pelo mundo sem um pingo de vergonha. Eu, se fosse brasileiro, tomava providências para acabar de uma vez por todas com o Zé Carioca (e seu charuto!).

Limpando todas as obras de imagens, ideias ou meras alusões potencialmente ofensivas, é provável que os filmes da Disney se transformem em belos aquários, onde nada acontece e tudo é belo e colorido. É um preço que devemos pagar. Como sucedeu com o Taliban no Afeganistão ou com os jihadistas do Iraque, é importante seguir o livro da selva e remover da paisagem todas as imagens que ofendem o pequeno selvagem que habita em nós.

17.3.2015

Falando de marionetes

Leio com prazer o último livro de John Gray, *The Soul of the Marionette*. É um ensaio sobre a liberdade humana – ou, dito de outra forma, uma explicação erudita sobre a limitada liberdade que temos quando comparados com as bestas. Tese de Gray: uma besta cumpre os seus instintos. Não agoniza entre opções e não tem o fardo insuportável do pensamento reflexivo.

Nós, humanos, somos menos livres que as bestas. Julgamos que a nossa "autonomia" (para usar uma palavra erudita) é a forma suprema de sermos livres. Estamos dramaticamente equivocados: não passamos de almas torturadas entre a experiência do passado e as expectativas do futuro. O fato de estarmos condenados a escolher não deixa de ser uma condenação.

Concordar ou discordar de Gray é assunto secundário. Embora, declaro, a minha admiração pelo texto seja proporcional à discórdia perante ele. Sou um típico produto da modernidade (a exata modernidade que Gray rejeita enfaticamente). Só consigo pensar a liberdade com um mínimo de conhecimento. A ausência de conhecimento pode tornar-nos livres no sentido "bestial" do termo. Mas, ao mesmo tempo, torna-nos prisioneiros da mais básica instintividade. Pena Gray não refletir sobre a servidão que existe nessa instintividade.

Mas repito: concordar ou discordar é assunto secundário. Até porque o primeiro pensamento que tive quando terminei o livro não lidava com o argumento propriamente dito. Lidava com Gray *himself*: "Esse homem já não está na universidade". Fui confirmar. Confirmei. Gray ensinou em Oxford, Harvard e Yale. Ainda passou uns anos na London School of Economics. Hoje, dedica-se exclusivamente à escrita.

Não é caso único. Quase por coincidência, leio na revista *The Spectator* uma entrevista a Roger Scruton. Não vale a pena apresentar Scruton ao auditório letrado: uma vez mais, concordar ou discordar do autor é assunto secundário. O que ninguém pode contestar é a inteligência e a consistência da obra – uma inteligência e consistência que o afastaram da academia há três décadas. O próprio, na entrevista, reflete sobre isso. Para dizer, com serena naturalidade, que ser um filósofo por conta própria é a única forma de poder escrever a verdade.

Seria bom olhar para os casos de Gray ou Scruton como exceções da regra. Não são. E um conhecimento do debate universitário inglês ensina uma triste lição: muitos dos pensadores, presentes ou passados, que construíram obra legível e admirável, já não teriam espaço no sistema de agora.

Razões diversas. Para começar, o sentimento de inferioridade das "ciências humanas" face às "ciências naturais" (uma inferioridade que, segundo Isaiah Berlin, radica no século XVIII) obrigou as "humanidades" a uma produção insana, e por isso estéril, de ensaios que ninguém lê. Desde logo porque os ensaios não são para serem lidos; são para serem publicados em revistas da especialidade que em troca concedem ao autor algumas medalhas para progressão na carreira. Um ensaio filosófico de qualidade, como o de John Gray, demora anos a ser pensado e escrito. Um filósofo "acadêmico" que demore anos a escrever algo de relevante é devorado em pouco tempo por uma manada de nulidades que reciclam e publicam o mesmo pedaço de lixo vezes sem conta só para pontuarem no autódromo da academia.

Mas existe uma segunda razão: Gray ou Scruton, para ficarmos em autores contemporâneos, não escrevem o que as inquisições acadêmicas exigem. Eles enfrentam algumas vacas sagradas – o apelo do multiculturalismo; a soberba do racionalismo humano; a superioridade moral do pensamento revolucionário e utópico – que acabaram por ocupar toda a paisagem das "humanidades".

O debate está mais pobre, sim, mas convém não generalizar: ele está mais pobre no interior da universidade inglesa, que foi excluindo da arena as vozes dissonantes ou mesmo excêntricas que deveriam ser a alma de qualquer ensino verdadeiro. Mas essas vozes existem e persistem "cá fora". O que permite concluir que a universidade será cada vez mais um laboratório de propaganda e uma repartição burocrática: depois da lavagem cerebral, haverá um carimbo no diploma que prepara o infeliz para rigorosamente nada.

7.4.2015

A arte da masturbação

O filme *Cisne negro* promete ser revolucionário. Não na história do cinema. Mas no ensino da dança. A partir de agora, os cursos de dança terão de reformular os seus currículos. Sim, "Improvisação", "Estudos de movimento" ou "Estudos de repertório" continuarão a ser importantes. Mas, na douta filosofia de Darren Aronofsky, diretor do filme, é preciso incluir novas classes. Como "Técnicas de masturbação", por exemplo. Ou, então, "Dildos e opiáceos", provavelmente para que os finalistas possam entrar na vida profissional em estado de transe.

Esse, pelo menos, é o entendimento de Thomas (Vincent Cassel), o coreógrafo da companhia de bailado onde Nina (Natalie Portman) vai estrelar uma nova produção de *O lago dos cisnes*. Mas Nina tem um gravíssimo problema: nunca transou. Tecnicamente, é perfeita; mas o fato de ainda ter o hímen intacto impede-a de protagonizar o "cisne negro" com a intensidade perversa que o papel exige.

Felizmente, Thomas tem uma ideia. Não, como seria de esperar, voluntariar-se ele próprio para aliviar Nina da sua trágica deficiência, uma proposta perfeitamente compreensível: quem nunca teve pensamentos impuros com Natalie Portman, a encarnação terrena mais próxima de um anjo? Não atiro a primeira pedra. Mas Thomas não tem pensamentos desses; o seu amor à arte suplanta o amor a Nina. E a arte merece que Nina vá para casa e experimente tocar-se no conforto dos seus lençóis (cor-de-rosa). Em cinema, já assisti a tudo. Até aos filmes de Manoel de Oliveira. Mas a sequência em que Nina se masturba é tao esteticamente grotesca que seria aconselhável distribuir sacos de enjoo nas salas.

Como é evidente, Nina não acaba bem: sexualmente reprimida e com a sanidade a desfazer-se, ela não aguentará a competição direta de uma dançarina rival, Lily (Mila Kunis). Lily dança bem. Mas, ao contrário de Nina, oferece o serviço completo. Quando saímos da sala, choramos pelo destino de Nina. E pensamos: "Coitada. Se ela ao menos tivesse transado...".

Eis, em resumo, o filme de Aronofsky, um diretor que, antes de *Cisne negro*, tinha assinado um filme estimável sobre *wrestling*. Um tema que estava mais ao nível da sua mentalidade.

Acontece que os seres humanos raramente aceitam as suas limitações e desejam voar mais alto. Aronofsky tenta. Nunca chega a decolar. Desde logo porque Aronofsky acredita que a "loucura da arte", na feliz sentença de Henry James, pode ser resumida ao clichê expressão/repressão, que domina grande parte das discussões analfabetas do nosso tempo. Herdeiros de uma sensibilidade romântica abastardada, acreditamos que a arte deve ser "autêntica"; e que a "autenticidade" consiste em abrir as comportas da alma, despejar os nossos "sentimentos" e "emoções" na via pública e, através dessa catarse, libertarmo-nos das nossas neuroses pessoais.

Segundo essa doutrina, a arte não é arte; é terapia. Um romance não é um romance; é uma sessão de psicanálise por escrito. E o artista não é um artista; é um doente mental que vive no asilo psiquiátrico e que pinta, ou escreve, por motivos estritamente terapêuticos, antes da medicação noturna. Visitar grande parte dos nossos museus, dos nossos palcos ou das nossas estantes é tropeçar continuamente nessas alegres pornopopeias.

Tragicamente, Aronofsky e companhia ignoram que a arte não é uma questão de expressão ou repressão; mas de disciplina e sublimação. Para retomar as palavras de T. S. Eliot, a criação artística é um exercício de autossacrifício em que, para expressar uma personalidade, é necessário primeiro extinguir a personalidade. E encarar o processo criativo como o momento sacramental em que elevamos o que somos, o que não somos e o que gostaríamos de ter sido a um patamar sublime.

Se a sensibilidade de Aronofsky não estivesse tão próxima da de um neandertal, ele teria percebido que, no caso de Nina, era precisamente a sua complexidade – feita de repressão e temor; mas também de graciosidade e sede de perfeição – que faria dela uma incomparável artista. Ao confundir a natureza da arte com a arte da masturbação, tudo o que resta de *Cisne negro* é um ecrã viscoso e sujo. Como um lençol de adolescente.

22.2.2011

Cinquenta risos para Grey

Saio de casa para assistir a *Cinquenta tons de cinza*, fenômeno no globo inteiro. E então imagino: uma sala lotada com centenas de senhoras de meia-idade, dispostas a conhecer o amado Grey que despertou nelas todos os sonhos esquecidos, reprimidos, adormecidos.

Primeiro choque: sábado à tarde, e a sala está quase vazia. Segundo choque: o público presente é composto de adolescentes que vieram em grupo para provar a natureza transgressiva da história. Terceiro choque: eu sou provavelmente o espectador mais velho da sala.

A situação exige medidas drásticas. Sento-me junto a duas amigas, tiro o bloco de notas do bolso e depois, sorrindo, ofereço uma desculpa: "Trabalho". Elas sorriem de volta – e murmuram: "Pois, pois". Afundo na cadeira.

O filme vale a pena. Mas somente se você, leitor, for a uma sala com adolescentes. Eles são o coro perfeito para o que sucede na tela: por cada cena de sexo, por cada gemido, por cada açoite – a gargalhada é geral. Entendo. Essa é a geração que, na internet, encontra pornografia *hardcore* instantânea e grátis. As cenas "transgressivas" de *Cinquenta tons de cinza* são, para eles, brincadeira de crianças. Literalmente.

Uma das amigas, aliás, comentou com a outra: "Parece que estão brincando de médicos e pacientes". Anotei o comentário. O sadomasoquismo do filme é tão perverso que também eu descobri ter começado a praticá-lo ainda na infância. Quando a professora da escola primária usava a régua para corrigir os meus erros de matemática.

Mas de que trata *Cinquenta tons de cinza*? Não li o livro. Comprei-o. Dez páginas depois, reparei que passara as últimas cinco com pensamentos intrusivos ("cortar as unhas", "comprar leite", "marcar almoço com…"). Desisti. De modo que: avancei para o filme no mesmo estado da protagonista Anastasia. Em estado virgem. Esse é o primeiro momento surreal do filme: quando sabemos que Anastasia permanece ignorante em matéria de flores e abelhas (o segundo momento é quando ela confessa uma paixão literária por Thomas Hardy).

A inocência dura pouco: depois de conhecer Grey, o milionário propõe-lhe um contrato para que ela seja o seu brinquedo sexual. Não li o contrato, mas passei alguns minutos a fantasiar o que aconteceria se o dito cujo fosse parar no tribunal por descumprimento de uma das partes. Imaginei discussões legais ("segundo o artigo 2º da cláusula 5ª a sra. Anastasia comprometia-se a receber seis chibatadas, e não apenas quatro..."), tudo sob o olhar reprovador do juiz. Mas divago.

No fim, Anastasia está cansada das tareias porque ama Grey. E Grey, incapaz de amar, prefere continuar com as tareias. Um clássico: expectativas divergentes sempre foram um veneno nas relações.

De regresso a casa, consulto bibliografia secundária para compreender o apelo que *Cinquenta tons de cinza* teve na imaginação feminina. E descubro, em artigos que parecem cópias uns dos outros, que a história virou fenômeno porque incontáveis mulheres suspiravam por homens como Grey: alguém capaz de usar o cinto para muito mais do que simplesmente segurar as calças. No fundo, a história seria uma denúncia dos machos "flácidos" (digamos assim) que a cultura feminista promoveu. "Dureza" e "firmeza", eis os quesitos básicos para as mulheres do século XXI.

Nada a dizer, tudo a respeitar. Mas se um pouco de violência é aquilo que falta em muitos lares, a única coisa que se lamenta é a falta de comunicação entre os casais. Se o livro contribuir para mais abertura e mais equimoses, substituindo pontos de ruptura por pontos de sutura, a autora E. L. James já terá dado seu contributo para o amor pós-moderno.

Infelizmente, o filme talvez não esteja à altura do livro. Porque olhando para a figura de Grey – para o seu patético embotamento afetivo – é duvidoso acreditar que aquilo é príncipe que se apresente para qualquer donzela arfante. Pelo contrário: as suas fragilidades são tão absolutamente efeminadas que nunca sabemos se ele vai entrar em cena de chicote – ou de fraldas.

Fosse eu o autor da história e teria salvado a relação entre Anastasia e Grey. Bastaria que a primeira conquistasse o coração do segundo oferecendo-lhe o conforto de uma chupeta – mas não da chupeta em que você, leitor, está pensando.

17.2.2015

Comer, rezar, vomitar

Sou um cavalheiro. E um cavalheiro faz tudo por uma dama: trava duelos; escala montanhas; enfrenta furacões e tempestades; assiste a *Comer, rezar, amar* e no final, com um sorriso beatífico, comenta: "Gostei".

E gostei mesmo. O filme, caso não saiba, é a história verídica de uma escritora nova-iorquina que termina um casamento sem chama (primeiro clichê) e, disposta a encontrar-se (segundo clichê), parte em busca da felicidade (terceiro clichê). A escritora é Julia Roberts, que envelheceu barbaramente bem, e eu senti-me logo identificado com a personagem: no filme, Liz surge sentada no chão do banheiro, a chorar a sua sorte e a esperar um sinal de Deus. Na cama, o marido ronca.

Aconteceu-me o mesmo durante o filme: disse que ia só ao banheiro e, quando lá entrei, deixei-me cair junto ao vaso sanitário e vomitei o jantar. O filme mal tinha começado. Mas eu já sabia que também estava no lugar errado e que precisava de me encontrar. No filme, Liz procura encontrar-se em Roma, na Índia e em Bali. No meu caso, bastava só que me deixassem ir para casa, onde eu me encontro várias vezes por dia, com resultados satisfatórios.

Mas um cavalheiro resiste a tudo. Regressei à sala e contemplei: depois de abandonar o marido, Liz procura em três sítios diferentes três dimensões da sua vida em falta.

Na Itália, a comida. São planos sucessivos de massas, pizzas e copos de vinho tinto que Liz vai triturando sem sentimento de culpa. Milagrosamente, não engorda um quilo, apesar dos italianos serem dos povos mais obesos da Europa. Se o filme não vencer o Oscar para melhores efeitos visuais, eu devolvo o meu cartão de sócio à Academia.

E quando Liz não come, comemos nós: postais ilustrados de Roma e Nápoles, juntamente com todos os clichês possíveis e imaginários sobre o italiano médio: gente que fala alto; que fala com as mãos; que cultiva o prazer e o nada fazer; que venera a família e as respectivas mães; e, pormenor delicioso, que não tem água canalizada nos hotéis. Chocante: Liz é uma escritora nova-iorquina, mas em Nova York pagam pior que aos cronistas de jornal.

Da Itália, Liz procura rezar na Índia. Nunca estive na Índia, mas quando lá for juro que também rezarei: para não apanhar uma disenteria mortal ou, na melhor das hipóteses, para não ser atropelado por uma vaca sagrada. Liz recolhe-se num templo e procura, como se diz, "iluminação". Não é fácil: apesar do crescimento econômico imparável, a Índia continua com sérios problemas na sua rede elétrica.

Felizmente, existem velas, muitas velas, e um velho sábio que dá a Liz o conselho de uma vida. Qual é? Bom, também eu gostaria de saber qual é, mas nesse momento estava a roer as unhas (dos pés).

E Bali? Bali é um encanto, sobretudo quando os terroristas da Al-Qaeda não estão a plantar bombas no lugar, ou quando não existem tsunamis, ou quando não existem surtos de malária, ou quando não há golpes de Estado. Nada disso favorece o tipo de equilíbrio que Liz procura.

Mas Liz encontra esse equilíbrio graças a um curandeiro local, rigorosamente desdentado, que lê as mãos dos turistas e, aposto, espera que um deles lhe ofereça uma dentadura postiça. Liz, ingrata, esquece-se da dentadura no momento da despedida, mas não se esquece do amor que encontrou: um guia turístico interpretado por Javier Bardem, o espanhol mais espanhol que conheço. Difícil encontrar ator no mercado com feições tão aparentadas a um touro. Dá quase vontade de pegar na capa, na espada – e trespassá-lo.

E quando as luzes da sala se acendem, que posso eu dizer? Sim, que "gostei", e com essa palavrinha inocente e mentirosa comprar sossego para os próximos dias. Mas, aqui entre nós, que ninguém nos ouve, *Comer, rezar, amar* não é apenas uma brilhante nulidade como objeto fílmico. É, pior que isso, mais um tratado desonesto sobre a natureza da felicidade. Não tenho tempo nem espaço para elaborar longamente sobre essa natureza. Mas sempre digo que a "felicidade" não é um lugar a que se chega; nem sequer é um "estado de espírito" que seja possível manter pela eternidade. É, tão somente, aquilo que existe quando não estamos a pensar no assunto. O que significa que ela é temporária, intermitente e, na maioria das vezes, contingente. Não se procura; encontra-nos. Estar preparado e grato para esse encontro já é um milagre da existência. Exigir mais é, paradoxalmente, uma forma de nos condenarmos à infelicidade.

Nada disso se aplica ao caso de Liz. Quando a vemos, no final do filme, viajando de barco a caminho do pôr do sol, lembramos imediatamente a velha frase de Flaubert sobre as felicidades duradouras. “Ser estúpido, egoísta e ter boa saúde são três requisitos para a felicidade, mas se a estupidez faltar está tudo perdido.”

Por aquilo que vi de Liz, posso garantir que o futuro dela será risonho.

15.11.2010

A inveja da vagina

Mulheres em posições de poder não gostam de mulheres atraentes em volta. Preconceito meu? Pensava que sim. Olhava para algumas amigas que ocupam lugares de destaque – em empresas, grupos de mídia, universidades. E pasmava com a ausência de outras mulheres nas proximidades. Minto. As mulheres até existiam. Mas eram sempre invariavelmente feias ou absurdamente desinteressantes. Estaria a delirar?

Partilhei com as próprias as minhas impressões sobre o assunto. Recebi insultos mil: a minha suposta misoginia estava a ofuscar-me a razão, diziam elas, com imaculado espírito feminista. Competência era tudo que interessava. Elas, ao contrário dos homens, nunca se deixavam cegar pelas vacuidades da estética.

Pois bem: um estudo veio agora em meu socorro. Conta a revista *The Economist* que dois cientistas sociais israelenses resolveram fazer um teste sobre as vantagens, ou desvantagens, da beleza feminina no mundo laboral. Eis os pormenores: pegaram em dois currículos com informações acadêmicas semelhantes e enviaram os documentos para mais de 2.500 ofertas de emprego. Pormenor relevante: um dos currículos tinha a foto de uma mulher bonita; o outro seguiu sem foto. Resultado?

As mulheres bonitas têm uma desvantagem competitiva no mercado de trabalho e recebem menos entrevistas de emprego do que as restantes (sem foto). Superficialmente, poderia pensar-se que a discriminação se exerce porque existe o preconceito, aliás absurdo, de que beleza e inteligência não jogam na mesma equipe.

A razão da discriminação pode ser outra: ao analisarem também a composição dos departamentos de recursos humanos das empresas contratantes, onde é feita a triagem das candidatas, os pesquisadores chegaram à conclusão de que 93% deles são compostos por mulheres. Moral da história?

Freud estava errado ao acreditar na "inveja do pênis", um conceito flácido (peço desculpa) e irremediavelmente datado. Se existe inveja nas mulheres, ela nasce entre vaginas. O que não deixa de ser irônico: foram décadas de luta abnegada contra a opressão falocêntrica dos machos. Mas, no fim de contas, a opressão que existe e persiste mora no mesmo lado da barricada.

23.4.2012

Os homens, esses neandertais

Um dos meus filmes favoritos de Woody Allen não foi dirigido por Woody Allen. Foi apenas escrito por ele. Intitula-se *Sonhos de um sedutor* [*Play It Again Sam*] e oferece uma das sequências mais hilariantes de toda a história do cinema, perfeitamente comparável com o melhor dos irmãos Marx. Acontece quando Woody Allen, no papel de um intelectual neurótico e inseguro, com adoração idólatra pela figura de Humphrey Bogart, se prepara para conhecer uma mulher atraente, amiga de um casal amigo e disponível para um jantar a quatro.

Woody tenta manter a calma, minutos antes de a donzela bater à porta. Com uma pose confiante e *blasé*, imitação artificial do seu herói, põe um disco de *jazz* a rolar no prato. Mas quando a donzela entra em cena, os artifícios dele, a sofisticação urbana e mundana, a frieza cabotina à la Bogart convertem-se em pó. E ele recua milhares e milhares de anos na história da evolução humana para se converter, muito simplesmente, em neandertal. Não fala; grunhe. Não caminha; arrasta-se e tropeça. E, em matéria de charme ou confiança pessoal, desconfio que o Corcunda de Notre-Dame tinha mais.

Sempre ri da sequência. Sempre concordei com ela: de fato, quem somos nós, pobres homens, na presença de uma mulher bonita? Exatamente: a prova definitiva de que Darwin estava certo.

Agora, a ciência veio ao meu encontro: o *Journal of Experimental Social Psychology* chegou à conclusão irrefutável de que os homens perdem a cabeça na presença da beleza feminina. "Perder a cabeça", aqui, deve ser lido em sentido literal: depois de medirem a atividade cerebral dos voluntários, cientistas holandeses da Universidade Radboud determinaram uma diminuição real nas capacidades cognitivas dos machos. Em termos pictóricos, não será exagero afirmar que o cérebro masculino encolhe e derrete perante a luz de uma ninfa. *Mas só de uma ninfa*: o mesmo estudo determinou que o cérebro masculino fica intacto na presença de um bagulho. Como explicar o fenômeno?

Uma vez mais, Darwin é o nome: confrontado com uma "oportunidade de reprodução", o homem usa e abusa de todos os seus "recursos cognitivos" para impressionar a presa. Por sua vez, esse excesso de energia canalizado para uma só função provoca um déficit cerebral para as restantes e posteriores funções. É como se os homens esvaziassem uma parte da cabeça para que a outra parte possa funcionar a todo o vapor. Os prejuízos mentais são inevitáveis.

Um dos cientistas, aliás, sentiu isso na pele e foi a sua experiência pessoal que lançou a hipótese: depois de conhecer e conversar com uma mulher atraente, ele foi momentaneamente incapaz de se lembrar do próprio endereço. Verdade que falamos da Holanda, onde as perdas de memória são motivadas por outros produtos. Mas você percebe a tese.

A tese dos homens e a tese das mulheres, igualmente sob observação laboratorial. A diferença é que, ao contrário dos homens, as voluntárias não demonstraram nenhuma perda cerebral depois de um contato com a beleza masculina. Simplificando, não basta ser um Brad Pitt para que a cabeça das senhoras abane um pouco. É preciso ser um Brad Pitt, ter sentido de humor, cultura bastante e a dose certa de gentileza e responsabilidade. Um extraterrestre, portanto.

Depois da descoberta, resta a pergunta: que conselhos práticos podemos deixar aos nossos leitores? Os cientistas não se atreveram a tanto, mas eu arrisco alguns caminhos. Para começar, cai por terra a típica acusação feminina de que os homens são irresponsáveis e infiéis. Os homens não são irresponsáveis nem infiéis; eles têm apenas um cérebro que conspira contra os próprios: confrontados com uma "oportunidade de reprodução", eles são imediatamente esmagados por milhares de anos de luta pela sobrevivência que impedem qualquer capacidade racional para dizer "não".

E, por falar na palavra "não", nenhuma mulher atraente a deveria usar no delicado trato com o sexo oposto. Pelo contrário: cabe-lhe compreender e até acolher alguém que arrisca de forma tão brutal a sua própria sanidade. E sempre sob risco de danos cognitivos temporários ou permanentes. Valerá a pena juntar um trauma a outro trauma?

Melhor dizer "sim". Caso contrário, não excluo que apareçam na barra alguns pedidos de indenização contra todas as mulheres bonitas que, por uma razão ou outra, permitiram que certos homens se esgotassem mentalmente contra uma parede de recusas.

8.9.2009

O racismo tem cura?

Samuel Fuller é um dos meus diretores de eleição. E o seu *Cão branco* (1982) está no topo da lista. O leitor conhece? Se não conhece, aconselho. É a história, inicialmente idílica, de uma jovem atriz de Hollywood que encontra um pastor-alemão branco a vaguear, perdido, pela vizinhança. A moça apaixona-se pelo cão. E vice-versa. Inevitável: o bicho é doce, a moça idem. Uma história de amor.

Só existe, digamos, um probleminha: sempre que o cão encontra um negro pela frente, o seu instinto é atacá-lo e matá-lo com uma violência digna de mr. Hyde. O cão branco é um "cão branco" – e não me refiro à cor do pelo. Foi treinado para atacar negros desde a infância por um dono que lhe transmitiu esse ódio assassino.

Horrorizada com essa "dupla personalidade", a moça procura ajuda para o cão. E, na era da terapia, também existem terapeutas caninos dispostos a "curar" o racismo do bicho. Pormenor magistral: o terapeuta que aceita tratar o cão é negro.

Lembrei-me de Samuel Fuller depois de ler a descoberta da Universidade de Oxford de que existem drogas que diminuem o nível de racismo nos seres humanos. As drogas nem sequer são invenção recente: são meros betabloqueadores que os pacientes cardíacos conhecem muito bem e que os alunos estressados antes dos exames orais conhecem ainda melhor. A medicação diminui o ritmo cardíaco, reduz as manifestações de ansiedade do sistema nervoso periférico – e a pessoa conhece umas horas de paz com o mundo, sem exteriorizar a sua tempestade interior. A máscara perfeita.

Assim foi: através de testes psicológicos, os candidatos que tomaram a droga manifestaram uma "abertura à diferença" maior do que o grupo de controle, a quem foi ministrado um placebo. Curiosamente, a droga só parece funcionar com o preconceito racial; não é eficaz com outros preconceitos (religiosos, sexuais etc.). Conclusões?

O racismo nasce do medo, dizem os pesquisadores. E acrescentam, com um rasgo de otimismo: é possível controlar esse medo e suas manifestações exteriores.

Ainda que tudo isso seja verdade – clinicamente falando –, a questão fundamental não passa por saber se é possível controlar esse medo por via farmacológica. A questão começa por ser ética: será desejável que assim seja? Ou, dito de outra forma, que valor moral terá um ser humano que só consegue controlar o seu racismo por influência medicamentosa? E que valor terá a sociedade a que ele pertence – uma sociedade disposta a medicalizar, e perversamente a desculpar, qualquer comportamento racista?

Se eu fosse negro, a resposta seria ainda mais fácil: valor nenhum. E, mal por mal, antes uma sociedade na qual os racistas são identificáveis e identificados do que uma farsa médica em que a repugnância que sentem pela minha pele é controlada por uma cortina farmacológica. Uma cortina onde nenhum gesto é autêntico; nenhuma palavra; nenhum afeto; nem sequer nenhum desafeto.

Uma sociedade civilizada aceita a imperfeição humana e o cortejo de preconceitos que fazem parte dessa natureza. E pune criminalmente os comportamentos desviantes que podem brotar desses preconceitos. Mas não é papel de uma sociedade civilizada operar sobre os homens uma espécie de "engenharia da tolerância" que, no limite, apenas desculpa o indesculpável e falsifica qualquer relação social. Um racista é um racista, não um doente. O que implica a séria possibilidade de o racismo não ter cura.

No filme de Samuel Fuller, o "cão branco" inicia os seus tratamentos. Lentamente, perigosamente. Progressos, alguns: o cão ladra menos quando o terapeuta negro se aproxima dele; há mais confiança, menos hostilidade; e, por momentos, até acreditamos que a cura milagrosa é possível. O "cão branco" será apenas mais um cachorro de pelo branco.

Fatalmente, não será: na última e decisiva sequência do filme, tudo o que vemos é a ferocidade incontida de um animal para lá de qualquer salvação. O filme termina com o único momento de paz a que se permite: quando o cão é matéria inerte, abatido no centro da arena.

12.3.2012

Felicidades

E se houvesse uma fórmula para a felicidade? Uma cartilha capaz de resumir, em breves linhas, como chegar a esse estado de contentamento sem necessidade de batermos com a cabeça nas paredes? Arthur C. Brooks, em artigo e vídeo para o *New York Times*, defende que os cientistas, economistas e outros tribalistas já chegaram ao Santo Graal. Foram quarenta anos de estudos. Resultados?

Os genes contam. Muito. Quase metade: 48%. Se os pais, os avós e os bisavós tinham a disposição solar de um morcego, existem sérias possibilidades de também nós sermos criaturas noturnas. Mas os genes não explicam tudo. Os acontecimentos da vida também dão um contributo. A cifra é 40%. A cifra é composta pelos acidentes da vida – e "acidentes" no sentido mais pueril do termo: ganhar a loteria, por exemplo. Ou ter uma doença grave que nos deixa em estado pouco recomendável. Esses 40%, porém, evaporam-se rapidamente: meses depois do "grande acontecimento", os níveis de felicidade regressam à casa da partida. Quem era feliz, feliz fica. Quem era infeliz, infeliz continuará.

Sobram 12%? Afirmativo. E esses 12% distribuem-se entre fé, família, comunidade e trabalho. É nesses 12% que o leitor deve apostar as suas cartas. Até porque elas acabarão por influenciar o resto do pacote.

Os ensinamentos de Arthur C. Brooks divertem pelo seu simplismo racionalista. Mas, honestamente, quem acredita na precisão matemática com que ele apresenta os seus cálculos hedônicos? Aliás, pode haver uma receita para a felicidade aplicável a qualquer criatura bípede?

Começo pelo fim. A fé é importante? Será. Mas de que fé nos fala Brooks? Da fé de alguém que é compassivo e tolerante para com os outros e que mantém uma confiança otimista no patrão bondoso lá de cima? Ou será da fé de um fanático que acredita piamente num deus guerreiro e castigador, que exige matanças e martírios contra infiéis? Será que um jihadista, imerso na sua fé, é mais feliz do que um ateu? Não tenho grande convívio com os profissionais do ramo, reconheço. Mas quando olho para as caras barbudas daquela gente não vejo grande felicidade a escorrer pelos olhos vidrados de ódio.

Resta a família, a comunidade e o trabalho. E resta essa terrível palavra ética que dá pelo nome de "depende". Porque existem famílias e famílias. E existem comunidades e comunidades: as primeiras, capazes de oferecer um sentido de coesão e suporte para as nossas solidões mundanas; e as segundas, retrógradas e opressivas, que convidam à sabotagem ou à fuga.

Só no trabalho concordo com Brooks: é mais importante fazer o que é mais significativo do que fazer simplesmente o que é mais bem pago. Mas há um momento em que não é possível comprar o uísque das crianças só com a bolsa cheia de significados.

Sobre os acidentes da vida, a minha ignorância é total. Admito que existam tetraplégicos felizes. Como admito que existam milionários infelizes com suas contas bancárias na Suíça. Mas eu talvez experimentasse o segundo cenário, só para comprovar – e relatar – se seis meses depois continuaria o chafurdar no mesmo caos neurótico que embala os meus dias. E embala por quê?

Minha tentação final seria dizer que a culpa é dos pais, avós e bisavós: o *software* não é grande coisa. Ou talvez eu não seja grande coisa a lidar com ele, escolhendo maus hábitos, maus caminhos e até más companhias. Como medir, cientificamente falando, a percentagem dos meus defeitos e dos defeitos que tive por herança? Falar de 48% de influência genética é tão aleatório como de 38% ou 58%.

Uma conclusão de Arthur C. Brooks, porém, merece surpresa: as mulheres são mais felizes que os homens. Explico. Mulheres casadas são mais felizes que homens casados. Mulheres solteiras são mais felizes que homens solteiros. E mulheres viúvas são muitíssimo mais felizes que homens viúvos.

Meu Deus: será que nós, homens, somos completamente imprestáveis nesse negócio da felicidade? Solteiros, casados ou viúvos – somos bichos que não se recomendam.

16.12.2013

Os normalopatas

A timidez é doença? Uma amiga minha acredita que sim e procurou ajuda especializada. Entrou numa consulta de psiquiatria e, como normalmente acontece, nunca mais de lá saiu. Um ano depois, e algumas sessões depois, existem progressos: ela consegue estar num "evento social" e conversar "naturalmente" com as pessoas em volta. A terapia ajudou (muito). A medicação ajudou (muitíssimo): um coquetel de antidepressivos e ansiolíticos que a obrigaram a sair da concha e a conhecer o mundo.

Escutei tudo isso ao almoço e não pude deixar de pensar como o mundo é um local estranho. Tempos houve em que certos comportamentos pessoais eram parte da diversidade humana. Uma pessoa tímida era simplesmente uma pessoa tímida. Uma pessoa expansiva era simplesmente uma pessoa expansiva. Nem todos podemos ser borboletas. Alguns acordam para o mundo e descobrem, ao contrário do que Kafka dizia, que os pequenos insetos também têm o seu encanto.

Gradualmente, a psiquiatria começou a ter uma palavra sobre o assunto, procurando "regular" ou "normalizar" a variedade de que somos feitos. Não é preciso ter lido Foucault para acreditar nessa história, até porque o radicalismo de Foucault não ajuda e só atrapalha. Basta olhar em volta. Basta olhar para amigos tímidos, ou então para crianças hiperativas (ou deliciosamente preguiçosas), e encontrar neles um potencial doente, um potencial demente, a exigir intervenção psicofármica. Uma parte da medicina moderna acredita na ideia, pessoalmente aberrante, de que deve existir um padrão de "equilíbrio comportamental" para definir um ser humano harmonioso, realizado e feliz. Mas quantos correspondem ao padrão?

Depois desse almoço, regressei a casa, disposto a investigar o crime. E então encontrei, por feliz coincidência, o relato precioso da última reunião da American Psychiatric Association, em São Francisco. Segundo parece, essa vetusta agremiação de luminares discutiu as últimas alterações ao manual de referência da especialidade, o *Diagnostic and Statistical Manual of Mental Disorder*. Publicado desde 1952, e revisto de década em década, o manual pretende agora incluir novas "doenças" mentais, em sintonia com o espírito do tempo. Exemplos?

Vários. Para começar, existem "doenças" relacionadas à alimentação. É o caso da "*binge-eating disorder*" e da "*night-eating syndrome*". Em linguagem de gente, a primeira refere-se a uma compulsão excessiva para comer mais do que o estritamente necessário; a segunda pretende diagnosticar, e tratar, o gosto perverso por assaltar a geladeira depois da meia-noite. Mas a lista de novas "doenças" não fica por aqui. O vício pela internet e pelo e-mail (*internet addiction*); o gosto por vários parceiros sexuais, em sucessão ou em simultâneo (*sex addiction*); a compulsão "terapêutica" por compras (*compulsive shopping*); a fúria incontrolada e muitas vezes injustificada (*embitterment disorder*); o preconceito perante a "diferença" (*pathological bias*); e mesmo a tendência idiossincrática para colecionar materiais diversos (*pathological hoarding*), nada escapa à inquisição psiquiátrica.

Leio esse admirável cardápio e sorrio de espanto. Ou de medo. Ou de ambos. Razão simples: de acordo com a bíblia da psiquiatria mundial, eu sou objetivamente um louco. Nada que surpreenda os meus leitores mais regulares, é certo. Muito menos as pessoas que partilham a minha existência. Mas algo me surpreende. Eu nunca imaginei que a minha gula (diária e noturna); os meus acessos de fúria (justificados ou não); os meus recorrentes preconceitos (contra políticos, adolescentes ou feministas); os meus desportos mais íntimos (que não incluem a monotonia); a forma criminosa como gasto fortunas (em camisas, sapatos, ternos); e a minha tendência para guardar obsessivamente os mais ridículos objetos (jornais antigos, próteses, peças de lingerie alheias) fossem motivo para tratamento médico especializado.

Prometo marcar consulta. E prometo emergir das sessões um homem novo: vegetariano, ambientalista, tolerante, multicultural e, no duplo sentido da palavra, com espírito de missionário. No mundo moderno em que vivemos, a única doença tolerável é mesmo a normalopatia.

30.6.2009

Quem quer viver para sempre?

Eu já deveria estar morto. Ou a caminho de. Para alguns leitores, nunca uma frase soou tão verdadeira. Mas eu falo de história, não de afetos. Se tivesse nascido em Portugal, cem anos atrás, já haveria lápide e caixão. Dá para acreditar que, em inícios do século XX, a esperança média de vida para os homens portugueses rondasse os 35-40 anos? Hoje, andará pelos oitenta. O que significa que, com sorte e algum bom humor do Altíssimo, eu estou apenas a meio da viagem. Se juntarmos os progressos da medicina no futuro próximo, é possível que a viagem seja alargada mais um pouco. Cem anos, cento e tal. Nada mau.

Um artigo recente da *Nature*, aliás, promete revoluções para a minha pobre carcaça. O segredo está no hipotálamo cerebral e numa proteína do dito cujo que regula o envelhecimento humano. Não entro em pormenores, até porque eu próprio não os entendo. Mas eis o negócio: se a proteína é estimulada, os ratinhos morrem mais depressa. Se a proteína é inibida, acontece o inverso. Falamos de ratos, por enquanto, o que significa que a descoberta só terá aplicação imediata entre a classe política. Mas o leitor entende onde eu quero chegar.

E eu quero chegar à maior promessa de todas: o dia em que seremos finalmente imortais. Na história da cultura ocidental, esse dia pode estar no passado distante (ler Hesíodo, ler a Bíblia). Ou pode estar no futuro, como garantem os "trans-humanistas". Falo de uma corrente bioética perfeitamente respeitável que se dedica a essa causa: o destino da humanidade não está em morrer aos cem. Está em viver indefinidamente depois dos cem, através dos avanços da tecnologia. Porque só a tecnologia permitirá aos homens suplantar a sua infantil condição mortal. O nosso corpo é apenas a primeira casca de todas as cascas que estarão para vir. E quem não gostaria de viver para sempre?

Curiosamente, há quem não queira. O filósofo Roger Scruton, em ensaio recente, dedica um capítulo específico aos trans-humanistas. O livro intitula-se *The Uses of Pessimism and the Dangers of False Hope*. Segundo sei, será publicado no Brasil em breve. Recomendo. Primeiro, porque é uma súmula perfeita do pensamento de Scruton, escrito com a elegância habitual do autor. Mas sobretudo porque é a mais brilhante refutação do pensamento utópico, e em particular do pensamento utópico trans-humanista de autores como Ray Kurzweil ou Max More, que me lembro de ter lido. Isso se deve, em grande parte, ao fato corajoso de Scruton ter sido capaz de virar o debate do avesso e perguntar: por que motivo a doença e a morte devem ser vistas como males intoleráveis que devemos erradicar? Não será possível olhar para eles como bens necessários?

Certo, certo: ninguém ama a doença e, tirando casos extremos, ninguém deseja morrer. Mas sem a doença e a morte, a vida não teria qualquer valor em si mesma. Os projetos que fazemos; as viagens com que sonhamos; os amores que temos, perdemos, procuramos; e até a descendência que deixamos – tudo isso parte da mesma premissa: o fato singelo de não termos todo o tempo do mundo. Vivemos, escolhemos, amamos – porque temos urgência em viver, escolher e amar. Se retirarmos a urgência da equação, podemos ainda viver eternamente. Mas viveremos uma eternidade de tédio em que nada tem sentido porque nada precisa de ter sentido. Sem a importância do efêmero, nada se torna importante.

Os trans-humanistas sonham com um mundo pós-humano. É provável que esse mundo seja possível no futuro, quando a técnica suplantar a nossa casca primitiva. Mas esse mundo, até pela sua própria definição, será um filme diferente. Não será um filme para seres humanos tal como os conhecemos e reconhecemos.

Viver até aos cem? Agradeço. Cento e vinte também serve. Mas se me dissessem hoje mesmo que o meu futuro duraria uma eternidade, eu seria o primeiro a pular da janela sem hesitar.

7.5.2013

Como chegar aos cem

Sim, sou um nostálgico da simplicidade. Tenho 5 mil, 6 mil livros. Mas o meu sonho supremo era ter apenas dez ou vinte e fechar a contagem. Ah, como seria bom reunir "os livros da minha vida" numa única estante e deixar que o ruído do mundo, e das letras, passasse lá por fora. A biblioteca perfeita não se faz por adição; faz-se por subtração. Não me canso de o repetir.

Como tudo o resto, aliás: acumulamos centenas, milhares de objetos sem desígnio ou sentido. Quando seria possível viver com metade, ou metade da metade, ou metade da metade da metade. Só nos Estados Unidos, leio agora, existem milhares de "centenários": indivíduos que, cansados do excesso consumista, reduziram as suas vidas a cem objetos fundamentais. A moda espalhou-se por jornalistas do Reino Unido. Da Europa. De Portugal. Que fizeram a experiência e sobreviveram a ela.

E por que não? Sentado no sofá da sala, olho em volta e, saturado pela paisagem, começo a subtrair mentalmente. Ao fim de algumas horas, há mais espaço: físico, mental e até existencial. Não acredita? Acredite, leitor. E siga-me, por favor.

Começo pelo quarto. Deixo ficar a cama (1); o jogo de lençóis (2); o cobertor para as noites geladas de Portugal (3); um candeeiro de leitura (4); os três volumes das cartas de Sêneca a Lucílio, editados em inglês pela Loeb (7); uma chávena para o chá (8); um lápis para sublinhar ou comentar (9); caneta (10); bloco de notas (11); a fotografia que me acompanha quando desperto ou adormeço (12).

E roupa? Pouca, pouca. Três calças para o verão (15); três para o inverno (18); outro tanto de camisas (24); e de cuecas (30); e de meias (36); um *tweed* invernal (37); um casaco de linho para os dias mais quentes (38); gabardine para a chuva (39); sapatos (dois pares, 43); calções para nadar (44); uma gravata preta para funerais (45).

Na biblioteca, o despojamento é total. Fica a mesa, sim (46); a cadeira que foi do meu pai, e do pai do meu pai (47); o piano (48); o sofá das sestas e das festas (49); a estante (50); e, dentro da estante, por ordem cronológica, a Bíblia

(51); a *Ética* e a *Poética* de Aristóteles (53); os *Pensamentos* de Marco Aurélio (54); as *Confissões* de Agostinho (55); Dante e a sua *Comédia* (56); os ensaios de Montaigne (57); a lírica, e só a lírica, de Camões (58); as obras de Shakespeare na edição recente, e excelente, da Royal Shakespeare Company (59); o *Orgulho e preconceito* de Jane Austen (60); o *Brás Cubas* de Machado (61); *Os Maias* de Eça (62); as quatro primeiras novelas satíricas de Evelyn Waugh (66); um volume de crônicas de Nelson Rodrigues (67); óculos para ler (68); o candeeiro para ler com óculos (69); e o laptop, para comentar tanta leitura e responder aos excelentíssimos leitores (70).

A música seria a grande sacrificada. Mas não abriria mão de Noël Coward a cantar velhos temas (71); e de Gershwin ao piano (72); e de Harry James ao trompete (73); e do *My Fair Lady*, na versão original (74). Ficaria também com uma ópera popular de Mozart, talvez *Così fan tutte* para os dias solares (75); e Bach para os dias chuvosos (76); e guardaria ainda um CD antigo e pirateado com um tema de Ennio Morricone que me enche sempre de felicidade e nostalgia (77); e, antes que seja tarde, o aparelho de som para que a casa não ficasse muda (78).

E antes que me acusem de higiene primitiva, haveria papel higiênico na casa de banho (79); uma escova de dentes (80) com pasta a condizer (81); um pente (82); e sabão natural, melhor que todos os cremes (83). Ah, já esquecia: e uma toalha para me limpar (84)!

O que sobra? A cozinha, sim. Mas, não sendo eu homem moderno com talento para os tachos, dispensaria os ditos cujos. Ficaria o telefone para encomendar jantares (85) e a máquina do café para os terminar (86). E dois copos (88), e dois pratos (90), e duas facas (92), e dois garfos (94), e duas chávenas (96), e dois guardanapos de pano (98) – tudo isso para quando a doce leitora aqui viesse jantar. E se você pensa que faltam ainda dois objetos para chegar aos prometidos cem, pense novamente: o jantar seria íntimo e à luz das velas. Duas, para ser mais claro (100).

4.8.2008

A Copa da bicharada

A Copa do Mundo da África do Sul chegou ao fim e o meu investimento não compensou. Antes do início, comprei uma tartaruga vidente que me dispensaria de assistir aos jogos. Mas a Matilde (eis o nome) é lenta, coitadinha, e ainda não conseguiu chegar a um resultado claro sobre o primeiro embate. Que aconteceu em junho passado. Nada que se compare ao polvo Paul ou ao periquito Mani, as verdadeiras estrelas da competição.

O polvo, nascido na Inglaterra mas atualmente a residir em um aquário do norte da Alemanha, mostrou uma infalibilidade arrepiante: largado na água, ele rumou sempre para o contentor com a bandeira da equipa vencedora. Previu tudo: as vitórias da Alemanha; e até as suas derrotas: contra a Sérvia e, nas semifinais, contra a Espanha. As televisões, enlouquecidas com o fenômeno, passaram a transmitir as previsões do polvo ao vivo, com comentários animados de especialistas desportivos. E as casas de apostas, para não falar dos próprios apostadores, passaram a seguir o polvo com reverência científica. O polvo, na última aparição, deu a vitória final aos espanhóis. Acertou.

E se o polvo acertou, o periquito também. Vive na Malásia, não tem a sofisticação do polvo. Mas com o seu bico psíquico consegue escolher o cartão certo com a bandeira certa. O dono garante que Mani não falha nem perdoa. Previu vitória holandesa frente à Espanha. Quase acertou – mas só não falha quem não debica.

Como explicar toda essa paixão por animais videntes? Um cínico diria que a sociedade mediática sempre foi pródiga a infantilizar os seus consumidores; e que a moda dos bichos videntes é apenas mais um estágio na nossa gloriosa caminhada rumo à demência.

Não vou tão longe. E confesso a minha admiração por Paul e por Mani. Sejamos honestos: terá havido Copa do Mundo mais medíocre do que essa? Não creio. Olhando para trás, e depois de ter assistido a uma parte generosa dos jogos, não recordo uma partida memorável, um craque memorável, um gol memorável. Nem sequer uma polêmica memorável. A Copa da África do Sul foi como o som das suas vuvuzelas: irritante e entediante.

É por isso que o Brasil deveria aprender a lição em 2010 para inovar em 2014. Para que perder tempo com jogadores milionários e acomodados, que entram em campo sem nenhuma paixão pelo jogo e com diminuto brio patriótico, quando os bichos são incomparavelmente mais divertidos e imprevisíveis?

Na próxima Copa, o Brasil deveria só convidar a bicharada para jogar. O polvo. O periquito. E até a minha Matilde poderia dar o seu contributo, desde que não fosse como goleira da seleção nacional lusitana.

12.7.2010

Dentes e cuecas

É inevitável não rir: tempos atrás, li na *Literary Review* um artigo hilariante sobre a importância das relíquias sagradas na Europa medieval. A importância das ditas era imensa – para a propagação da fé e para a encenação dos ritos. Mas era igualmente importante para que as igrejas proclamassem a sua fama, o seu poder – e atraíssem oferendas dos peregrinos de todo o continente.

Nesse regime de concorrência entre igrejas, onde cada uma publicitava as suas melhores relíquias como os grandes museus de hoje publicitam os seus acervos, havia guerras ocasionais. E alguns episódios bizarros: contava Jonathan Sumption, autor do artigo, que no século XII são Hugo, bispo de Lincoln, não se teria portado condignamente quando pernoitou na abadia francesa de Fécamp. Tomado pela ganância das relíquias, foi apanhado pelo anfitrião, a meio da noite, a tentar arrancar o dedo do alegado braço de Maria Madalena. Quando o dedo insistia em não sair, são Hugo tentou arrancá-lo com os dentes: primeiro, com os incisivos; depois, com os molares. A história horrorizou os prelados franceses, mas são Hugo não mostrou arrependimento.

É inevitável não rir, disse eu. Mas é injusto fazê-lo: o culto de relíquias sagradas foi recuando no Ocidente laico a partir do século XVIII. Mas os homens, "animais religiosos" por definição, sempre tiveram horror ao vazio. Como dizia o sapiente Chesterton, quando os homens não acreditam em Deus, eles não passam a acreditar em nada; eles acreditam simplesmente em qualquer coisa.

Revisitar a história do século XX é encontrar a influência que as "religiões seculares" (expressão de Raymond Aron para o comunismo e o nazifascismo) tiveram sobre a vida de milhões de seres humanos. Mas não é preciso ir tão longe para identificar versões abastardadas de fé religiosa na alma dos contemporâneos. No *Sunday Telegraph*, encontro uma lista generosa com algumas relíquias bizarras que têm aparecido em leilões. Relíquias de celebridades, entenda-se, com particular destaque para dentes e dentaduras.

Informa o jornal que uma coroa dentária de Elvis Presley poderá chegar aos 28 mil reais no próximo leilão. Não seria inédito. O dente molar que John Lennon teria oferecido à empregada doméstica foi vendido por 53 mil reais em novembro passado. Mas o melhor da lista é a dentadura postiça de sir Winston Churchill, arrebatada há uns anos por 41 mil reais. Ninguém me avisou a tempo. Empréstimo bancário é para isso mesmo.

Quem não gosta de dentes, pode sempre optar pelas cuecas que John F. Kennedy usou durante o serviço militar (vendidas em 2001 por modestos 9 mil reais); ou então por um *set* com três chapas de raio x de Marilyn Monroe. Data: 1954. Preço: 77 mil reais. Pormenor: as chapas são do peito de Marilyn, o que talvez explique o preço inflacionado.

Regresso ao artigo de Jonathan Sumption, que cita são Tomás de Aquino: na Idade Média, as relíquias sagradas reuniam três qualidades fundamentais – continuidade, espiritualidade e abertura à dádiva divina. Por outras palavras, as relíquias permitiam aos peregrinos manter o contato com os mortos, observar representações tangíveis da alma do santo e, mais importante, canalizar a fé (e os pedidos terrenos) para um objeto potencialmente milagroso.

São qualidades que passaram dos peregrinos de ontem para os fãs de agora: quem compra a dentadura de Churchill não espera apenas um contato sensível com o seu ídolo; espera também que as qualidades milagrosas de sabedoria, coragem e resiliência, exibidas por Churchill na Segunda Guerra Mundial, possam também transitar de gengiva para gengiva.

Por isso aviso: se o leitor é uma pessoa famosa e com legião de seguidores, não se esqueça de ir fazendo o enxoval: dentes, unhas, cabelos, eventualmente dedos ou membros inteiros – tudo serve. E roupa também: eu, pelo sim, pelo não, tenho acumulado desde a infância as fraldas e as cuecas que acompanharam o meu crescimento. Os dentes e a língua, só por cima do meu cadáver. Literalmente.

Com sorte, os meus descendentes terão a vida garantida pela minha paciência de santo.

21.2.2012

Os pequenos príncipes

Viajo de trem todas as semanas. Pode ser a melhor viagem do mundo. Ou a pior. Depende das crianças. Da existência delas. Quando não há crianças a bordo, são três horas de puro hedonismo pessoal. Entro na carruagem, desligo o celular, sento-me. Descalço os sapatos. Leio um pouco, escrevo um pouco. Bebo também um pouco – um uísque de malte, tolerável, embora em copo de plástico (sim, não há mundos perfeitos). Escuto música, assisto a um filme antigo no laptop. E durmo – vinte minutos, trinta minutos de meditação profunda, só para restaurar a minha beleza natural. Já pensei em levar duas rodelas de pepino no bolso só para colocar sobre as pálpebras exaustas. Quando chego ao destino, sinto-me tão relaxado que a minha vontade era comprar uma passagem de volta e repetir o *spa* ferroviário.

São as crianças que estragam tudo. Erro. São os pais das crianças. Existem dois grupos nas minhas experiências ambulantes.

O primeiro é composto por múmias deslumbradas com os filhos. Não se mexem. Contemplam. E contemplam com orgulho a forma como a descendência berra, suja e destrói a carruagem. O amor dos pais-múmia não se manifesta por ação, mas por omissão. Os filhos são tão absolutamente adoráveis que a selvajaria deles é digna de um bailado de Nijinsky.

O segundo grupo é tão pernicioso quanto o primeiro. Mas onde antes havia déficit de disciplina, agora há excesso. Um gesto brusco dos filhos é mimetizado por um gesto brusco dos pais. Os filhos levantam-se subitamente, os pais levantam-se logo a seguir. Os filhos correm, os pais correm atrás. Os filhos berram, os pais berram com eles. Os filhos destroem a carruagem, os pais destroem os filhos.

Seja como for, o resultado é sempre o mesmo: uma viagem arruinada para terceiros. Certa vez, em desespero de causa, ainda tentei encontrar um compromisso. E perguntei a uma das assistentes de bordo se não seria possível a existência de uma carruagem à parte, só para crianças, como acontece com certos animais de estimação. A donzela respondeu-me com um esgar de horror profundo, como se eu fosse o dr. Mengele a sugerir mais uma experiência médica. Deus meu, serei um monstro?

Pamela Druckerman diz que não. A sra. Druckerman é uma escritora americana a viver na França, mãe de três crianças e admiradora confessa das crianças dos outros. Crianças *francesas*, entenda-se, que se comportam em público e privado como os seus próprios filhos não se comportam em lado algum. Como explicar a educação esmerada dos pequenos gauleses por oposição à rebeldia incontrolável dos pequenos americanos?

A resposta pode ser encontrada em *Bringing up Bébé: One American Mother Discovers the Wisdom of French Parenting*. O livro é lançado esta semana, mas o *Wall Street Journal* já avançou com um *apéritif*. O segredo, conta Druckerman, não está no excesso de disciplina; muito menos na escassez dela. Está na forma adulta como os adultos normalmente (não) tratam as crianças. Ou descem ao nível mental delas; ou, pior, procuram elevá-las violentamente ao nível mental deles.

Que cada um tenha um papel específico na relação (a saber: educar e ser educado), eis um pensamento simplório que não passa pela cabeça dos pais modernos. E, no entanto, é precisamente esse papel que os pais franceses tentam imprimir nos filhos. Mostrando-lhes, de preferência sem berrar ou bater, que um "não" é simplesmente um "não"; que a frustração e o tédio fazem parte da existência humana; e que, às vezes, é preciso adiar a gratificação instantânea, sobretudo em matéria gastronômica. Tudo isso é comunicado sem violência ou sentimentalismo; apenas com respeito e firmeza.

O resultado, escreve Druckerman, pode ser visto em restaurantes, lojas, escolas – e nas casas de cada um: paz na hora das refeições; paz nas compras cotidianas; paz na aprendizagem escolar; e paz, também, para amigos ou convidados da família.

Da próxima vez que tomar meu trem, prometo levar na mala alguns exemplares do livro da sra. Druckerman. Para oferecer em caso de emergência. Se nem isso funcionar, paciência: só me resta abrir a janela e jogar fora pais e filhos.

7.2.2012

Nada para ninguém

Os meus amigos esquerdistas não concordam com a minha visão pessimista sobre a natureza humana. Demasiado Thomas Hobbes para eles. Preferem Jean-Jacques Rousseau e as piedades idílicas sobre o "estado de natureza", uma espécie de Disneylândia onde os homens eram naturalmente bons e não cobiçavam a mulher do próximo. Ou a macaca do próximo.

Tento contra-argumentar. Não com filosofia. Com as questões mundanas da vida terráquea. Qualquer visão otimista sobre a natureza humana não sobrevive a meia hora de trânsito em Lisboa ou no Porto, onde entendemos claramente como a existência pode ser "pobre, feia e brutal". É por isso que raramente uso carro próprio. Prefiro táxis. Só para observar: motoristas animalescos que se insultam mutuamente e aproveitam qualquer pretexto para humilhar ou ganhar vantagem sobre terceiros. Certa vez, um deles chegou mesmo a confessar-me que o seu maior sonho era usar o taco de beisebol que trazia sob o assento só para "rebentar com as rótulas" de quem não respeita a sinalização. Quando penso no "estado de natureza", imagino um trânsito de fim de tarde, onde só não há mortos e feridos porque, algures na história, alguém inventou a polícia e a lei. No fundo, as instituições repressivas que tanto incomodavam Rousseau.

Mas o trânsito não é a única escola naturalista. Existe outra, capaz de derrotar o otimismo de um santo. Heranças. Herdeiros. Você, leitor, sabe do que estou falando.

Nos últimos tempos, tenho acompanhado a saga de uma amiga (progressista) que está estupefata com o comportamento dos pais e dos tios. Tudo por causa da herança dos avós. "O mais perturbante", diz ela, "é que o processo começou bem." Tradução: respeito pela memória dos falecidos; diálogo e harmonia; vontade de resolver o assunto com dignidade.

Mas quando se desceu aos pormenores – quem fica com quê?, quem fica com quanto? – a coisa virou um filme de Sergio Leone. "É o faroeste. Temo até que eles se matem", suspira ela, enquanto eu leio o meu *Leviatã* com um sorriso nos lábios.

O problema é que nada disso tinha de ser assim. Se o interesse próprio conduz os homens ao egoísmo e à violência (obrigado, sr. Rousseau), também pode funcionar em sentido inverso (obrigado, sr. Adam Smith). Aqui na Inglaterra, um caso trivial tem alimentado as notícias e ilustra bem a minha tese: falo do magnífico jardim de sir Roy Strong, o antigo diretor da National Portrait Gallery e do Victoria and Albert Museum. Trata-se de uma proeza paisagística que ele e a mulher foram construindo e decorando durante décadas. Morta a mulher, sir Roy entende que a hora dele não está muito distante. E, por via das dúvidas, resolveu fazer um testamento: o jardim será legado ao National Trust, instituição responsável pela preservação do patrimônio britânico, juntamente com um cheque generoso para ajudar à sua manutenção.

O National Trust recusou a oferta por não ver grande valor no jardim do homem. E este, em declarações ao *Sunday Times*, já encontrou uma forma de resolver o impasse: depois da sua morte, haverá indicações precisas para destruir o jardim.

Os ingleses estão horrorizados com o vandalismo *post mortem* de sir Roy. Eu, pelo contrário, compreendo e abençoo o gesto. O respeito pela propriedade privada também inclui o respeito pela destruição dela. E, com franqueza, não seria louvável se a atitude de Roy Strong fizesse doutrina no direito sucessório?

O processo seria elementar: morto o proprietário, os herdeiros seriam convocados para as partilhas. Caso existisse conflito entre eles, a herança seria imediatamente destruída – ou, no mínimo, dissipada por instituições de caridade. Isso, e só isso, faria os herdeiros pensarem duas vezes antes de sacarem o revólver.

A minha amiga discorda. E responde, com resignação e melancolia: "Do jeito que as coisas estão, o mais provável era eles aceitarem que ninguém ficaria com nada". Talvez, minha querida, talvez. Mas, curiosamente, esse pessimismo só reforça o meu. E, já agora, confirma a justiça cósmica da minha proposta em prol da paz mundial.

14.10.2014

As lições de Antoine Wiertz

Quem foi Antoine Wiertz? Bela pergunta. Absurda pergunta. Bastaria recuar 150 anos para encontrar Wiertz nas conversas cultas da Europa. Um pintor, sim. Mas, na opinião da época, Wiertz era o mais fiel discípulo de Rubens e um dos nomes cimeiros da Bélgica. Digo tudo isso com conhecimento de causa: a revista *The Economist* dedica um artigo a Wiertz, e eu ri com a história dele.

Vamos aos fatos: em março de 1850, Antoine Wiertz, apreciado em certos círculos eruditos, escreveu uma carta ao governo belga. Proposta modesta: ele legaria os seus quadros ao país. Em contrapartida, o Estado belga encontraria um museu para eles, exibindo-os e cuidando do espólio para todo o sempre. A Bélgica, que saíra de revolução traumática contra a dominação holandesa e proclamara a sua independência, precisava desesperadamente encontrar os seus heróis, ou seja, encontrar uma identidade nacional e cultural distinta. Wiertz cumpria esse papel, ao retratar episódios pungentes dos seus compatriotas contra a submissão estrangeira. Aliás, não apenas Wiertz servia esse propósito: de Gustave Wappers, que a *Economist* igualmente cita, a Louis Gallait, que a revista estranhamente ignora, a nova Bélgica seria feita com novos nomes.

Antoine Wiertz acabaria por falecer em 1865. Os elogios foram fartos e, tirando alguns críticos franceses (*et pour cause...*), o seu nome parecia inscrito de forma perene na história da arte ocidental. O próprio Museu Antoine Wiertz era testemunho e testemunha da importância do pintor. Em 1927, seis décadas depois da morte de Wiertz, o museu recebia 46 mil visitas anuais. Um sucesso e, para o Estado belga, uma aposta ganha.

Infelizmente, a história da arte nem sempre acompanha a história do gosto. E com um século XX dominado por vanguardas múltiplas, a pintura convencional de Wiertz foi emergindo sob uma luz radicalmente diferente. Os seus quadros gigantescos, de um classicismo que oscila entre o *gore* e o *kitsch*, foram aos poucos saindo de moda e, por vezes, ridicularizados nas publicações da especialidade.

Hoje, o Museu Antoine Wiertz ainda existe em Bruxelas. Mas era melhor que não existisse. Por dia, recebe em média dez visitas. Repito: dez. Mas há mais:

consulte os manuais da especialidade e tente encontrar o nome de Wiertz entre os maiores do século XIX. Eu fiz a experiência e procurei o bicho nas duas últimas histórias da arte que me entraram em casa (a de Paul Johnson, excelente, e a de Julian Bell, idem). Nada de nada. Antoine Wiertz não existe, exceto para o Estado belga, obrigado a suportar 220 obras de Wiertz para todo o sempre.

A história de Wiertz não tem nada de especial. É, no fundo, a história de dezenas, centenas, milhares de artistas que a história acabou por enterrar. Artistas que o gosto da época aplaudia com uma cegueira fugaz; mas que o tempo, esse sábio implacável, acabou por medir, reavaliar e esquecer.

Reitero: a história da arte nem sempre acompanha a história do gosto. Há quem lamente essa dissonância valorativa. Eu aplaudo. Porque o gosto não se limita a aplaudir precocemente, como a história do pintor belga tão bem exemplifica. Por vezes, o gosto também insulta precocemente quem o tempo acaba por resgatar do esquecimento. Se a história da arte se confundisse com a mera história do gosto, jamais teríamos ouvido falar de Degas, Pissarro ou Monet, denunciados pela sabedoria coeva como exemplos de mediocridade pictórica. Ler as páginas que Albert Wolff, o mais influente crítico de pintura na França oitocentista, dedicou aos maléficos impressionistas é uma sessão de humor contínuo.

Mas o destino de Antoine Wiertz não é apenas uma lição sobre a forma como a história da arte é também um processo de seleção natural. O destino de Antoine Wiertz é um aviso para a tendência bem democrática de confiar ao Estado o papel absurdo de patrocinar e consagrar a arte contemporânea. O problema dessa atitude não é apenas econômico – ainda que seja possível discuti-lo tendo em conta a forma como o Estado usa e abusa dos dinheiros públicos. O problema começa por ser essencialmente artístico: acreditar que a moda de um tempo é válida para todos os tempos é a prova definitiva de uma ignorância cultural que nem mesmo o mais básico filistino ousaria expressar.

14.7.2009

Expectativas extravagantes

Casamentos combinados? Nada contra. Mas existem combinações e combinações. Conhecer a noiva ainda no berço não é a ideia perfeita de romantismo. Casar com ela durante a infância também não. Mas confesso inveja pelos indígenas de Tikopia, uma pequena ilha do Pacífico, onde as combinações matrimoniais impostas pela tribo admitem um período de conhecimento e "experimentação". Se as coisas não resultarem, nenhum drama: é hora de tentar uma nova combinação.

É nessas alturas que uma pessoa pensa nas desvantagens de viver no Ocidente pós-moderno, onde estamos por nossa conta e risco na busca da princesa encantada. E tanto esforço, e tanta despesa, e tanta angústia para quê? Vivesse eu em Tikopia e poderia estar tranquilamente em casa, lendo e escrevendo, enquanto a tribo procurava fêmea compatível para mim. Quando a encontrasse, era só bater na minha porta e eu receberia a noiva do mês para o respectivo período de conhecimento e "experimentação". Haverá coisa mais civilizada?

Paul Hollander não se pronuncia. Mas o seu *Extravagant Expectations*, onde conheci os tikopianos, é um dos meus livros de 2011. Hollander, como estudioso dos regimes totalitários do século XX, dispensa apresentações. Só que, dessa vez, o sociólogo americano resolveu fazer uma pausa nas suas trincheiras para investigar como amam os americanos. O que procuram eles na cara-metade. E por que motivo se desiludem tão rapidamente com o parceiro. Essas perguntas exigiram "trabalho de campo": Hollander mergulhou nos classificados pessoais de relacionamento; consultou sites de encontros na internet; e leu a bibliografia popular e acadêmica sobre o assunto. Conclusão: a crise das relações modernas está, como o título indica, nas "expectativas extravagantes" que os americanos – e, desconfio, os ocidentais em geral – transportam para o matrimônio.

Na conjugalidade, o casal não conhece limites em seus desejos contraditórios. Reclama doses homéricas de paixão e de razão; de aventura permanente mas também de segurança permanente; de estabilidade emocional e de excitação emocional; de beleza física e de intelecto apurado. Haverá relação que aguente com o peso dessas expectativas?

Dificilmente. Mas o interesse do livro de Paul Hollander está sobretudo na explicação genética das "expectativas extravagantes". Que, obviamente, seriam incompreensíveis para nossos antepassados. E seriam incompreensíveis porque a dimensão "romântica" do casamento é recente na história do Ocidente: tradicionalmente, as relações entre homens e mulheres eram tuteladas por "agentes intermediários", a começar pela família, que proviam e promoviam essas relações. Os "sentimentos" das partes envolvidas não eram os argumentos mais preponderantes.

O romantismo próprio da modernidade acabaria por enterrar esse mundo, atribuindo ao indivíduo (e ao "sentimento") a construção do seu destino "autêntico". E acabou também por determinar o recuo da família, da tradição e mesmo da religião. Não apenas como "agentes intermediários", mas também como fontes válidas de conhecimento ou consolação. O problema, escreve Hollander, é que esse recuo não significou o fim das carências – espirituais, éticas, intelectuais – que continuam a pulsar na natureza humana. E que são agora transplantadas pelo indivíduo socialmente isolado para dentro da sua privacidade.

Hoje, os ocidentais desejam que as relações íntimas possam suprir todas as exigências que anteriormente estavam repartidas por várias esferas da sociedade. Azar: o casamento não comporta essas exigências múltiplas e contraditórias. A pessoa com quem casamos não consegue reunir as qualidades perfeitas de amante, amigo, confessor, professor, guia turístico, estátua grega e terapeuta.

No Ocidente pós-moderno, a taxa de divórcio não para de subir. Brasil incluso. Um cínico diria que o fenômeno tem explicação rudimentar: as pessoas divorciam-se porque podem. Mas é possível oferecer uma explicação alternativa: as pessoas divorciam-se porque casam. E não há casamento que resista quando se exige dele tudo e o seu contrário.

27.12.2011

Dois dedos de conversa

A revista virtual *Slate* analisou um fenômeno que me intriga há séculos. Apertos de mão. Nenhuma metáfora: falo mesmo do momento banal em que duas pessoas se encontram, estendem as respectivas mãos e apertam-nas como sinal de reconhecimento social. Para a revista, a arte está em declínio porque em declínio estão os cultores rigorosos do aperto.

Posso confirmar o diagnóstico. Todos os dias, nas minhas aventuras citadinas, a evidência estende-se, literalmente, à minha frente. Alguém oferece a mão. Eu ofereço a minha. E quando o aperto se dá, tenho a desagradável sensação de que agarro um órgão mole e amorfo, muito parecido com um pênis em estado flácido. A sensação de repugnância é extrema e a minha vontade é fugir dali: no aperto de uma mão revela-se um caráter. A maioria dos meus interlocutores não tem nenhum.

E o oposto também acontece: gente que não aperta, mas esmaga os ossos do parceiro. Como se um cumprimento fosse o pretexto ideal para descarregar toda a insegurança de uma vida.

O equilíbrio perfeito de que fala a *Slate*, aquele cumprimento firme, gentil, sempre reforçado pelo contato visual direto, isso acabou. As pessoas apertam com muita força ou com nenhuma força. Por vezes, nem sequer apertam a mão toda; só os dedos. E raramente fitam o outro olhos nos olhos.

Mas a crise das mãos não está apenas no aperto. Está sobretudo na caligrafia. Sou professor há vários anos e testemunho a evolução estilística do fenômeno: estamos a regressar à caverna e a pintura rupestre ameaça substituir séculos de refinamento visual. São raros os exames legíveis. E cresce o número de alunos que, chamados ao gabinete, têm de ler em voz alta os textos que escreveram. Por vezes, nem os próprios reconhecem o que escreveram, como se a própria letra fosse um elemento estranho. Todos, ou quase todos, preferem escrever no computador e entregar trabalhos na única caligrafia que estimam. Não a caligrafia do João, da Maria ou do Francisco. Mas a caligrafia do sr. Times New Roman. Como explicar a crise das mãos?

Não pretendo vestir o traje de ludita moderno e apontar o dedo à tecnologia reinante. A história da técnica é o cemitério dos luditas. Ou o anedotário deles: hoje, lemos as sentenças apocalípticas que se disseram sobre o telégrafo, a lâmpada elétrica, o telefone ou a televisão e sorrimos com o sentido de superioridade que define a nossa arrogância. Mas também é impossível negar completamente que a tecnologia reinante tornou as mãos, como instrumentos tangíveis de reconhecimento ou comunicação entre seres humanos, largamente dispensáveis. Uma sucessão de redes sociais permite que as pessoas se "conheçam", "falem" e até "cumprimentem" sem sentirem verdadeiramente que está um ser humano do outro lado. Ninguém aprende a apertar mãos porque, evidência básica, não existem mãos para apertar.

E as teclas de um computador explicam o resto: a caligrafia, um exercício demorado que exigia concentração e disciplina, é vista hoje como perda de tempo quando o computador garante rapidez e eficácia. Este dogma esquece uma desconfortável verdade: escrever à mão era também *pensar com as mãos*. Pensar ao ritmo dos seus movimentos e desenhar palavras com a prudência e a precisão de quem não pode apagar tudo e começar tudo de novo. Escrever era *inscrever*. Uma aproximação à eternidade.

Isso significa que estou pessimista sobre o futuro? Nem pessimista, nem o contrário: o futuro, como dizem os ateus, a Deus pertence. E eu só conheço o passado: há 5 milhões de anos, os *Australopithecus* desceram das árvores, experimentaram o bipedismo e libertaram as mãos. Nascia o *Homo habilis*, capaz de fabricar instrumentos, de os agarrar e, com eles, de caçar nas savanas. Estava aberto o caminho para que o *Homo erectus*, finalmente, descobrisse o fogo. E, com o fogo, a civilização.

Cinco milhões de anos depois, desconfio que o meio em que vivemos será tão importante como foi no passado para o desenvolvimento físico e intelectual dos homens de amanhã. Não digo com isso que o futuro será dos manetas. Mas não excluo que as mãos entrarão em atrofia e que dois dedos cheguem para outros dois de conversa.

29.9.2009

O legado da nossa passagem

Leio no *Daily Telegraph* uma das minhas múltiplas lamentações. Cartas. Ausência de cartas nas nossas vidas cada vez mais rápidas, cada vez mais áridas. Conta Michael Deacon, colunista do jornal, que as únicas cartas que recebe são as do banco. Linguagem técnica, linguagem tétrica, sem a grandeza das grandes missivas. Porque essas, as cartas de amigos ou inimigos, amores ou traidores, deixaram simplesmente de aparecer.

Sinto inveja de Deacon. O banco, o banco, o meu reino por uma carta do banco. Nem isso: recusei o serviço tradicional, mais caro, e passei a fazer depósitos ou transferências pela internet. Aqui a casa, os correios não vêm mais. Já pensei em escrever cartas a mim próprio, meditações estoicas na linha de Marco Aurélio, só para dar uma alegria ao carteiro. "Senhor, finalmente uma carta!", diria ele, como se tivesse encontrado a Atlântida perdida. Mas os dias passam e ninguém escreve ao coronel.

Só recebo o que todos recebemos. Vou esquecer as mensagens de telemóvel, porque elas não pertencem propriamente à linguagem escrita. São uma forma de linguagem tribal, que Darwin teria integrado nas suas investigações para provar as nossas origens símias. Os brasileiros têm a palavra perfeita para designar a natureza ofensiva, letal, quase bélica, dessas palavras rupestres: "torpedos". Abençoados sejam, irmãos.

Recebo "torpedos" como os meus antepassados recebiam as flechas amedrontadas dos índios. E recebo, em quantidades que me abismam e entediam, e-mails. Vantagens? Mil, admito. Desvantagens? Mil, admita. O problema do e-mail é a sua facilidade: em minutos, escrevemos e esquecemos. Ou apagamos. Ou alguém apaga por nós. Alguém nos apaga a nós.

As cartas tinham outro tempo. Corrijo. As cartas tinham outros tempos. O tempo de pensar. O tempo de escrever. O tempo de lacrar, enviar. Esperar. Era uma forma de respeito. Mesmo que fosse uma forma de despeito. As cartas eram formas únicas de comunicar ao outro a importância do outro. Como se cada carta fosse, por si só, uma declaração de humanidade. Parei para te escrever. Parei para te enviar esta carta. E estarei à espera que me escrevas de volta, quando pensares em mim e parares por mim. Brás Cubas não deixou a ninguém o legado da sua miséria. Mas tenho a certeza de que, algures na sua existência imaginária, deixou cartas. E as cartas são o legado da nossa passagem.

Da nossa passagem, vírgula, da passagem dos outros. Michael Deacon, em sentença primorosa, declara: esqueçam o romance, a morte do romance e outras teses fúnebres, que alimentam o ego e o eco de certas múmias acadêmicas. O verdadeiro gênero literário que o século XXI começará por enterrar será a carta. O empobrecimento literário presente só pode ser medido pela riqueza literária passada. Deacon cita exemplos: as cartas de Kingsley Amis transportam o melhor de Amis. A ironia condensada, quase epigramática, que é possível encontrar em outros sátiros epistolares, como Philip Larkin ou Evelyn Waugh.

Concordo. E concordo para acrescentar: nunca leiam nenhum autor, nunca vejam nenhum pintor, nunca ouçam nenhum compositor sem começar pelas cartas. O melhor de um artista está na forma desarmante e desarmada como ele se confessa. Depois de ler as cartas de Isaiah Berlin aos pais, as cartas de Van Gogh ao irmão, as cartas de Wagner à mulher, partimos para a obra com a armadura posta. Não seremos enganados. A alma não mente.

Até agora. Até hoje. Até quando? A alma começará a mentir no momento da sua gradual invisibilidade. Escrevemos muito. Escrevemos mais. Escrevemos até demais. Mas escrevemos em areia úmida, antes da maré subir e tudo levar. O historiador futuro saberá pouco sobre a vida interior dos seus antepassados. Dos nossos contemporâneos. De nós. Os amores já não se comunicam por carta. Os desamores também não. Famílias inteiras deixarão de ser cumplicidade, tragédia ou intriga. Serão estatística nos registros oficiais. Que medos, que sonhos, que conversas banais terão os homens banais do século XXI aos olhos interessados dos homens do século XXII?

Silêncio. Tudo o que teremos para mostrar será o silêncio das nossas vozes apagadas. E nenhum saldo bancário servirá para nos redimir ou explicar.

28.4.2009

A ciência da procrastinação

O ano começa e os enganos começam também. Quando o relógio marca a virada, o digníssimo leitor vai elaborando, manual ou mentalmente, as grandes decisões para 2011. Perder peso. Deixar de fumar. Trabalhar melhor. Amar melhor. Fazer aquela viagem. Se possível, deixar de roer as unhas.

Em finais de janeiro, as promessas para 2011 jazem com 2010. O peso não baixa. Aumenta. Os cigarros continuam a ser a chupeta predileta. O trabalho continua – entediante, massacrante. A relação, definitivamente, não dá. A viagem – enfim, será possível viajar numa altura dessas? O estresse é tal que já não existem unhas para roer; nem sabugo; às vezes, nem dedos.

Sei do que falo. Também eu sou dado ao delírio. Consulto os meus diários passados e constato, sem surpresa, que jamais cumpri uma única promessa das mil que faço anualmente. Durante anos, como Samuel Pepys (também nos diários), usava um chicote mental de culpa e frustração para fustigar a minha consciência. Descubro agora, via *The New Yorker*, que o meu problema – ou será o nosso problema, irmão leitor? – é um dos grandes desafios filosóficos do tempo moderno.

Chama-se "procrastinação" – mas, na verdade, é maleita que já existe desde os Gregos. Os nossos antepassados até tinham um termo mais rigoroso para ela: *akrasia*. Significa tomar uma decisão que é racionalmente contrária aos nossos interesses. Ou, no caso em apreço, não tomar decisão nenhuma. Adiar. Mascarar. Preguiçar. E desistir.

Segundo James Surowiecki, autor do artigo, o número de pessoas que admite problemas de procrastinação não para de aumentar em todos os estudos feitos sobre a matéria. Um dos últimos, intitulado *The Thief of Time* e analisado com detalhe por Surowiecki, dá apenas um exemplo entre mil: 70% dos pacientes com glaucoma arriscam a cegueira porque não usam as suas gotas regularmente. Deixam ficar para amanhã. Ou para depois de amanhã. Ou para depois de depois de amanhã. Exatamente como nós: perder peso é um objetivo nobre. Para começar amanhã. Ou depois de amanhã. Ou depois de depois de amanhã. E eis que chega 2012.

Mentes pessimistas diriam que funcionamos assim porque somos intrinsecamente preguiçosos. Outras, mais otimistas, dirão que a preguiça nasce da ignorância: se os homens sabem o que é melhor para eles, agirão em busca do seu próprio bem. A tradição intelectual do Ocidente assenta nessa fé: sabedoria é felicidade, já dizia Platão.

A procrastinação arrasa com tais certezas. E, contrariamente ao que imaginam otimistas e pessimistas, é traço humano e bem racional da nossa condição. Afirma Surowiecki que todos os nossos planos assentam numa falácia simples: a ideia de que somos, como humanos, consistentes ao longo do tempo. Não somos. A nossa consistência é testada, todos os dias, por fatores que não controlamos e que subvertem a beleza imaculada das nossas aspirações. Uma súbita promoção. Um súbito despedimento. Novos amores. Novos desamores. Alegrias imprevistas. Tristezas imprevistas. Como diria o sábio Nelson, a vida como ela é.

E, na vida como ela é, não dependemos apenas de fatores contingentes. Nós próprios estamos perpetuamente divididos entre o curto prazo e o longo prazo, avisa Surowiecki. Uma batalha espiritual onde o diabrete do imediato vence o anjo mais distante. Recordo: perder peso é uma aspiração nobre. Mas só depois de mais uma fatia de doce.

Conta o autor, em pormenor divino, que o escritor Victor Hugo tinha por hábito escrever despido, pedindo ao criado que escondesse as suas roupas. Era a única forma de ele ficar sentado à mesa, a trabalhar, sem ceder à tentação da vadiagem pelas ruas de Paris. Como eu o entendo.

Começa 2011. E nós começamos a construir planos para uma vida mais rigorosa, e saudável, e equilibrada. Não funcionará. A vida não é assim. Nós não somos assim. E se existe alguma certeza na "ciência da procrastinação" é esta: objetivos vagos e distantes começam a recuar perante necessidades mais imediatas, mais prementes. Mais presentes. Ou, inversamente, os nossos planos devem ser diários; humildes; provisórios; transitórios; e sempre frágeis.

Rasgo todas as listas que preparei para 2011. Sem sentimento de culpa. O que será, será. Mas uma coisa prometo: amanhã mesmo, começarei a escrever despido.

3.3.2011

Felizes, mortos e enterrados

Todos sabemos que o filósofo Sócrates foi condenado à morte. Poucos sabem exatamente por quê. Sim, nos bancos da escola aprendemos qualquer coisa sobre "o desrespeito pelos deuses da Cidade" e "a corrupção da juventude ateniense". Mas o que significam ao certo essas acusações? Onde estava o "desrespeito"? E onde estava a "corrupção"?

Fiz uma enquete privada entre colegas de ofício. Gente das ciências humanas, alguns de filosofia. Ninguém deu respostas satisfatórias. No máximo, havia apenas o clichê conhecido de um Sócrates que ensinava os outros a pensar pela própria cabeça e de como isso é uma ameaça para os poderes estabelecidos, e blá-blá-blá.

Bocejos. Sócrates não foi condenado por isso. O principal crime do filósofo foi ter subvertido para sempre a ideia de felicidade que vigorava na antiga Grécia. Há um livro de Darrin McMahon que explica o "crime" de forma inultrapassável: até Sócrates, escreve o autor em *Uma história da felicidade*, a ideia de felicidade estava intimamente ligada à noção de sorte. Para os nossos antepassados pré-socráticos, a felicidade dos homens dependia sempre dos caprichos dos deuses. Por isso os grandes dramaturgos do mundo helênico afirmavam que a única pessoa que se poderia considerar feliz era a pessoa morta. Porque sobre ela os deuses já não podiam fazer mais nada.

Sócrates destroçou essa concepção para afirmar, vários séculos antes do seu herdeiro Voltaire, que o paraíso é onde estamos. Eu sou senhor do meu destino e a felicidade não é uma dádiva dos deuses. É uma construção minha, da minha razão soberana – um "direito", como escreveram depois os pais fundadores da República americana; e, sobretudo, um "dever", como escutamos nas novelas. Hoje, ninguém deseja ser feliz se a sorte o permitir. As pessoas acreditam que têm o direito de ser felizes – e, mais ainda, o dever. E a sorte que se lixe.

Não vale a pena elaborar sobre a infelicidade que a "tirania da felicidade" provoca entre os contemporâneos. Pascal Bruckner já escreveu um ensaio primoroso a respeito, que recomendo (*A euforia perpétua*). Mas vale a pena olhar para o caso Angelina Jolie. Falo do caso porque Jolie entendeu torná-lo público:

de forma a eliminar as altíssimas hipóteses de ter câncer de mama, a atriz cortou os males literalmente pela raiz. Agora, segundo leio, pode seguir-se o ovário. Aplausos?

Nem aplausos, nem o seu contrário: a escolha é pessoal, e eu, confrontado com dilema semelhante, provavelmente faria o mesmo. Mas o mais interessante é acompanhar as discussões éticas que o caso provocou. Se a medicina oferece tratamentos radicais para doenças graves e prováveis, justificam-se esses tratamentos?

Responder à questão implica saber primeiro que tipos de probabilidades são essas. E, já agora, que tipo de doenças. Uma hipótese de câncer próxima dos 90% não é o mesmo que uma hipótese mais modesta, facilmente quantificada em testes de DNA, para milhares de outras doenças.

Previsivelmente, a nossa tradição racionalista (e socrático-platônica) também não se vai contentar com valores mais modestos. No fundo, e para regressar a Sócrates, não se vai contentar que os caprichos da sorte continuem a pairar sobre o nosso direito à felicidade – e à longevidade. Se o paraíso é onde eu estou, não é de excluir o "direito" e o "dever" de excluir também todas as hipóteses (das mais prováveis às mais remotas) que ameaçam essa felicidade e longevidade. Hoje, os seios. Amanhã, o ovário. Mas por que não eliminar também outros apêndices que, por definição, são vulneráveis à doença, a qualquer doença, em qualquer altura?

De órgão em órgão, de doença possível em doença possível, de inquietação crescente em inquietação crescente, a lista é generosa porque o corpo, imperfeito e perecível, não é. Até ao dia em que nada mais resta para cortar.

Talvez nesse dia os herdeiros de Sócrates descubram com espanto que, afinal, os pré-socráticos tinham alguma razão. E que a única forma de estarmos completamente a salvo do infortúnio é se ficarmos bem mortos e enterrados.

21.5.2013

Vida breve

"Vida intensa e breve, pensou a lebre, correndo sobre as ervas do mundo." Roubo essas linhas ao poeta português José Agostinho Baptista porque elas são a banda sonora dos meus dias. Ou, pelo menos, destes últimos anos.

Caminho para os quarenta. E, com uma nitidez arrepiante, sinto que o tempo acelera como nunca. Aos dez, aos vinte, o tempo passava com um ritmo mais lento. O ano acadêmico era longo. As férias de verão, também. E os dias, cada dia, tinham minutos que duravam horas e horas que duravam semanas.

Subitamente, os dias encolheram. E, com os dias, as horas e as semanas. Como explicar o fenômeno?

Há dois anos, ao passar pela montra de um alfarrabista em Nova York, deparei-me com um livro que prometia explicar as minhas inquietações. Mas o tempo, sempre o tempo, impediu-me de anotar o título e o autor: atrasado para um jantar e na companhia de terceiros, continuei a caminhar – e a montra, a afastar-se de mim, como se eu fosse um emigrante a bordo de um navio, vislumbrando a terra materna cada vez mais longe. Para piorar as coisas, a noite ia alta, o alfarrabista estava fechado – e eu regressava de madrugada para Lisboa. Nenhuma possibilidade de lá voltar. E a certeza de que o tempo continuaria a ceifar misteriosamente o meu tempo – e a privar-me da deliciosa lentidão do passado.

Contei todos esses episódios à alma caridosa que partilha os meus dias. E ela, com um talento de Sherlock Holmes, localizou o livro e ofereceu-mo. Escrito pelo psicólogo holandês Douwe Draaisma, o título é de uma literalidade que envergonha: *Por que é que a vida acelera à medida que se envelhece*. Nem eu diria melhor.

Em rigor, a obra não lida apenas com a aceleração do tempo quando a idade avança. Trata-se de uma coleção de ensaios sobre o papel da memória (e do esquecimento) na forma como apreendemos o passado e o futuro. Mas o ensaio que dá título ao livro ilumina algumas das minhas perguntas porque Draaisma vai revisitando as teorias que a psicologia e as neurociências foram avançando para o fato. É impossível resumi-las todas nesta coluna. Mas duas mereceram a minha especial atenção.

A primeira foi exposta por Jean-Marie Guyau no século XIX e, no essencial, repetida ou intuída por literatos diversos – de Thomas Mann a Albert Camus, sem esquecer esse mestre do metrônomo que dá pelo nome de Marcel Proust. O tempo acelera porque os nossos dias, tomados pelas rotinas próprias da vida adulta, surgem despojados da variedade dos verdes anos. Aos dez, aos vinte, o nosso roteiro biográfico mudava. Constantemente. Imprevisivelmente. As férias de verão eram longas porque eram cheias. O ano acadêmico era longo porque as aulas, os estudos, mas também o reencontro com os amigos e os estragos na companhia deles, faziam de cada dia uma refeição completa.

Aos quarenta, aos cinquenta, a refeição torna-se repetitiva – casa, trabalho, casa. De tal forma que os dias nos parecem cópias uns dos outros. E, talvez por isso, concentrados e consumidos num único sopro.

A explicação tem o seu interesse, escreve o autor, mas talvez as coisas sejam mais simples. E uma segunda tese, que Douwe Draaisma elege como sua, diz-nos que o tempo acelera porque nós já não aceleramos como antigamente. Como o próprio escreve, o corpo corria mais rápido do que o rio do tempo; mas hoje ele atrasa-se pelas margens. Em rigor, o tempo não acelera; o tempo mantém-se rigorosamente igual. Nós é que não: organicamente falando, biologicamente falando, repetimos os mesmos gestos – mas anoiteceu, entretanto.

E anoiteceu mesmo: caminho pelas ruas de Londres e penso nas explicações do prof. Draaisma. Será que a minha vida rotineira precisa de alguma adrenalina suplementar? Ou o envelhecimento do corpo é um fato – e a atitude mais inteligente é parar de correr atrás da criança que eu fui e que leva sempre vantagem sobre os meus passos mais lentos?

São perguntas que se dissipam no frio. Até porque há presentes de Natal para comprar. Curioso: Natal. Falta um mês para celebrar a data e eu poderia jurar que ainda ontem a estava a celebrar.

25.11.2014

Em defesa do relativismo suave

O problema do mundo é não ser um pouco mais relativista. Eu sei, eu sei: o relativismo é mau, dizem, porque a ideia de que os valores dependem de meras escolhas individuais, sem nenhuma justificação externa ou racional, é uma fraqueza epistemológica e ética da maior gravidade. Mas eu refiro-me a um relativismo ligeiro, a um relativismo banal, ao relativismo das coisas menores. Como um tempero que se coloca sobre o prato da vida, só para dar algum sabor mortal a tudo o que fazemos e sentimos. É um relativismo suave que ensina que nada tem uma importância tão absolutamente esmagadora quando o fim é certo e o esquecimento também.

Lembro tudo isso com notícias que leio na imprensa portuguesa. Em 2008, 32 mulheres foram assassinadas pelos seus namorados ou maridos. Existem cenários macabros de homens que apontam uma arma e disparam sem pestanejar em plena via pública. O resto é igualmente macabro: estrangulamentos, espancamentos, envenenamentos. O diabo a quatro. Motivos passionais, sempre passionais: o homem descobre, ou suspeita, que a mulher não é casta. E, num gesto de loucura, comete a loucura.

E então recordo uma conversa que tive há uns anos com um amigo, em São Paulo, e o relato que ele me fazia de um conhecido jornalista que entrara em cenário idêntico: descobrira que a namorada, mais jovem, se afastara dele para procurar uma "nova vida", como se diz nas telenovelas; e ele, de cabeça perdida, incapaz de aceitar a rejeição, pegou na arma e fez o que fez. Arruinou a vida, a carreira, os amigos, a família, e etc. etc.

Ouvi a história e perguntei aos meus pobres neurônios se eu seria capaz disto: amar uma mulher ao ponto de a matar por despeito. E a resposta – *toc, toc, toc* – é negativa. Tudo por causa do meu relativismo suave, que me acompanha dia após dia como um animal de estimação. Tenho as minhas fúrias, como qualquer pessoa racional. E existem momentos de um desespero tão profundo, e tão medonho, que chorar é um luxo. Mas mesmo quando o demônio se intromete na pacatez dos meus dias, existe um lado de mim que ri dele. Como se o espírito deixasse o corpo e, planando sobre a carcaça, contemplasse o absurdo da minha condição. O absurdo da condição humana. E uma voz invisível me segredasse ao ouvido: será que vale a pena, companheiro? Será que vale a pena tudo isso quando tu estarás morto no futuro médio? E, depois da voz, vem a imagem: como num filme de Bergman, eu, velho e cadáver, em caixão aberto.

O relativismo liberta-nos para fazer o mal, como acreditava Dostoiévski? Não creio. Em doses temperadas, o relativismo é um convite para *não* fazermos o mal. Ele esvazia o nosso patético ego como uma agulha que fura o balão de uma criança. E é sobretudo útil em matéria de amor: somos amados, magoados, atraiçoados. Acreditamos que, depois do abandono, teremos uma dor inultrapassável, que se vai prolongar pelos séculos seguintes. Mas a verdade é bem mais triste e, paradoxalmente, bem mais feliz. Tudo passa. A dor vai diluindo-se em tristezas menores, que ficam como o pó esquecido nos cantos da casa. E certo dia descobrimos que o tempo cobriu tudo com invisíveis mortalhas; o passado é o porto de onde a nossa embarcação já se afastou há muito. Vemo-lo ao longe, por entre a neblina. Mas não há regresso.

Desesperado leitor: se achas que a dor de hoje te autoriza a tudo, lembra-te que és nada e que a tua vida será nada. E festeja essa certeza com a alegria sincera dos náufragos resgatados.

1.9.2008

Burgueses e artistas

Vive como um burguês para que possas reservar toda a radicalidade para a tua arte. Eis o espírito de uma conhecida frase de Flaubert. Haverá conselho mais sábio para qualquer artista ou candidato a? Duvido. Ele transporta duas grandes verdades – e uma grande inferência.

Comecemos pelas verdades. Não existe arte, grande arte, sem ordem, grande ordem. Não falo apenas de um mínimo de ordem pessoal, embora isso ajude: escreve-se melhor quando não existe a angústia suplementar de não haver dinheiro para pagar o uísque das crianças. Mas também se escreve melhor quando não existe a angústia suplementar de podermos ser perseguidos, presos ou mortos. Exceções? Sempre houve: casos pungentes de criatividade humana no meio do lodaçal. Mas quem deseja ser essa exceção? Como dizia o estimável Saul Bellow, eu não conheço o Tolstói dos zulus. Ou o Proust do Sudão. Ofensivo, dizem as brigadas politicamente corretas. Pena que não apresentem esse Tolstói ou esse Proust. Sem provas, ofensiva é a inteligência das brigadas.

Os artistas "boêmios", ou pretensamente "boêmios", só marcham contra a civilização burguesa precisamente porque existe uma. Sem uma civilização burguesa, o lugar deles era a irrelevância, o anonimato ou coisa pior. E não existe imagem mais patética do que ver o ódio do artista rebelde contra o exato mundo burguês (ou capitalista, tanto faz) que sustenta e promove a sua rebeldia. Flaubert, que nunca morreu de amores por esse mundo, teve pelo menos a honestidade de expressar a sua ambivalência perante ele.

Mas a frase de Flaubert transporta uma segunda verdade: é a tua arte que conta, não a tua vida. É a arte que deve ser julgada, não a tua relação problemática com o sabão ou com as maneiras.

Há uns anos, lembro-me de um velho professor de estética que me contava, maravilhado, que a primeira vez que conhecera o grande escritor e artista português Almada Negreiros, o autor estava sentado no sofá da sala, assistindo ao noticiário, como qualquer *pater familias* depois de mais um dia de labuta. Almada, o modernista Almada, o futurista Almada, que pintou Fernando Pessoa e deixou *Nome de guerra*, um dos mais primorosos textos do século XX lusitano

– de pantufas em casa! Quem nunca escreveu de pantufas, ou de robe, ou até de pijama, não pode saber o que existe de conforto espiritual no exercício. Recomendo, recomendo.

E recomendo uma inferência suplementar a partir de Flaubert: se não fores um gênio, não te esforces tanto por parecer um. Os gênios não se esforçam. Eles são. A essência precede a aparência, não o contrário. Quando se começa pelo fim, normalmente é porque não há grande coisa no princípio. Conheço casos. Gente que acredita que a ausência de um livro recomendável, de um quadro recomendável ou de um filme recomendável pode ser compensada com a pose certa de escritor, pintor ou cineasta.

Não pode, meu bem. Quando não existe obra digna desse nome, não é boa ideia uma pessoa apaixonar-se pelo próprio nome. Até porque há paixões que podem não ser correspondidas. É por isso que o destino usual do artista falsamente inusual é um poço de ressentimentos: a exigência infantil de que o mundo em volta reconheça o tamanho do seu ego. Risível. Não é o ego que tem de ser grande. É a obra. Sempre a obra. Só a obra.

Vive como um burguês para que possas reservar toda a radicalidade para a tua arte. Que o mesmo é dizer: abandona a tua pose no latão de lixo. Não simules conhecimento que não tens. Aprende com quem sabe. Não queiras ser "transgressivo" na tua vida. Aprende primeiro a usar os talheres. E quando quiseres ser "transgressivo", vai lavar os pratos (e os talheres). Isso passa.

Não esperes que o mundo se curve à tua passagem. És tu que te deves curvar à passagem do mundo. E antes de abrires a boca para te rires do que não entendes nem és capaz de fazer – "Woody Allen está a ficar repetitivo, não?" – cala a boca, ri de ti próprio e pergunta quando foi a última vez que fizeste um filme razoavelmente decente. Ou um romance. Ou um quadro.

E se achares que já fizeste esse filme, ou esse romance, ou esse quadro, então esquece. Podes ir buscar a tua pose ao fundo do latão.

14.5.2013

Prazer em conhecer

As lamentações do dinossauro

Terminei a leitura do último livro de Mario Vargas Llosa, *A civilização do espetáculo*, exatamente como gosto de terminar um livro: com notas extensas de concórdias e discórdias, escritas pelo meu punho, ao longo das páginas. Mas, primeiro, as apresentações: Vargas Llosa define-se como "um dinossauro em tempos difíceis". O que significa esse jurássico autorretrato?

Significa uma confissão: Vargas Llosa olha em volta e vê frivolidade, aparência – numa palavra, "espetáculo". E vê o desaparecimento da cultura como experiência ética e estética que nos permite compreender os problemas do mundo. Hoje, essa "civilização do espetáculo", que se desdobra em livros *light*, filmes *light*, arte *light*, religiões *light* e até relacionamentos pessoais *light*, serve apenas para fugirmos dos problemas do mundo. Numa palavra, serve para nos "alienarmos".

O termo não é inocente e Vargas Llosa sabe disso: como diriam Marx e os seus discípulos, sobretudo o "situacionista" Guy Debord, existe na civilização de hoje, como existia na civilização dos séculos XIX e XX, uma vontade desesperada de remeter o pensamento e a cultura para as margens da sociedade capitalista. E aqui reside a minha pergunta primeira: não terá sido sempre assim?

Platão, na sua *República*, não era particularmente entusiasta dos poetas da sua época. Shakespeare, tido agora como parte fundamental do "cânone ocidental", era considerado um dramaturgo "popular" pela *intelligentsia* da Inglaterra isabelina. Não estaremos nós também a ver superficialidade em toda a parte e a cometer o mesmo erro dos nossos antepassados, que sempre se consideraram testemunhas de um mundo em decadência?

Woody Allen, de quem Vargas Llosa manifestamente não gosta, glosou sobre o assunto em *Meia-noite em Paris*: há nos contemporâneos de todas as eras um descontentamento com o presente que os leva a romantizar eras passadas. Assim acontecia com o personagem do filme, o roteirista Gil (um notável Owen Wilson), que suspirava no século XXI pela Paris da década de 1920. Até viajar a esse passado de "festa móvel", como diria Hemingway, e descobrir que os contemporâneos da década de 1920 suspiravam pela Belle Époque; e os contemporâneos da Belle Époque, pelo Renascimento italiano; e etc. etc., sempre em regressão nostálgica.

Não quero com isso dizer – Deus me livre e guarde! – que um dia olharemos para as brincadeiras conceituais de um Damien Hirst da mesma forma que olhamos para um Cézanne ou para um Matisse. O urinol de Marcel Duchamp já encerrou há muito o capítulo dos *happenings* circenses. Mas será preciso reproduzir aqui o que os críticos coevos de Cézanne e Matisse escreveram à época sobre os quadros desses dois reputados mestres?

Ponto de ordem. Concordo com Vargas Llosa sobre a "civilização do espetáculo" que se espalhou em volta. Concordo que a sensibilidade cultural do nosso tempo torna mais difícil o aparecimento de um James Joyce porque escasseia o público exigente e paciente para o ler. Concordo que o "eclipse" do intelectual se deve ao papel abjeto que ele teve, sobretudo no século XX, ao emprestar o seu nome e prestígio a regimes totalitários. E concordo, de alma e coração, que o relativismo larvar que contaminou a "crítica" e as "humanidades" faz com que hoje uma ópera de Verdi ou um concerto dos Rolling Stones sejam colocados no mesmo patamar valorativo.

Mas introduzo aqui uma ligeira variação ao argumento central de Vargas Llosa: vivemos hoje uma "civilização do espetáculo" porque o nosso tempo globalizado criou os mecanismos de difusão que nos permitem assistir a esse excesso de espetáculo. Assistimos a tudo: ao lixo cultural, mas também a raras preciosidades. Assistimos aos tubarões em formol de Damien Hirst, mas também aos retratos de Lucian Freud. Assistimos à mediocridade pirotécnica de Hollywood, mas também ao cinema de Michael Haneke. Lemos Dan Brown, mas também os romances do próprio Vargas Llosa. Perante essa selva estética e ética, o caminho não está em jogar a toalha e decretar o fim de uma "civilização". Está, pelo contrário, em ser "um dinossauro com calças e gravata", disposto a resgatar do caos o que merece ser celebrado como nunca.

18.12.2012

Chega de palhaços

Por vezes acontece: o ano ainda não terminou e eu já encontrei o meu livro de 2010. Foi escrito por David Shields. Pena que não tenha sido escrito por mim: é raro encontrar um pedaço de prosa com o qual concordamos da primeira à última página. Ou, no caso em apreço, do primeiro ao último número, porque a obra está numericamente dividida em 618 teses. Título: *Reality Hunger: A Manifesto*. É, como se lê, um manifesto. Ou, como Shields o apresenta, uma nova *ars poetica* para artistas vários que seja capaz de captar a "realidade". Porque todos os movimentos artísticos têm "fome de realidade".

Mas o que é a "realidade"? Para responder a essa pergunta arcana, Shields tem uma certeza: as formas narrativas clássicas estão esgotadas na sua missão de captá-la e reproduzi-la. Fiquemos pela literatura. No século XIX, período arcádico do romance como expressão estética, existiam regras férreas sobre o gênero. "Romance" era, com maiores ou menores variações, uma narrativa escrita no pretérito perfeito, normalmente na terceira pessoa, e com desenvolvimento cronológico linear. Exceções, sempre houve. Mas em Jean Valjean ou Elizabeth Bennet encontramos uma "história" com princípio, meio e fim; e um personagem principal – no fundo, um "indivíduo" – que carrega a ação sobre as costas. E essa ação não é mera criação ociosa do autor. A história procura espelhar uma sociedade: os seus códigos, as suas virtudes, os seus vícios. As suas "realidades".

O século XX alterou as regras desse jogo: se o romance é um produto único da imaginação humana, como Henry James pretendia, a "realidade" é uma criação solipsista, linguística, impermeável às influências "externas", sociais. Reais.

Shields argumenta, e argumenta bem, que nenhuma dessas tradições se ajusta ao tempo presente. E não é por acaso que, no seu particular panteão literário, nomes como Sebald ou V. S. Naipaul ocupam espaço sagrado. Romancistas? O rótulo talvez seja impróprio para tamanha impureza narrativa. Sebald ou Naipaul apresentam antes uma prosa "crioula", onde ficção e não ficção convivem no mesmo espaço. A "realidade" não está dividida por gêneros, como as estantes das nossas livrarias. A "realidade" é uma manta de retalhos onde experiência, memória, pensamento e imaginação se cruzam e fertilizam continuamente. Não é novidade para ninguém, muito menos para Shields, que a grande literatura do nosso tempo se encontra nas biografias e nas autobiografias. Por que são mais fiéis à "realidade"?

Não necessariamente. Antes pela capacidade de captarem a versatilidade e a fluidez de que é feita essa "realidade". Mesmo em seus momentos mais "irreais". Alguém nega que uma parte considerável do que escrevemos sobre nós, e sobre os outros, é muitas vezes uma mistura, consciente ou inconsciente, de desejo e efabulação? E, se assim é, como negar também que a prosa do século XXI deva ser essa mistura de ficção e não ficção, biografia e autobiografia, crítica e meditação?

Leiam o *Livro do desassossego*, de Fernando Pessoa, aconselha Shields. Ali se encontra uma semente dessa "arte poética": um texto marcadamente na primeira pessoa do singular, em que a "realidade" não é mera transposição fotográfica do real; muito menos criação artificial de um real inexistente. A "realidade" é a reconstituição possível do sentido e da experiência pessoal do autor, na figura heterônima de Bernardo Soares.

Confirmo. Quando releio o *Desassossego* de Soares, nunca Lisboa me parece tão "verdadeira". Incomparavelmente mais "verdadeira" do que todas as ficções prosaicas do "era uma vez..." que usaram a cidade como palco ou ator principal.

Numa das melhores passagens do seu manifesto, Shields confessa que sempre teve dificuldades em escrever "ficção", no sentido tradicional do termo. E usa uma comparação luminosa: "Era como dirigir um automóvel vestido de palhaço".

Touché. Também eu sinto isso, não propriamente quando escrevo "ficção", o que é raro, mas quando leio a esmagadora maioria da ficção que hoje se publica. Sim, sinto que me estão a levar para um lugar qualquer; mas o motorista não engana ninguém. Ele está mascarado. Ele não é convincente. Ele é o palhaço da situação.

12.10.2010

Os prêmios de Thomas Bernhard

Um conselho para jovens artistas ou escritores: tenham prazer no vosso trabalho e evitem ler o que outros escrevem a vosso respeito. O conselho não é meu. Pertence a Woody Allen e está em *Conversas com Woody Allen*, livro de Eric Lax com 36 anos de entrevistas lá dentro. Existe espaço para tudo: filmes, argumentos, atores. Música, cidades, outros diretores.

Mas o melhor do livro está nas banalidades: confissões pessoais sobre a vida, o trabalho, as paixões. Arrisco dizer que o melhor do cinema de Woody também está nessas banalidades. Na forma como resgatam os seus personagens da "náusea da mortalidade" que paira sobre eles. Que paira sobre nós.

Tento seguir o conselho. De outra forma, seria impossível continuar. Retirar prazer do trabalho, e sobretudo da escrita, não é apenas aconselhável. No meu caso, é vital: escrever já é solidão que baste. Alienamos muito. Alienamos muitos. Se não existe prazer no ato, seremos ainda mais cadáveres. E ainda menos adiados. Fernando Pessoa *dixit*.

E não ler o que os outros escrevem sobre nós também se justifica: nos primeiros anos de ofício, confesso que cruzava a linha e espreitava pelo buraco da fechadura. Via o que não queria. Escutava o que não podia. E depois, como certas vacas na pastagem, ficava a ruminar sobre o assunto. Era uma perda de tempo. Era uma perda de energia. Tempo e energia: haverá palavras mais importantes para quem escreve?

Alguns dirão: os prêmios. Como se os prêmios fossem a verdadeira justificação de tudo o resto. Esses crentes na bondade alheia devem ler a primeira obra póstuma de Thomas Bernhard. Intitula-se *Os meus prêmios*, foi traduzida e publicada em Portugal (por José Palma Caetano e pela editora Quetzal, respectivamente) e é apenas isto: uma listagem comentada de alguns prêmios que Thomas Bernhard recebeu na sua curta e polêmica carreira.

Li a obra com um sorriso de empatia. Ri muito. Concordei idem. Thomas Bernhard, para quem a beleza ordeira da Áustria apenas iludia o seu caráter maligno e demencial ("uma mistura de catolicismo e nacional-socialismo", dizia ele), tem poucas ilusões. Prêmios? Valem pelo dinheiro. Compramos um carro, viajamos, substituímos a madeira podre das janelas de casa. Não servem para mais nada e, sobretudo, não expressam mais nada.

Em descrições plenas de um humor seco e repetitivo (a marca essencial de Bernhard), lá encontramos o autor em calvário clássico. Primeiro, a notícia de que venceu um galardão qualquer. Depois, os preparativos para o receber: a procura de um fato decente; a elaboração de um discurso que não seja completamente vácuo ou inane; o nervosismo de falar em público.

E, quando o dia chega, chega também a cerimônia, povoada por políticos analfabetos que, logicamente, não conhecem o escritor e não conhecem um único livro. Em certos casos, citam obras que ele não escreveu. Ou então trocam-lhe o nome. Ou o sexo ("Parabéns à sra. Bernhard" etc. etc.). O escritor, com verdadeiro espírito estoico, vai repetindo o seu mantra: "O cheque, o cheque, o meu reino por um cheque".

A cerimônia termina. Ele regressa a casa. Honrado ou desonrado? Dúvida absurda: os prêmios só honram verdadeiramente quem os concede. *Conceder*: até a natureza displicente do verbo diz tudo.

Mas o pior dos prêmios não acontece apenas quando os ganhamos. Bernhard explica, com detalhes, o embaraço de os atribuir. Ele foi jurado. Ele reuniu-se com outros jurados em salas privadas. Ele sugeriu nomes. Ele ouviu sugestões de nomes. Mas ouviu também comentários jocosos, e desagradáveis, e por vezes abertamente antissemitas sobre os escritores a concurso. Ele presenciou o impasse em que os júris literários tantas vezes caem. E ele sabe que resolver os impasses passa pela escolha de alguém fora do baralho. O mérito como arbitrariedade. Poderia ser de outra forma?

Provavelmente, não. E talvez por isso o próprio tenha deixado de os receber. Inevitável. No livro, lemos a curta alocução de Bernhard quando a Áustria lhe atribuiu o Prêmio Nacional de Literatura em 1967. O discurso termina assim: "Não temos de nos envergonhar, mas também não somos nada e não merecemos senão o caos".

O ministro da Cultura e os seus acólitos não gostaram e saíram imediatamente do salão. Os jornais do dia seguinte, furibundos, crucificaram o abuso. De todos os prêmios que Bernhard ganhou, haverá algum mais valioso do que esse?

20.10.2009

Exemplos terminais

O que não me mata me fortalece. Assim falava Nietzsche. E assim pensamos nós. Sempre que o teto desaba, o lema serve de consolo. Se passarmos por isso, chegaremos ao outro lado mais fortes. Talvez sem o saber, o mais anticristão dos pensadores modernos reatualizava, em linguagem secular, uma velha promessa cristã: a ideia de que existe um sentido último para o calvário da vida. Nietzsche, o supremo iconoclasta, não resistiu à tentação de erguer uma estátua a si próprio.

Christopher Hitchens discorda de Nietzsche. Eu concordo com Hitchens. O sofrimento não nos torna mais fortes. Aquilo que concede uma ilusão de força é a evidência prosaica de que, às vezes, sobrevivemos para contar. É essa espantosa confluência de alívio e surpresa que alimenta em nós a crença infantil de que estamos um pouco mais indestrutíveis.

Nenhuma dessas ilusões habita *Últimas palavras*, que são de fato as últimas palavras que Christopher Hitchens escreveu. Eis o mérito do livro: a doença que o visitou em 2010 e matou em 2011 – um câncer no esôfago – não merece nenhum tratado metafísico. A pergunta não é "por que a mim?", esclarece ele. A pergunta é outra: "e por que não a mim?".

Aceitar essa premissa é a primeira vitória sobre a morte: não há nada que mais enfureça a Velha Senhora do que a forma natural como lhe abrimos a porta. Claro que o medo e o sentimentalismo espreitam sempre. Hitchens gostaria de assistir ao casamento dos filhos (ainda) pequenos. E de visitar o One World Trade Center, novamente ao alto em Manhattan. E de escrever os obituários de Henry Kissinger ou Joseph Ratzinger. Sem falar do resto: preservar ainda a voz; preservar ainda a capacidade de escrever; preservar, no fundo, um sentido de identidade – ou, no mais literal sentido da frase, de "liberdade de expressão". Mas as coisas não funcionam assim no Planeta Câncer. Nesse planeta, tudo é negócio, conta Hitchens: se estivermos dispostos a ceder o paladar, a digestão, a voz, a força anímica, o cabelo, a capacidade de concentração e outras matérias mais íntimas, então talvez tenhamos mais uns meses, ou anos, de vida.

Hitchens aceitou o negócio e, nas páginas seguintes, vai descrevendo todas as etapas da doença – os tratamentos; as esperanças; as desesperanças – com uma mistura de resignação estoica e elegantíssima ironia. É a segunda vitória sobre a morte: não há nada que mais enfureça a Velha Senhora do que a forma sorridente como a convidamos para tomar chá na sala.

Então os dias passam a ser divididos em duas metades: a manhã para os advogados, as tardes para os médicos. Dias repartidos entre a preparação para o pior e a preparação para evitar o pior. Se Scott Fitzgerald tinha razão ao afirmar que a marca de um intelecto superior está na capacidade de manter duas ideias contraditórias na cabeça e, apesar disso, continuar a funcionar, Hitchens passa no teste com distinção.

Finalmente, o tema inevitável: Deus. Quando se soube da doença, percorreu por um certo mundo crente o frêmito de que a doença era um castigo de Deus a um ateu militante e, atendendo à localização do tumor, vociferante. Essa foi a primeira versão do regozijo fanático. Mas houve outra, em variação mefistofélica: o câncer era um teste último para que o mais famoso ateu do planeta renunciasse às suas "blasfêmias" e abraçasse uma qualquer espécie de fé "terminal".

Em relação aos primeiros, Hitchens pergunta, sem o tom histérico de panfletos anteriores, que tipo de Deus seria esse, capaz de fulminar um incréu com algo tão banal e entediante como um câncer. Mais que isso, banal, entediante e teologicamente democrático: santos ou pecadores, todos eles podem conhecer a mesma barca.

Em relação aos segundos, Hitchens prefere evocar Voltaire, que na hora da morte foi convidado a renunciar ao diabo. Resposta do francês: este não é o momento de arranjar novos inimigos.

Voltaire sabia, como Hitchens soube, que a morte não passa de um fato sem grandeza. Porque de nós, do que fomos ou fizemos, tudo o que restará é apenas o exemplo.

16.10.2012

Imaginando Sísifo feliz

Passaram cem anos sobre o nascimento de Albert Camus (1913-1960). Festejos pálidos. Injusto. Quando tivemos o centenário de Sartre em 2005, um filósofo e escritor inferior a Camus, as trompetas soaram com outro vigor. Camus merecia mais atenção. E, na ausência de festejos públicos, optei pelos privados.

Um pouco de nostalgia: já não lia Camus desde a adolescência. Encontrei surpresas gratas. Os romances continuam soberbos, ainda melhores do que na minha memória – e hoje, a caminho dos quarenta, é *A queda* (1956), e não tanto *O estrangeiro* (1942), que verdadeiramente me joga no tapete. Foram necessárias algumas experiências de vida para compreender, tal como afirma o sinistro narrador de *A queda*, que a busca de um método – um sistema, uma ideologia, uma cartilha – é sempre o expediente dos homens sem caráter. Dos homens que não desenvolveram um caráter. *Touché*, Albert!

Mas depois vieram as desilusões. Desilusões, não. Discórdias. Brandas, perdoáveis, quase melancólicas. Quando li pela primeira vez o seu *Mito de Sísifo* (1942), esse ensaio torrencial sobre a nossa condição absurda perante "o silêncio do mundo", fiz de Camus o meu santo laico e do existencialismo, precisamente, uma forma de humanismo. A argumentação de Camus era poderosa, e nas primeiras linhas o autor avisava o auditório que pretendia enfrentar sem subterfúgios o mais relevante dos temas filosóficos: o suicídio. Se a vida não tem sentido e se recusamos o "salto de fé" para as consolações celestiais, o que nos resta, afinal?

Camus responde: resta-nos não negar a nossa condição absurda e, mais ainda, assumir essa condição com "consciência" e "revolta". Não é por acaso que Camus dedica as melhores páginas do seu *Mito de Sísifo* ao trabalho de um ator em palco. O ator, exemplo supremo do "homem absurdo", vive, ama e eventualmente morre intensamente – tudo no espaço de algumas horas e sempre com radical autenticidade. A vida que Camus recomenda é, na falta de melhor palavra, uma vida de *performance* permanente. Donde, a conclusão: pode haver uma dissonância insuperável entre o que a mente deseja (sentido) e um mundo que desilude (pelo absurdo). Mas esse fato não autoriza o suicídio.

Parafraseando Nietzsche, a ausência de uma vida eterna convida os homens a uma vivacidade eterna.

Aos dezoito ou dezenove anos, o programa era tentador. Mas, honestamente, quem, exceto um ator em palco, consegue viver a vida em permanente intensidade? A atitude de Camus, longe de aceitar o absurdo, parece-me agora uma fuga ao absurdo. Pior ainda: uma fuga desesperada ao exato desespero que ele procura resolver. Mas não só. É a própria ideia de "viver o absurdo" que me parece adolescente – no autor e na criança que eu era.

Anos depois de ler o ensaio de Camus, encontrei um luminoso texto de Richard Taylor no seu *Good and Evil* em que o filósofo voltava ao mito de Sísifo, esse mortal condenado pelos deuses a rolar eternamente a pedra montanha acima, montanha abaixo. Na versão de Camus, podemos imaginar Sísifo feliz se ele abraça esse destino com desafio e orgulho, mesmo sabendo da futilidade do exercício.

Taylor argumenta, e argumenta bem, que não basta rolar a pedra para vencer o absurdo. É preciso encontrar um sentido para isso: rolar a pedra para algo, para alguém – ou até para nós próprios, se isso for importante ou significativo para as nossas vidas. No limite, não importa nem se a pedra é grande ou pequena. Porque não é o tamanho dela ou o esforço homérico de Sísifo para a empurrar que concede dimensão trágica à condenação. Se a pedra fosse minúscula, e se ele subisse e descesse a montanha com ela no bolso, a premissa seria a mesma: a única forma de o imaginarmos feliz seria se ele usasse essa pedra para erigir um templo; ou construir uma habitação para os filhos; ou apenas para exercitar o corpo e o gosto por passeatas com pedras minúsculas.

Hoje, a visão modesta de Taylor parece-me mais real do que a "revolta" literária (e esteticamente belíssima) de Camus. Não porque nego o absurdo da vida e o esquecimento que nos espera a todos. Não nego. Mas porque só consigo imaginar Sísifo feliz se, no cume da montanha, existir algo ou alguém à espera dele e da sua pedra.

12.11.2013

Homens de classe

Esquerda, direita: há coisas mais importantes na vida. Vamos lendo, vamos vivendo. E então percebemos que a distinção fundamental não é entre esquerda e direita. Até porque existem várias esquerdas e várias direitas. A diferença resume-se em duas palavras: liberdade individual. Ou estamos dispostos a ceder essa liberdade a um poder político único e centralizado; ou, simplesmente, não estamos.

Deve ser por isso que George Orwell tem lugar eterno na minha estante. Evelyn Waugh também. E, ao lado deles, prometo colocar um livro notável sobre ambos: *O mesmo homem*, de David Lebedoff. Chegou com três anos de atraso ao Brasil. Chegou a tempo.

Lebedoff foi sagaz. Partiu de uma coincidência biográfica – o esquerdista Orwell e o conservador Waugh nasceram em 1903 – para mostrar como ambos foram, na verdade, "o mesmo homem". Confrontaram-se com os mesmos problemas da modernidade. Responderam a eles alicerçados na mesma posição moral. Mas, antes dos problemas da modernidade, convém visitar um problema especificamente britânico.

Anos atrás, em Oxford, um velho professor dizia-me que não havia nada mais cruel do que ter nascido na classe média antes da Segunda Guerra Mundial. Era o caso dele. Numa sociedade rigidamente estratificada, como a inglesa, habitar o meio da tabela era levar por tabela. Era viver na angústia de poder cair no fundo da ladeira. Era viver na angústia de desejar subir até ao topo.

Orwell e Waugh, dois produtos do meio, experimentaram as pressões dos extremos. Responderam a eles como Disraeli e Marx, numa célebre interpretação de Isaiah Berlin, responderam ao seu judaísmo um século antes: procurando suplantar o "defeito" de origem pela identificação com os de cima (a aristocracia) e os de baixo (o proletariado). Para Orwell, os anos de terror na "escola pública" imprimiram-lhe um sentido inapagável de marginalização e injustiça que definiu um percurso: o percurso descendente de quem prefere descer a escala social para lhe roubar todos os seus terrores. O estoicismo de Orwell; a sua pobreza autoimposta; o seu recuo estratégico para as favelas de Paris ou Londres são marcas de uma opção. A opção pela queda.

Evelyn Waugh optou pela ascensão: se existia o mesmo "pecado de classe", era necessário redimi-lo casando bem e vivendo melhor. Waugh cumpriu: ainda antes dos quarenta, era a encarnação perfeita, alguns dirão caricatural, do *squire* inglês.

David Lebedoff narra com maestria a história desses percursos. Mas o melhor do livro está nas aproximações entre eles: na forma como Orwell, a partir de baixo, e Waugh, a partir de cima, foram respondendo aos desafios sombrios do tempo. E respondendo de igual forma: não apenas elegendo a literatura, e a clareza inegociável da língua inglesa, como instrumento de reflexão e transformação social. Mas vislumbrando na modernidade a presença insidiosa do relativismo moral – uma sombra de irracionalismo que, ao viciar o pensamento (e até a linguagem), permitia o abandono de um sentido primordial de decência comum e abria as portas para os totalitarismos do século XX.

George Orwell acabaria por falecer em 1950. Tinha 46 anos. E, meses antes do fim, receberia no hospital a visita de Evelyn Waugh. Sabemos pouco sobre o conteúdo dessa visita – e Lebedoff não acrescenta muito mais. Daria o meu dedo mindinho para recuar no tempo e ser uma mosca no quarto daquele hospital de Londres. Mas sabemos que ela foi antecedida por cartas de admiração mútua. Verdade: o católico Waugh nunca entendeu como era possível a um ateu, como Orwell, defender posições morais absolutas. O mistério talvez se possa resolver com uma suprema ironia: o fato de Orwell e Waugh terem abandonado a "classe média" não significa que a "classe média" os tenha abandonado a eles. No gosto de ambos pela moderação e pela prudência, e na defesa "burguesa" da liberdade individual face aos autoritarismos dos extremos, Orwell e Waugh não foram apenas "o mesmo homem"; foram também esse homem que, depois de todas as viagens, nunca realmente saiu do mesmo lugar.

6.9.2011

História de um covarde

Ficar ou não ficar, eis a questão. Passaram cem anos sobre o naufrágio do Titanic. E eu, que bato essas linhas no dia 14 de abril e com o mesmo Atlântico Norte à minha frente que engoliu o navio, regresso ao dilema fatal: teria ficado com os restantes homens, enfrentando estoicamente o fim? Ou, como uma ratazana amedrontada, teria saltado para o primeiro bote disponível, salvando a minha triste pele?

O magnata Benjamin Guggenheim ficou. História conhecida, provavelmente apócrifa, seguramente inspiradora: vestido a rigor, decidiu que a prioridade devia ser concedida a mulheres e crianças. Como um cavalheiro, esperou pela morte no bar.

Não foi caso único: no Titanic, seguiam cerca de 2.300 pessoas. Morreram 1.500. Sobreviveram pouco mais de 700. Só 325 eram do sexo masculino. E, entre os sobreviventes machos, estava o anti-Guggenheim por excelência: um nome que ficou na história do naufrágio como exemplo de egoísmo e covardia. Chamava-se Bruce Ismay, era o diretor da companhia inglesa dona do navio e os seus contemporâneos nunca mais lhe perdoaram o gesto: Ismay saltou para um dos últimos botes do Titanic quando ainda havia mulheres e crianças a bordo.

Ismay sempre negou essa versão dos fatos nos inquéritos posteriores ao naufrágio. Em Londres ou Nova York, a versão de Ismay era repetidamente a mesma: não havia mais ninguém à volta quando ele saltou; e, além disso, o bote já estava em plena descida. Mas os números do naufrágio e testemunhos contraditórios sobre a conduta de Ismay a bordo selaram o seu destino.

É precisamente esse destino que a escritora Frances Wilson revisita no melhor livro que li sobre o centenário Titanic. O título é de uma ironia cruel e merece ser citado na totalidade: *How to Survive the Titanic: The Sinking of J. Bruce Ismay*. Nem mais. Ismay sobreviveu ao naufrágio do seu barco. Mas o dia 14 de abril de 1912 marcou o início de um outro naufrágio. O naufrágio da sua alma.

A história é digna de Joseph Conrad e, sem surpresas, o livro dedica um capítulo inteiro a *Lorde Jim*, a obra-prima de Conrad publicada doze anos antes da viagem funesta do Titanic. É a história de um marinheiro que foge instintivamente de um navio acidentado para viver uma existência de desonra insuportável. Mais do que profético, o livro de Conrad transporta a velha lição do mestre: o nosso destino depende, muitas vezes, de forças que não controlamos. Não apenas as forças tangíveis do próprio mar, que esmagam com violência toda a soberba humana. Mas também as forças pessoais – ou, melhor dizendo, as fraquezas pessoais que, em momentos decisivos, nos podem conduzir a um fracasso inapagável. O personagem Jim do romance de Conrad é um homem que ama o mar e, talvez mais importante, ama a sua própria confiança pessoal. Até ao momento em que essa confiança se converte em medo – e fuga.

O afundamento do Titanic foi demorado: duas horas e meia até mergulhar de vez nas profundezas do Atlântico. Mas o afundamento de Bruce Ismay demorou ainda mais: 25 anos de uma "existência póstuma", escreve Wilson. Os amigos foram desaparecendo. O gosto pela navegação também. As noites converteram-se em purgatórios de insônia. E a família, recusando-se a aceitar a existência de um covarde dentro de portas, determinou que a palavra Titanic jamais fosse pronunciada.

A Bruce Ismay restavam-lhe as temporadas solitárias na Irlanda rural. Fisicamente, morreu em 1937. Mas o óbito que interessa aconteceu em 1912. Quando, ironicamente, Ismay sobreviveu.

Ficar ou não ficar: será essa a questão? A cultura popular, a começar pelo maniqueísmo infantil do cinema de James Cameron, não tem dúvidas: entre a coragem e a covardia, Bruce Ismay optou pela covardia. Ao ler a "existência póstuma" de Ismay, conhecemos o preço desumano dessa opção. Mas também aprendemos que a coragem e a covardia não são matéria de reflexão teórica. São a consequência imprevista de atos imprevistos perante situações imprevistas.

Como nos livros trágicos de Conrad, somos todos corajosos, somos todos covardes. E esperamos humildemente que o destino nunca se lembre de nos testar.

17.3.2012

Os pecadores

Conversо com um amigo, professor de literatura, sobre *To Kill a Mockingbird* – *O sol é para todos*. Razão circunstancial: Harper Lee, depois de cinquenta anos de silêncio, promete publicar uma continuação do seu primeiro e único romance. Pergunta: será que *To Kill a Mockingbird* merece lugar no panteão dos mestres? Ou o sucesso do livro explica-se pela reclusão da autora – e pelo retrato da segregação racial que fazia sentido em 1960 mas não em 2015, quando a Casa Branca já não é um exclusivo de brancos?

O meu amigo tem poucas dúvidas: *To Kill a Mockingbird* é uma espécie de *A cabana do Pai Tomás*, melhor escrito e talvez melhor pensado. Mas a "estrutura narrativa" (adoro essa) é convencional, sobretudo para um século que experimentou todos os modernismos e pós-modernismos. Uma relíquia, no fundo, que deve ser lida com curiosidade histórica e pouco mais.

Escutei tudo como um discípulo aplicado. E, no final, comentei apenas: "É impressionante como você só fala bosta". Ele riu. Eu também. Mas posso defender a minha dama?

Li *To Kill a Mockingbird* muitos anos atrás e, usando a memória como recurso arqueológico, confesso que a parte "racial" da história foi o que menos me interessou. Superficialmente falando, sim, existe um negro acusado de estuprar uma branca; e um advogado – Atticus Finch – que o defende numa comunidade hostil e num tribunal idem. Mas o essencial do livro está na epígrafe que Harper Lee escolheu: uma frase de Charles Lamb (1775-1834) onde o escritor dizia que até os advogados já foram crianças um dia.

Precisamente. *To Kill a Mockingbird* não é apenas um livro sobre o ódio racial, como dezenas ou centenas de outros que se publicaram no século XX norte-americano. É, mais importante que isso, um tratado sobre a incorruptibilidade da infância.

Essa virtude está expressa nos dois irmãos – a rebelde Scout, o não menos rebelde Jem – que acompanham a odisseia do negro acusado e os trabalhos do pai viúvo para defendê-lo. O ódio racial é incompreensível para eles; a acusação que pende sobre o inocente Tom também; e a condenação de que ele é vítima, contra todas as evidências, é a prova definitiva de que os adultos são bichos que não se recomendam.

Harper Lee, com uma capacidade para escrever diálogos infinitamente superior à do amigo Truman Capote (sobretudo quando usa o calão negro do Alabama na década de 1930), entrega a narrativa a Scout: uma criança com seis ou sete anos que descreve os vizinhos e as suas bizarrias; o irmão Jem; o pai Atticus; a pequenez – física e mental – de Maycomb, o seu vilarejo; e, claro, o racismo que borbulha por aquelas bandas – sempre com uma mistura de humor e desencanto que deveria cobrir qualquer adulto de vergonha.

Como afirma Atticus a um dos filhos, as barbaridades sempre aconteceram, sempre irão acontecer – e só as crianças parecem chorar com isso. Só as crianças entendem como é pecado matar uma ave canora: uma criatura inofensiva, que nada nos rouba e que apenas serve para nos servir a nós.

Assim se entende por que motivo tenciono ler *Go Set a Watchman*, o novo livro prometido. Não entro nas polêmicas de saber se a obra foi autorizada pela autora – há versões para todos os gostos. Fico-me pelo essencial: a obra propriamente dita. Segundo resumos, lidos aqui e ali, a narrativa reencontra Scout na idade adulta, em visita ao envelhecido pai Atticus. E eu quero saber o que foi feito daquela criança. Quero saber, no fundo, que vida ela teve depois de deixar Maycomb para mergulhar, enfim, nas águas profundas da idade adulta.

É provável que a inocência do passado tenha ficado no passado. Como é provável que aquilo que Scout condenava nos adultos – as ambiguidades, os medos, os fracassos – seja agora visto e descrito com algum conhecimento de causa. Porque talvez essa seja a única certeza da maturidade e do envelhecimento: olharmos para trás e compreendermos que há várias formas de pecar contra inocentes.

Por vezes, o pecado maior é matar a criança que um dia fomos.

24.2.2015

No divã de Lucian Freud

O Masp tem exposição de Lucian Freud até 13 de outubro. Inveja dos paulistanos. E boas memórias. Devo ter almoçado com Lucian Freud, neto de Sigmund, meia dúzia de vezes na vida. Almoçar no mesmo espaço, entenda-se, não na mesma mesa. Acontecia no Wolseley, um restaurante londrino em Piccadilly, que piorou drasticamente nos últimos tempos. Mas divago. Freud almoçava quase sempre sozinho – figura pequena, escanzelada, a lembrar Beckett nas fotos de Cartier-Bresson – e sempre que o via, pensava: vou meter conversa. Como estudante de história da arte, achava que tinha um bom álibi. Nunca tive coragem, e Freud morreu em 2011.

Um dos maiores pintores do nosso tempo? Assino por baixo. E se não posso ir a São Paulo ver a exposição, pelo menos leio sobre o bicho. A melhor introdução à obra de Freud foi escrita por Martin Gayford em um livro singular: *Man with a Blue Scarf: On Sitting for a Portrait by Lucian Freud*. Gayford, crítico de arte, foi modelo durante um ano e meio para dois retratos do mestre. Escreveu um diário a respeito, embora fosse mais correto dizer "um retrato a respeito". Enquanto Freud o pintava (com tintas), Gayford pintava Freud (com palavras).

Encontramos de tudo. As paixões de Freud em arte e literatura (anote: Ingres, Ticiano, Henry James, Thomas Hardy). Os ódios sulfúricos (Leonardo, Rafael e, sobretudo, Dante Gabriel Rossetti, "o mais próximo que a pintura chegou do mau hálito"). E, sobre política, a velha máxima anarquista: "Nunca devemos votar em alguém que não conhecemos pessoalmente".

Depois, os hábitos de trabalho: intransigência na pontualidade dos modelos; esforço físico descomunal (aos oitenta, Freud pintava de pé, durante horas e horas); composição lenta; resultados dúbios. Era frequente Freud abandonar um retrato depois de meses de trabalho. Martin Gayford pergunta, repetidas vezes, nas páginas do diário: será que isso vai acontecer comigo?

Não aconteceu: no final da odisseia, o retrato lá está. E quando o modelo se confronta com ele, há uma estranheza inicial que se dissolve no reconhecimento essencial. Aquele não sou eu. Aquele só posso ser eu.

Eis o fundamental da arte de Freud. Críticos preguiçosos dirão que Freud, tal como o seu amigo Francis Bacon, prolonga a lição de Van Gogh: a realidade não existe; o que existe é a carga dramática, e pessoalíssima, com que eu represento a realidade.

Errado. Isso pode ser válido para Bacon. Não é válido para Freud. "Imaginação é ver as coisas como elas realmente são", dizia ele. Freud só reinventou a arte figurativa, não porque plasmou no mundo os seus estados de espírito, mas porque procurou fixar na tela os estados de espírito do mundo. Por isso era recorrente a sensação paradoxal de estranheza e reconhecimento quando os modelos viam o produto final. Martin Gayford explica o mistério: porque nós nunca sabemos como somos realmente. Isso pode soar estranho, sobretudo quando vivemos saturados na orgia fotográfica e narcísica de nós próprios. Ilusão: em filmes, fotos ou ao espelho, nós estamos continuamente a fingir, a representar, a recriar. E quando não estamos, o filme, a foto ou o reflexo apenas nos devolvem uma ínfima parcela do que somos: a imagem naquele momento, com aquele ânimo, naquela fase do nosso envelhecimento.

Tal não acontece nos retratos de Freud. Durante horas, durante meses, o modelo deita-se no divã do pintor. E este vai perscrutando todas as expressões, todos os momentos de serenidade, inquietude, alegria, cansaço, tristeza. É a totalidade do que somos que interessa nos retratos de Freud, não a nossa fugaz impermanência.

Não admira que o momento mais angustiante do processo aconteça na finalização do quadro. Martin Gayford, uma vez mais, explica: em literatura, um final mediano pode não ser mortal; o leitor já conviveu, página após página, com as flutuações inevitáveis da "loucura da arte". Mas, no quadro, não há página após página. A forma como o pintor finaliza a obra representa a única página que leremos. E, no retrato de Martin Gayford, é uma página feita de ironia, melancolia – e com um toque de loucura.

"Faz sentido", escreve o próprio sobre o próprio.

16.7.2013

Os filmes da década

Que se passa com Hollywood? Que se passa com o cinema americano em geral? As perguntas são do emérito David Thomson na última edição da *Intelligent Life*, a revista inteligente da sempre inteligente *Economist*. Thomson está tão desesperado com a mediocridade cinematográfica atual que propõe: Hollywood deveria demolir as famosas letras brancas que contemplam Los Angeles. Hollywood é hoje uma mentira, dominada por computadores, efeitos especiais e mediocridade narrativa. Hollywood é um insulto à memória dos "anos dourados".

É difícil discordar de Thomson. Não sou propriamente um Matusalém cinéfilo, admito, mas suspeito que a coisa tem piorado dramaticamente: há duas gerações (mínimo), havia sempre meia dúzia de obras por ano que justificava o esforço; hoje, é difícil encontrar uma que seja. Ou, dito de forma ainda mais cruel, é difícil encontrar um filme em sala que justifique o abandono da nossa sala. *Mad Men, A sete palmos, Boardwalk Empire*: haverá algo de remotamente comparável nas produções regulares de Hollywood? David Thomson duvida.

Eu também. E, em exercício especulativo e bem ocioso, pergunto à memória quais os filmes da última década que merecem ser salvos no dia do Apocalipse. Escolhi um filme por ano, para facilitar as contas. Esquecimentos, sempre haverá. Injustiças, também. Mas esses são os meus onze – e todas as discórdias serão bem-vindas. Confira, leitor.

2000

Garotos incríveis (Curtis Hanson)

Não sei quantas vezes assisti a *Garotos incríveis* (*Wonder Boys*). Umas dez vezes. Umas vinte. Não consigo parar. Estou como o prof. Tripp (Michael Douglas), que também não consegue: há sete anos que não há livro novo na costa porque o homem escreve sempre, e sempre mais, sem fim ou propósito que se veja. A aluna, uma lolita com cabeça e corpo para fazer estragos, é certeira na sentença depois de ler o gigantesco manuscrito: o livro não faz escolhas. O livro?

Melhor dizer: o prof. Tripp não faz escolhas. Nem no livro, nem na vida – e não conheço melhor filme sobre a natureza do impasse: esse baloiçar agônico entre caminhos que nos bloqueiam terrivelmente. E os bloqueios, a começar pelos criativos e a terminar nos sentimentais, não obedecem sempre à imagem clichê do artista torturado pela página em branco. Curtis Hanson acerta no alvo e filma o problema do avesso, como ele merece ser filmado: os verdadeiros bloqueios são aqueles que tentamos resolver por excesso. Pela porta macabra da impermanência – uma porta que abre sempre para outra, e mais outra, e outra ainda, um labirinto que nos atira de volta para o mesmo lugar.

Por isso rio sempre, ou choro sempre, quando o interminável manuscrito se perde numa sequência desastrada que é pura *slapstick comedy*. Vemos o editor de Tripp (divino Robert Downey Jr.) a tentar salvar o monstrengo do naufrágio e, na escuridão da sala, torcemos baixinho: deixa ir, deixa ir.

2001

Entre quatro paredes (Todd Field)

Eis um caso em que a tradução do título atraiçoa a natureza do filme. *In the Bedroom – Entre quatro paredes?*

Errado. "*Bedroom*", ensina Matt (Tom Wilkinson), é o nome das armadilhas aquáticas para pescar lagostas. Mas o fundamental da explicação vem a seguir: as armadilhas só comportam dois elementos, nunca três. Quando existe um terceiro elemento, acrescenta Matt, algo está errado.

In the Bedroom é a tragédia do terceiro elemento: o ex-marido que ronda a felicidade do jovem casal e que, no limite, a destrói; o ex-marido que, depois do crime, continua a rondar a paz possível dos pais enlutados e que a destrói também. Como responder a tamanha injustiça, sobretudo quando a justiça dos homens se mostra impotente?

Shakespeare ensina-nos, com palavras eloquentes sobre a natureza humana, que não existe crueldade gratuita sem vingança brutal. Mas *In the Bedroom* não é uma tragédia aristocrática. É uma tragédia familiar e privada, e por isso anti-heroica: a vingança abate-se sobre o assassino; mas abate-se de uma forma tão violentamente banal – o pai do rapaz dispara à queima-roupa e murmura um "não aguentava mais" que assombra pela sua fragilidade – que perguntamos seriamente se a vingança fechará o ciclo da danação.

Duvidoso. Quando, na peça do bardo, Macduff chega ao castelo para decapitar Macbeth, não duvidamos por um minuto que as noites seguintes serão dormidas em paz. Em *In the Bedroom*, a primeira madrugada de Matt depois da vingança é o prenúncio de uma longa insônia.

2002

A última noite (Spike Lee)

A sequência é modesta na arquitetura operática da obra; mas, quando assistimos a *A última noite* (*The 25th Hour*) é impossível não sentir um buraco a abrir no peito, comparável ao buraco real do *ground zero* em Nova York. Acontece quando a empregada do bar convida Monty (Edward Norton) para o seu aniversário. Conversa banal. "Aparece no domingo", diz ela, ou coisa do gênero. Ele nada responde. Sorri, agradece. Lindo menino. Responder o que, ou para quê?

Nós sabemos; ele sabe; os amigos sabem que o domingo lhe está interdito. Não há essa hora extra de que fala o título – a hora das segundas oportunidades, a salvação misericordiosa a que até os cachorros feridos têm direito. Antes de domingo chegar, Monty estará na prisão – e, com ele, toda a vida que jamais terá.

Não é por acaso que a polícia chega para o prender quando Monty e Naturelle (Rosario Dawson) conversam sobre o futuro – e sobre os filhos que (não) terão. E não é por acaso, uma vez mais, que esse futuro regressa na sequência final, na viagem voluntária para o cárcere. É o pai de Monty quem dirige o carro e nos dirige a nós para "uma vida que esteve quase para não acontecer". Seria a vida do filho se este, optando pela fuga na última hora, optasse também por uma vida clandestina e invisível. Uma vida que só existe como sonho, ou desejo.

Spike Lee, seguindo os grandes romancistas do século XIX, não precisou de ser literal para evocar a tragédia da sua cidade recentemente massacrada. Limitou-se a filmar, no destino de Monty, todos os destinos que só existem como fantasmagóricas impossibilidades.

2003

Encontros e desencontros (Sofia Coppola)

Se tens medo da solidão, não te cases. A frase é de Tchekhov, mas foi Sofia Coppola quem a filmou ao filmar o encontro de Bob (Bill Murray) com Charlotte (Scarlett Johansson). Um encontro marcado desde os planos iniciais:

Charlotte está deitada na cama, de costas para nós; Bob, recém-chegado a Tóquio, está recostado no assento traseiro do táxi. Duas almas em posição horizontal, ou quase – um estado existencial, e não apenas físico, como veremos nas sequências imediatamente seguintes. Bob não consegue dormir; Charlotte também não. Cansaço, insônia. Inquietude. Em cinco minutos, dois estranhos que ainda não trocaram palavra – e já sabemos tudo sobre eles. Saberemos mais porque *Encontros e desencontros* (*Lost in Translation*) é esse filme raro onde a ironia pós-moderna é usada na sua própria desconstrução. E usada com os habituais objetos do crime: palavras, palavras, palavras. Todas ditas sem qualquer metáfora.

Quando o primeiro encontro finalmente acontece, não há conversa de circunstância. Há apenas circunstância: ele, Bob, em Tóquio, a fazer propaganda a um uísque quando deveria estar a fazer teatro; ele, Bob, em Tóquio, depois de se esquecer do aniversário do filho; ele, Bob, em Tóquio, insone e só. Não é o melhor cartão de visita, mas Charlotte não tem cartão melhor para apresentar.

E é com eles, e com as verdades deles, que deambulamos pela cidade até a despedida. E, quando ela chega, nós, testemunhas de tudo o que ficou dito, somos pela primeira vez afastados das palavras que Bob segreda ao ouvido de Charlotte. Nada mais justo. Como nos contos de Tchekhov, não existem finais felizes ou infelizes. Existe apenas a vaga promessa de que algo continuará, mas em páginas que já não são para nós.

2004

Sideways – Entre umas e outras (Alexander Payne)

Miles (Paul Giamatti) vive na Califórnia e todos os dias compra o *New York Times*. Peixe fora da água: um escritor neurótico e obsessivo no cenário solar da Costa Oeste. Se não fosse pelo bom vinho e pelas belas vinhas, que estaria Miles a fazer em San Diego?

A resposta é Jack (Thomas Haden Church), o improvável amigo. Miles é ansioso mas intelectualmente afinado, apesar do romance que sai-e-não-sai. Jack é o avesso: relaxado e, para usar a expressão elitista, um filistino. Jack, ao contrário de Miles, não se importa de beber "*the fuckin' Merlot*".

Mas a amizade, e em especial a amizade masculina, não é uma questão hormonal ou cerebral. É coisa infantil e cúmplice, que não conhece idades, porque o cimento que a une é intemporal. E tem nome: mulheres.

Uma pergunta: de que falam as mulheres quando estão entre mulheres? Provavelmente, de homens. Provavelmente. No caso dos homens, não restam dúvidas: falam de mulheres. Como diria o outro, falam das mulheres passadas, presentes – e das que estarão para vir.

O melhor de *Sideways – Entre umas e outras*, um retrato melancólico sobre a amizade entre os machos, está nas conversas dos amigos quando as fêmeas saem do enquadramento. Está lá tudo: as estratégias de abordagem; as mentiras pegadas e combinadas; as ameaças ferozes se o outro não ajuda na empreitada; e, quando a empreitada desaba e o naufrágio é certo, o braço amigo que nos resgata do buraco.

Alguém dizia que, depois de assistir a *Entre umas e outras*, nenhuma mulher confiará nos homens da mesma forma. Talvez não. Mas aposto que os amará com redobrado afeto – e, já agora, com redobrada compaixão. Um brinde a elas!

2005

Marcas da violência (David Cronenberg)

Vem nos livros: quando os maus espíritos entram na tribo, é preciso enfrentá-los e exorcizá-los. Tom (Viggo Mortensen) não é exceção: o seu passado de violência regressa inesperadamente para destruir a sua tribo. A tribo reage: afasta-se de Tom, renega-o, vê nele o portador da epidemia e da contaminação. Tom sabe que precisa de partir, repor o equilíbrio perdido – e só então regressar.

Tom parte, Tom regressa. Mas só depois de matar o irmão, destruir o seu passado selvagem e, simbolicamente, purificar-se nas águas do lago. A tribo está pronta para o receber e reintegrar no velho círculo de confiança. Um prato na mesa. Comida no prato. O olhar compassivo da mulher.

A Marcas da violência (*History of Violence*) não é uma história de violência; é, para sermos precisos, uma história sobre a dimensão primordial da violência, que nenhuma identidade "civilizada" será capaz de apagar completamente. Podemos lamentar essa fraqueza essencial da natureza humana: a ideia sinistra de que o médico também alberga o monstro. David Cronenberg prefere acreditar, e eu com ele, que há momentos da existência em que só o monstro é capaz de salvar o médico.

2006

Pergunte ao pó (Robert Towne)

Quem nunca pensou em viver num quarto de hotel, na baixa de Los Angeles, e escrever o grande romance americano que atire a primeira pedra. Esse é o desejo de Arturo Bandini (Colin Farrell): ser rico e famoso, e apagar a vergonha que sente das suas origens e do seu próprio nome. Mas como escrever sobre a vida quando a vida passa lá fora, longe dele e inacessível para um pobre como ele?

H. L. Mencken, o editor, responde-lhe em carta ficcional. Uma carta tão sábia que poderia ter sido escrita pelo próprio Mencken: todos os escritores têm um déficit de experiência porque não podem estar em dois lugares ao mesmo tempo. O segredo, diz-lhe o sage de Baltimore, é fazer mais com menos. É amplificar todas as experiências com verdadeira intensidade romanesca.

Não sei se Arturo entende o conselho à primeira. Mas ele entenderá à segunda: depois de se apaixonar por Camilla (Salma Hayek), uma mexicana com igual vergonha das suas raízes. É o arranjo perfeito: duas almas que rejeitam a sua identidade e que encontram no outro o reflexo dessa mesma identidade. E a pergunta, formulada pelo diretor Robert Towne, é saber até que ponto somos capazes de sobreviver ao ruído do mundo quando esse ruído desperta velhos medos e reabre velhas feridas que nunca cicatrizaram verdadeiramente. Como confessa Camilla, em momento de trégua entre ambos, a felicidade deveria ser coisa simples: vivermos num lugar seguro e amarmos alguém sem termos vergonha disso. A beleza *démodé* de *Pergunte ao pó* (*Ask the Dust*) está na forma elegíaca como evoca tantos equívocos e um doloroso desperdício.

2007

Na natureza selvagem (Sean Penn)

Os homens nasceram livres; e, no entanto, encontram-se aprisionados em todo o lado. Foi Rousseau quem o escreveu no mais poderoso e subversivo libelo da filosofia política moderna. Fato: Rousseau nunca advogou o regresso a esse estágio idílico, em que os homens viviam em comunhão perfeita, sem os dramas e os egoísmos próprios da "civilização". Mas o mal estava feito: ao retomar a grande tradição utópica do Ocidente, Rousseau apresentava a evidência de um "crime". O "crime" da sociedade política sobre a natureza benigna dos homens.

Não houve revolucionário ou torcionário que, consciente ou inconscientemente, não tenha tomado esse "crime" como uma afronta pessoal, procurando redimir a sociedade das suas "mentiras burguesas". Mas *Na natureza selvagem* (*Into the Wild*), estranhamente dirigido por Sean Penn em raro momento de lucidez, prefere uma tela mais restrita e apresenta-nos Chris McCandless (Emile Hirsch), aluno promissor, filho da classe média afluente e que desenvolve aos nossos olhos a mentalidade puritana de um fanático. A mesma cegueira ideológica alimentada pela leitura literal dos evangelhos seculares; a mesma intolerância perante as falhas e as fraquezas de terceiros; a mesma indiferença perante a generosidade e o afeto dos outros; a mesma busca de um estado incorrompido e incorruptível, que ele julga encontrar no Alasca; e a destruição final, no caso a sua, quando a utopia prometida degenera, como sempre degenera, no horror e na morte.

2008

Amantes (James Gray)

O filósofo John Armstrong, em ensaio recente sobre a "filosofia da intimidade" (*Conditions of Love*), questiona por que motivo a arte sempre se ocupou do sublime – entendido aqui como experiência emocional que nos permite subir ao cume da existência – para esquecer, ou ignorar, o seu contraponto fundamental. O nome grego desse contraponto é *katabasis*: significa o momento em que "vamos abaixo"; em que nos confrontamos com a fragilidade da nossa condição; em que abandonamos a complacência (e a indiferença) onde reinamos todos os dias para aceitar uma lição de humildade. Sem *katabasis*, escreve Armstrong, nenhuma relação sobrevive. Porque nenhuma relação se revaloriza: é fácil amar quando se paira nas nuvens. Mas é quando descemos delas que as qualidades do outro adquirem a sua verdadeira e necessária tonalidade. Ainda nas palavras de Armstrong, não é o sofrimento que nos faz apreciar o amor. O sofrimento apenas destrói a nossa vaidade para despertar o nosso respeito pelo amor.

Amantes (*Two Lovers*) é essa lição de humildade. E Leonard (Joaquin Phoenix) é o objeto dessa lição: amado por Sandra (Vinessa Shaw) mas iludido por Michelle (Gwyneth Paltrow), ele aprenderá, depois da ilusão desfeita, que Sandra espera ainda por ele. Como prêmio de consolação?

Longe disso. Quando vemos Leonard no final, junto às águas onde tentara o suicídio no início, sabemos que ele será salvo novamente. Não pela generosidade de terceiros, mas pelo reconhecimento, doloroso e grato, dessa mesma generosidade.

2009

Um homem sério (Joel e Ethan Coen)

É a fé que salva Jó; ou, para sermos prosaicos, a submissão total à vontade de Deus, mesmo quando tudo desaba em volta sem explicação ou sentido. Larry Gopnik (Michael Stuhlbarg), em *Um homem sério* (*A Serious Man*), não tem a mesma fortaleza moral. Mas ele tenta. O casamento está em ruínas? Ele aceita. O amante da mulher é insuportavelmente amigável? Ele aceita. O irmão, jogador compulsivo, é também um hipocondríaco compulsivo? Ele aceita. O filho, no próprio dia do seu *bar mitzvá*, aparece sob influência? Ele aceita. E ainda existe um aluno relapso que insiste em suborná-lo para conseguir uma melhor classificação – e isso ele não pode aceitar: nem o dinheiro, nem a ousadia. Pelo menos, até ao momento em que a soma dos problemas o convida a cruzar a linha. E, quando a linha é cruzada, esse Jó moderno não terá a recompensa do antigo.

Um homem sério é uma comédia séria sobre a essência do judaísmo. E não deixa de ser revelador que, na cultura popular corrente, sejam sobretudo judeus seculares, para não dizer ateus, os principais exegetas dessa essência. Woody Allen é um caso. Joel e Ethan Coen são outro. E ambos, confrontados com uma cultura de provação permanente, parecem repetir a inquietação central que move Larry de rabino em rabino: de que vale ser o povo eleito quando não sabemos nada do que se passa?

É a pergunta que vale 1 milhão de dólares – e 4 mil anos de história.

2010

Greenberg (Noah Baumbach)

Roger Greenberg (Ben Stiller) não sabe nadar: entra na piscina, tenta cruzá-la, mas nadar não é o seu forte. Nem nadar, nem trabalhar. Nem viver. Nem amar. Um náufrago, enfim, que regressa a Los Angeles, depois de uma ausência longa e mentalmente perturbada, para tomar conta da casa do irmão. E o que descobre Roger?

Que todo mundo já chegou a um porto qualquer. Os amigos arrumaram os sonhos juvenis de grandeza e celebridade (musical); a ex-namorada é agora ex-mulher de alguém e mãe a tempo inteiro – e não tenciona regressar ao passado. Porque só Roger ficou no passado – um fóssil de ressentimento, temor e misantropia.

Mas Los Angeles, a cidade de todas as redenções cinéfilas, tem um presente para ele, no duplo sentido da palavra: Florence (Greta Gerwig), a *personal assistant* do irmão e uma criatura tão desajustada quanto Roger. É o início de uma história de amor, ou de uma espécie de história de amor, que irá testar as atrofias evidentes de dois seres à deriva.

No cinema americano recente, Noah Baumbach é o mestre das dissonâncias: nenhuma palavra, nenhum gesto e nenhum afeto acontecem da forma correta, no tempo correto. Mas *O solteirão* (*Greenberg*) refina e leva ainda mais longe esse universo "fora de foco", conferindo a cada personagem a dose certa, ou incerta, de torpor emocional, sarcasmo elegante – e inusitado sentimentalismo. Não conheço melhor homenagem à matéria imperfeita de que somos feitos.

9.8.2011

A gangue de Coppola

Não pretendo envaidecer-me. Não pretendo convencer ninguém. Mas quando li, anos atrás, uma reportagem na *Vanity Fair* sobre uma gangue de adolescentes que assaltava casas de celebridades em Hollywood, pensei: isso dava um filme. Mais: isso dava um filme para Sofia Coppola. Minto. Não cheguei a tanto. Não cheguei a Coppola. Mas estava na cara – e no texto – que só Coppola tinha unhas para tocar essa guitarra.

Aconteceu. O brilhantíssimo *Bling Ring: a gangue de Hollywood* é um filme sobre o mais bizarro dos crimes: o crime do "desejo mimético". A expressão pertence a René Girard, um dos grandes pensadores do nosso tempo que – atenção, Brasil! – tem a obra publicada pela editora É Realizações em coleção de luxo. Defendia René Girard que os seres humanos, ao contrário da falácia romântica, não são seres "autênticos", que buscam realizar na vida ou na arte as suas incorrompidas naturezas. Incorrompidas? Pois sim. Todos estamos corrompidos pelos modelos que invejamos. Ou, dito de outra forma, desejamos o que os outros desejam; queremos ser o que os nossos modelos são ou pretendem ser.

Para citar um caso literário próximo a Girard, dom Quixote não amava genuinamente Dulcineia. Ele amava os exemplos dos romances de cavalaria e comportava-se como os modelos romanescos se comportam: cortejando a sua donzela, lutando contra os seus gigantes imaginários. No fundo, Girard mostrava o jogo triangular em que vivemos constantemente: um processo mimético em que existimos nós e os objetos dos nossos desejos, devidamente mediados pelo modelo que invejamos. Escusado será dizer que as sociedades modernas, e em particular as "sociedades do espetáculo", elevaram esse jogo a patamares nunca vistos.

Eis a premissa de Sofia Coppola: no bairro mais exclusivo de Los Angeles, aquele grupo de adolescentes está longe de viver na pobreza. Mas a distância que os perturba não é material. É simbólica e, por via do símbolo, existencial. Não basta roubar vestidos Chanel ou sapatos Manolo Blahnik para usar ou vender. Os vestidos devem pertencer à celebridade X, e os sapatos, à celebridade Y. O proprietário da coisa é mais importante do que a coisa em si. Como nas relíquias religiosas que provocavam furor na Idade Média, tocar na relíquia é pertencer ao círculo exclusivo dos eleitos.

E aqueles adolescentes pertencem, ou acreditam que pertencem, sempre que se apropriam de mais um objeto cobiçado. Coppola é notável ao filmar o êxtase quase religioso daqueles crentes ao entrarem no santuário narcísico de Paris Hilton. Como é notável ao filmar o fim da aventura e o início de outra: o momento em que a polícia surge na casa de cada um para os algemar e prender. Como normalmente algema e prende uma qualquer Lindsay Lohan da Hollywood *trash* dos nossos dias.

Finalmente, em tribunal e na prisão, eles são as verdadeiras celebridades. Eles comportam-se como celebridades. E, como ensina René Girard, o "desejo mimético" converte-se em rivalidade com o modelo que anteriormente se imitava. Não admira que uma das adolescentes, em entrevista televisiva, confesse o seu desprezo por ter escutado o choro desamparado de Lindsay Lohan quando ambas partilhavam o mesmo presídio. Como não admira que o único rapaz da gangue afirme, orgulhoso, que depois da sua detenção já havia mais de oitocentos pedidos de amizade no Facebook. Oitocentos pedidos. Oitocentos novos candidatos para reiniciar o círculo infernal do "desejo mimético".

Aliás, para que esse círculo fosse perfeito, só faltava que a casa de cada um dos assaltantes também fosse assaltada por novos assaltantes. Mas isso talvez fosse pedir demais.

12.8.2013

Os fantasmas de Clint Eastwood

Valerá a pena ler críticas de cinema? Falo das críticas conceituadas de jornais conceituados. Tenho dúvidas. Meses atrás, assisti a *Invictus*, de Clint Eastwood. Não gostei: Nelson Mandela pode ser figura importante na história sul-africana; mas, para santos, prefiro visitar a língua de santo Antônio, conservada numa redoma de vidro, na belíssima cidade de Pádua.

Quando Clint Eastwood dirigiu o filme seguinte, *Além da vida*, auscultei opiniões: antes de marchar para a sala, queria precaver-me de desilusões terminais. Não há nada mais triste do que assistirmos à decadência de um diretor que admiramos. David Lynch, Francis Ford Coppola, Gus Van Sant – o meu cemitério é longo.

As críticas a *Além da vida* eram piores do que imaginava. Nos Estados Unidos, havia uma mistura de compaixão e desânimo com Clint Eastwood. Na Inglaterra, o tom piorava: desprezo e mesmo sarcasmo. Clint sucumbira a meditações espíritas e estava, numa palavra, acabado. Só os franceses salvavam a honra do convento. E, mesmo eles, com reservas.

Desisti de *Além da vida* – como, admito, desisto de grande parte do cinema comercial em exibição nas salas. Mas uma noite, em casa, alguém passou o filme em DVD. Abreviando: se *Além da vida* não é uma obra-prima do cinema moderno, chore por mim, leitor. Sou eu quem está acabado. Antes do enterro, porém, permita-me uma defesa.

Além da vida centra-se na história de George, um operário americano que possui poderes mediúnicos que lhe permitem contatar com os mortos. Um fardo, um pesado fardo que ele transporta como Sísifo transportava a sua pedra – e que Matt Damon personifica com uma desolação magistral. Ironia: a capacidade de se ligar com os mortos é o impedimento principal para que George se ligue com os vivos. E uma sequência do filme resume essa maldição de forma só acessível aos criadores de gênio: quando George conhece Melanie (Bryce Dallas Howard), a convida para sua casa e, por insistência dela, toma as suas mãos e espreita para o seu passado. Se o leitor não desabar emocionalmente com a sequência, acredite, o melhor é legar o seu corpo à ciência ainda durante a vida.

Paralelamente à história de George, duas outras histórias: a de Marie (Cécile de France), jornalista francesa que sobrevive a um tsunami mas não à experiência aterradora de ter visitado, por breves momentos, o que existe do outro lado; e a de Marcus (Frankie McLaren), cuja perda do irmão será o início de uma busca desesperada para contatar com ele.

Resumido assim, pode parecer que *Além da vida* é um filme sobre mortos. Nada mais errado. *Além da vida* é tanto sobre mortos como os textos de Charles Dickens são sobre fantasmas. E não é por acaso que o George do filme tem um gosto especial pela literatura de Dickens. Os bons espíritos sempre se encontram: a literatura fantástica de Dickens, e em especial o seu *Conto de Natal* que o filme evoca na visita final à casa-museu do escritor, apenas permite que os fantasmas corrijam o rumo perdido dos vivos.

Corrigir o rumo: não há tema mais caro no cinema de Clint Eastwood. Essa busca de uma ordem existencial ameaçada que leva o pistoleiro Bill Munny a vingar as prostitutas desfiguradas em *Os imperdoáveis*; que leva o pequeno Phillip a sacrificar o seu amigo (e sequestrador) Butch em *Um mundo perfeito*; que leva Walt Kowalski ao supremo sacrifício em *Gran Torino*. E que levará George, através do seu desgraçado dom, a devolver a graça a Marie e a Marcus. E, devolvendo-lhes a eles a possibilidade de uma vida, a redimir-se por eles e com eles.

Como no citado conto de Charles Dickens, o fantasma do futuro só aparece no fim – quando o passado e o presente já assombraram o avarento Ebenezer Scrooge. O mesmo acontece em *Além da vida*. Só que esse futuro não é feito de solidão e terror; mas de reconciliação e esperança. É o único momento em todo o filme em que George abandona as grilhetas passadas e presentes que o visitam e atormentam. E se permite a imaginar um futuro para si também.

31.5.2011

Vidas de sucesso

Uma amiga trabalhou há uns anos em um programa televisivo para revelar novos talentos. As histórias que ela conta são hilariantes – e arrepiantes. Para começar, existe o número obsceno de candidatos – centenas, milhares – que acorrem do país inteiro para conseguir os clássicos quinze minutos (ou serão quinze segundos?) de fama. Com eles, vêm as mães – sim, normalmente são as mães que acompanham as crianças e esperam que o sucesso dos filhos possa ser uma compensação pelo sucesso que elas não tiveram. Para o espírito do tempo, o sucesso é a suprema felicidade. O anonimato, o insuportável anonimato, a marca vergonhosa da infâmia.

Quando escutei as histórias da minha amiga, provavelmente encolhi os ombros com compaixão. Mas hoje, para candidatos ao estrelato e respectivos progenitores, posso aconselhar um documentário que ganhou o Oscar em 2013 e que só agora me chegou às mãos? Intitula-se *Procurando Sugar Man*, foi dirigido pelo sueco Malik Bendjelloul e consiste na busca do desaparecido compositor e cantor Rodriguez.

O nome não surge no radar dos leigos. Mas em inícios da década de 1970, Rodriguez era considerado pelos entendidos como uma promessa comparável a Bob Dylan – pela sonoridade dos temas e, sobretudo, pela qualidade poética das letras. Esse talento levou-o a trabalhar com os melhores produtores musicais, como Clarence Avant, um nome experiente na indústria discográfica, que teve Michael Jackson e Stevie Wonder no seu portfólio.

Em 1970, Rodriguez editou *Cold Fact*. Em 1971, veio o segundo: *Coming from Reality*. Em 1972, não veio mais nenhum. O sucesso crítico não teve parelha com o comercial. Rodriguez desapareceu do mundo dos vivos e as lendas urbanas começaram a falar de mortes. Uns diziam que Rodriguez se suicidara no palco, torturado pela falta de sucesso. Outros, ainda mais dramáticos, contavam cenários de horror, com o homem a regar-se em gasolina e a morrer queimado na cela de um presídio. A verdade mais verdadeira é que ninguém soube mais dele.

Ninguém, vírgula: na África do Sul em pleno *apartheid*, os discos de Rodriguez começaram a ter o sucesso que ele não teve nos Estados Unidos. Talvez as suas letras *anti-establishment* tenham animado os opositores daquele sistema iníquo. O que se sabe é que Rodriguez vendeu por lá centenas de milhares de discos. E, com o sucesso, a pergunta: mas quem é Rodriguez? E qual foi o seu destino?

Essas perguntas animaram dois sul-africanos a procurar as respostas. O documentário é a história dessa procura – por Londres, Amsterdã, Nova York. E é também – atenção, *spoiler* à vista – a revelação última sobre o mito: Rodriguez estava vivo, trabalhava em Detroit (como operário da indústria da construção) e vivia modestamente com as três filhas. Quando finalmente o vemos, não encontramos um homem amargo que prometia tanto e se perdeu entretanto. Encontramos um homem sereno, dir-se-ia até feliz, envolvido nos assuntos da comunidade e sem a mais vaga sombra de vedetismo. E quando os jornalistas, incrédulos, lhe comunicam que ele era "mais importante que Elvis" na África do Sul, Rodriguez devolve a incredulidade. Nunca lhe chegaram notícias a respeito. Nunca lhe chegou, aliás, um cêntimo que fosse.

Pois bem: organizaram-se turnês pelo país. Rodriguez foi (com as filhas), tocou os seus clássicos para plateias em delírio (músicas como "I Wonder" ou "Sugar Man") e depois regressou para casa. Hoje, graças ao documentário, há alguns concertos na agenda do operário. Londres, por exemplo, prepara-se para o receber a 7 de maio. No Royal Albert Hall.

Existe lição nessa saga brilhante? Existe: a felicidade, ao contrário do que pensam os desesperados, não depende do "sucesso" ou da "fama" – sempre incertos por definição. Depende de uma capacidade maior para triunfar, falhar – e, apesar de tudo, continuar com o resto da vida que temos. Porque a vida não se resume ao clamor dos aplausos que chegam – ou não chegam.

Só mais uma coisa: Malik Bendjelloul, o diretor do documentário, ganhou com essa obra todos os prêmios de cinema imagináveis. Em 2014, decidiu por termo à vida. Tinha 37 anos.

20.1.2015

A dignidade dos feios

Ernest Borgnine morreu há três semanas e nem uma palavra minha na *Folha de S.Paulo*. Que injustiça: para mim e para Borgnine, um dos meus atores de eleição. A carreira é longa e irregular, com grandes momentos (*A um passo da eternidade*, de Fred Zinnemann) e péssimos momentos (o pastelão bíblico *Barrabás*). Sem falar dos momentos verdadeiramente sofríveis, quase todos nas últimas décadas – e quase todos, ironicamente, em filmes-catástrofe. Mas, para a posteridade, ficará a sua composição em *Marty*, obra de Delbert Mann que lhe valeu o Oscar de melhor ator em 1955. Nada mais justo: *Marty* é um tratado precioso sobre a dignidade dos feios e a coragem da individualidade humana.

Para começar, o mundo é dos belos. Negar para quê? Faz parte da retórica bem pensante dizer que a beleza não é fundamental. Há quem fale até em "beleza interior" para compensar o estrago e atribuir uma espécie de indenização ética ao sujeito. Não vale a pena mascarar a verdade ou confundir as verdades: a "beleza interior" pode ser relevante, e até mais relevante, do que a superficialidade da carne. Mas é para essa superficialidade que se olha primeiro – ou é ela que se rejeita primeiro. A ideia pode não ser agradável para quem pensa que todas as desvantagens da vida são produto de uma "construção social" defeituosa. A realidade não se ajusta a fantasias. A natureza é um cassino. E nem tudo obedece aos caprichos igualitários do nosso tempo: alguns foram bafejados pelo escopo da beleza – e outros, simplesmente, não.

Marty não foi: ele é gordo e feio. E nem sequer tem fortuna pessoal para cumprir o demolidor aforismo de Nelson Rodrigues sobre o assunto ("Dinheiro compra tudo, até amor verdadeiro"). Aos 34 anos, Marty é um solitário. E todos lhe perguntam, ao balcão do açougue onde trabalha: "Quando casas, Marty?". Pior: todos cobram esse feito, como se existisse um prazer perverso na humilhação perversa dos feios.

Marty escuta e sofre: em silêncio. Os irmãos arrumaram a vida: têm filhos, mulheres, famílias. Casas nos subúrbios. Ele, Marty, continua a morar com a mãe. Que também lhe pergunta: "Quando casas, Marty?".

De vez em quando, ele sai com os amigos aos sábados à noite. Para ver o mercado e testar a sua baixa cotação na praça. Mas Marty está cansado de procurar companhia. Porque está cansado da rejeição.

Marty começa por ser uma pequena pérola sobre esse grande tabu: a rejeição dos feios; a angústia que existe nessa rejeição; e o cansaço de quem tentou uma vez, e outra, e outra ainda, para receber apenas desprezo ou repulsa de volta. Poucos filmes captaram de forma tão digna e pungente a tristeza da feiura.

Mas *Marty* vai mais longe e mostra como a vida adulta é sobretudo definida pelas escolhas que fazemos: escolhas nossas, radicalmente nossas, mas tantas vezes ensombradas pela opinião dos outros. Isso sucede quando Marty conhece finalmente um par. Clara (Betsy Blair, no filme) é uma *outsider* como ele – feições modestas, igual desesperança no afeto alheio. Mas é doce, atenta e presente, alguém com quem ele fala sem parar na primeira noite.

Marty encontrou alguém. Marty sabe que encontrou alguém. Mas o exército dos solitários inicia as suas operações: a mãe viúva que teme o abandono do filho, os amigos celibatários que invejam a sorte de um membro do clube, todos eles começam a encontrar defeitos na escolha de Marty. E a dar palpites ou sugestões para o desviar da sua rota.

Marty fica confuso, medroso, melindrado. Mas é quando se encontra novamente só que a epifania acontece: a vida só lhe pertence a ele, não ao coro grego que pretende determinar o seu destino.

Enganam-se os que pensam que a afirmação da individualidade é sempre um ato heroico e prometeico, como nas óperas de Wagner ou nos textos de Nietzsche. Grande parte da nossa individualidade joga-se todos os dias, nas pequenas decisões anônimas que tomamos. Joga-se, no fundo, nesses momentos em que pesamos a nossa covardia e a nossa coragem. E decidimos depois seguir em frente.

24.7.2012

História romântica da humanidade

Assisti a *(500) Dias com ela*, filme simpático e *indie* sobre uma história de amor convencional. Digo convencional no sentido preciso do termo: eles encontram-se e apaixonam-se; com o tempo, desencontram-se e afastam-se. E é ele, Tom (Joseph Gordon-Levitt), escritor de frases clichês para cartões festivos, quem relembra a história de amor que teve com Summer (Zooey Deschanel). O dia em que se conheceram. As ansiedades próprias dos primeiros tempos. As descobertas. As rotinas. As pequenas dissonâncias que começaram a minar a relação. As discussões. As reconciliações. As discussões sem reconciliações. O adeus.

Sorri de compaixão. Por Tom, o herói romântico. A compaixão primeira deve-se à identificação primeira. Acompanhar a história de Tom é relembrar as histórias pessoais que foram cumprindo o mesmo cardápio: da euforia ao impasse; do impasse à angústia; da angústia à despedida. O filme de Marc Webb é um espelho de memória onde nós, homens, vamos revivendo a nossa simiesca conduta. "Simiesca"?

Não foi lapso: sobre as mulheres, é impossível generalizar. Cada mulher que encontramos apaga todas as certezas sobre a anterior. Mas os homens são o que são: macacos românticos, dispostos a tudo para impressionar e conquistar a dama. Há vários anos que penso escrever um livro sobre o assunto. Uma espécie de *História romântica da humanidade*. Só para mostrar como Marx estava errado. Não é a luta de classes que faz avançar o mundo. É a luta dos sexos. Ou, adaptando a linguagem marxista, o "motor da história" são os homens e a forma como eles se entregam a loucuras várias em nome das mulheres que cobiçam e amam.

Não é por acaso que o cânone da literatura ocidental começa com a *Ilíada*. É possível analisar a obra homérica com "paradigmas" de intocável beleza filosófica. Perda de tempo. A *Ilíada* é a história de como os homens estão dispostos a tudo, até à guerra, por causa de uma mulher.

E se assim é com a *Ilíada*, a comédia da espécie continua com a *Odisseia*. É possível persistir em modelos de respeitável profundidade teórica. Nova perda de tempo. A *Odisseia* é a história de como os homens estão dispostos a tudo, até à errância mais penosa, para regressarem a casa. Para regressarem aos braços da mulher que amam.

Por isso estranho as lamentações femininas. Os homens são estranhos ao romantismo, dizem elas. Só as mulheres percebem do assunto com certo grau de intimidade, acrescentam. Mitos. Que, como todos os mitos, não sobrevivem à evidência empírica. Os meus amigos dão pena. Eu dou pena. Damos todos, como o herói do filme, pela forma idealizada como olhamos para as mulheres. René Girard, filósofo pouco lido mas já editado no Brasil, chamou "mentira romântica" à necessidade de absolutizarmos sempre algo, ou alguém, como forma de mitigar nossa incompleta condição.

Os homens são especialistas nessa "mentira". Por causa dela, fizeram guerras, subjugaram povos, lançaram-se em viagens lunáticas. Mas também deixaram páginas gloriosas de poesia. Pintaram frescos ou telas. E compuseram quantidades obscenas de música. Tudo por um beijo. Por uma alcova. Por um pouco de romance. Cada macaco tem seu amendoim.

(500) Dias com ela é uma história sobre o amor. Sobre o seu princípio e o seu fim. Mas é também um filme sobre os homens e para os homens, mostrando na perfeição como eles nunca aprendem. Felizmente. E como depois das ilusões e das desilusões, eles estão sempre prontos para mais. Mesmo que se recusem a mais.

Porque os dias passam, anônimos e vulgares. Mas surge um momento, uma tarde, uma cósmica coincidência, que recoloca o calendário no princípio. O filme termina com Tom, desolado e só, depois dos quinhentos dias com Summer. Mas o filme também termina com um começo: o primeiro dia de um novo encontro. De uma nova história. De uma nova mulher. O primeiro dia dos cinquenta seguintes. Ou dos quinhentos. Ou dos 5 mil. Quem sabe?

Ninguém. Em matéria de amor, avançamos entre a ilusão e a ignorância. Nem poderia ser de outra forma.

15.6.2010

A outra

O rapaz convidou as duas amigas. Para que o visitassem na cidade do Porto, sua terra natal. Um dia, uma tarde. Elas agradeceram o convite e prometeram pensar no assunto.

Ele entrou no carro, partiu e enquanto cruzava as ruas de Lisboa pedia a todos os santos para que só uma delas fosse ao seu encontro. Recriminou-se mentalmente por ter feito um convite duplo quando era a mais nova, a mais bonita, que ele desejava receber. Mas não tivera outra oportunidade e, perdido por dez, perdido por mil: para receber uma, teria que receber as duas. Era um começo.

Na semana seguinte, chegou a mensagem: iriam ambas, sim, em dia a combinar. Ele leu. Releu. Respondeu: que estaria à espera na estação de trem; que iriam almoçar, conhecer a cidade, beber e, com sorte, talvez a outra se cansasse de ser a outra e preferisse ficar no hotel. No amor e na guerra não há pensamentos nobres. Ou qualquer coisa assim.

Chegou o dia. Chegou o trem. Ele já estava na estação, junto à linha, encostado a um dos pilares. Saíram os primeiros passageiros, cabeças indistintas sob uma chuva outonal. Ao fundo, vislumbrou a outra. Acenou. Recebeu um aceno de volta. Ninguém mais acenou.

A outra aproximou-se, sozinha, e ele perguntou pela amiga. Não havia amiga. Não tinha podido vir, disse-lhe a outra, razões pessoais, familiares, sentimentais, ele já nem escutava. Com gentileza mecânica, pegou na sacola da outra, disse uma frase clichê ("muito bem, estamos nós aqui, vamos aproveitar") e arrastou-a para fora da estação.

Entraram no carro. Ele, silencioso, e a outra a preencher o silêncio com conversa banal. Começaram o passeio. Ele começou a debitar informações turísticas como se fosse um guia turístico: aqui, um monumento; ali, uma igreja; mais ao fundo, um jardim, um museu, uma livraria.

Entraram na livraria. A outra demorou-se pelas estantes. Ele ficou junto à entrada, a olhar para o relógio, a contar os minutos para que a noite viesse e a outra se fosse. Caminharam pelas ruas da baixa. A outra fazia perguntas a que ele só respondia à segunda vez, quando realmente as escutava. Por vezes, apercebia-se que a outra ficava para trás – um metro, dois – porque ele caminhava demasiado depressa. Então ele parava, esperava, e retomavam a marcha até que nova distância se instalasse entre os dois.

Foi nas margens do rio que a outra resolveu parar. Ele perguntou se ela estava cansada. A outra sorriu com ironia e respondeu: "Podes dizer que sim". Ele gelou. Desconversou: que poderiam sentar-se na esplanada, descansar, tomar um café. A outra preferiu sentar-se no cais e tirar um cigarro do bolso. Acendeu-o. Pausa longa. E depois disse-lhe: "Quero apenas que me leves à estação, por favor".

Ele gelou novamente. E desconversou novamente: que se passava, perguntou, acontecera alguma coisa? Ele fizera alguma coisa?

A outra recusou-se a comentar o óbvio. Olhou-o apenas com desprezo e murmurou: "É pena que não tenhas reparado que fui eu quem veio ter contigo".

Ele olhou para ela pela primeira vez naquela tarde, pela primeira vez em todas as tardes, como se a frase o tivesse despertado. Havia uma presença real ao lado dele; uma presença discreta, e também por isso discretamente bela, que fumava às pressas para não chorar. Ele sentia vergonha e nada disse. E também ternura, e também desejo. A outra levantou-se e, sem esperar por ele, caminhou para o carro. Ele seguiu-a – um metro, dois metros atrás dela.

o

O trem partiu às sete da tarde. E ainda hoje, nos jantares de amigos, ela gosta de contar a história de como o idiota do rapaz lhe disse um adeus mudo na plataforma da estação. E de como ele lhe voltou a aparecer de repente na carruagem onde ela seguia sozinha, de volta. E de como se sentou ao lado dela. E de como se preparava para falar. E de como ela o impediu de dizer uma palavra que fosse, encostando os seus lábios aos lábios dele. E de como os outros passageiros se riram daquela cena patética. E de como se riram ainda mais quando o revisor surgiu minutos depois e o idiota do rapaz não tinha bilhete para apresentar.

1.3.2011

Não teremos sempre Paris

Richard Linklater é conhecido por qualquer pessoa com trinta e muitos, quarenta e poucos. Em 1995, Linklater dirigia *Antes do amanhecer* e não houve adolescente com atividade hormonal regular que não tenha suspirado com o encontro amoroso entre o americano Jesse (Ethan Hawke) e a francesa Céline (Julie Delpy). Ambos viajam sozinhos pela Europa. Ambos se encontram na mesma carruagem de trem. Amor à primeira vista, ou qualquer coisa assim do gênero. E quando o trem para em Viena, ele convida-a para descerem e visitarem a cidade nas últimas horas que lhes restam antes de regressar a casa. Ela diz que sim.

O filme era apenas isso: a consequência desse sim. Feita de caminhadas e conversas e caminhadas e conversas. Não sei se a minha nostalgia sobre o filme está associada à beleza demasiado real de Julie Delpy ou ao raro milagre de ver dois seres humanos a falarem a mesma linguagem, apesar de não partilharem a mesma língua nativa. O que sei é que, antes do amanhecer, eles despedem-se (depois das intimidades) e prometem reencontrar-se. Na mesma estação de trem, seis meses depois.

Era assim que os adolescentes de 1995 deixavam a sala de cinema: invejando a sorte alheia (no meu caso, a sorte de Ethan Hawke, que atingiu patamares ofensivos com o casamento com Uma Thurman) e perguntando se aqueles dois voltariam a encontrar-se em Viena.

Linklater respondeu nove anos depois com *Antes do pôr do sol*. Mudou de cidade, não mudou de dueto: o encontro foi em Paris. Ele, nove anos mais velho. Como eu. Como nós. E de passagem pela cidade para promover o primeiro livro. Ela lê algures que ele estará numa livraria algures. Aparece de surpresa. É a primeira vez que se veem desde a passeata em Viena. Sabemos depois que ele esteve na estação, como prometido, e que foi ela quem faltou ao encontro. Ah, os homens, os incorrigíveis homens.

Mas nove anos são nove anos. Ele casou entretanto. E foi pai entretanto. Ela não casou nem teve filhos, mas isso pouco interessa. Porque o cardápio é repetido: caminhadas e conversas e caminhadas e conversas. Passaram nove anos, mas é como se tivessem passado nove minutos. O tempo corre diferente quando é vivido pelos verdadeiros amantes. E, antes do pôr do sol, quando ele sabe que tem um voo à espera, ela começa a dançar na sala o "Just in Time" por Nina Simone e o filme termina com uma nova pergunta: ele parte ou fica? Não, minto. Aos trinta anos, a pergunta já não era essa. Era outra. *Será que esse idiota não vai ficar?*

Sabemos agora que o idiota ficou, que ambos ficaram, porque Linklater decidiu encerrar a trilogia em 2013. Assisti a *Antes da meia-noite* no IndieLisboa, o excelente festival de cinema independente português. E a reação instintiva seria lamentar o fim de todas as perguntas que sustentavam os filmes anteriores. Aos quarenta anos, com duas filhas e quase uma década de conjugalidade em cima, Jesse e Céline estão na Grécia. Curiosa escolha: a Grécia é hoje o símbolo da crise europeia e a relação do casal está pouco melhor que o país. Como nos versos do poeta, há no olhar de ambos ironias e cansaços. Viena e Paris não resistiram aos encantos do Peloponeso nem às pequenas guerrilhas do cotidiano. O que ele foi obrigado a prescindir por causa dela. O que ela foi obrigada a prescindir por causa dele. Um clássico: nada perturba tanto as vidas que vivemos como as vidas que *não* vivemos. O psicanalista Adam Phillips, em livro recente (*Missing Out: In Praise of the Unlived Life*), explica.

Mas seria injusto condenarmos Jesse e Céline como se fosse possível ter sempre Viena e Paris. Até porque existe alguma beleza nas ruínas. Não porque as ruínas são a expressão tangível do que se teve e perdeu. Mas porque elas são a expressão tangível do que sobreviveu. Vinte anos depois, Jesse e Céline são dois sobreviventes. Juntos, apesar de tudo. E, por entre as tristezas momentâneas, há um sol de fim de tarde onde é possível vislumbrar, e até escutar, a perfeita sintonia que começou lá atrás, em Viena, quando todos viajávamos estupidamente livres e felizes.

Pedir mais talvez fosse pedir o impossível. Porque, no fundo, no fundo, quem deseja que a vida seja uma adolescência permanente nunca deixou verdadeiramente a adolescência.

30.4.2013

Saudades de Christopher Nolan

Assisto ao último filme de Christopher Nolan, *A origem*. Prefiro não fazer comentários. A última vez que comentei um filme de Nolan (*O cavaleiro das trevas*), choveram cartas de leitores com insultos e até ameaças de morte. Apenas digo que tenho pena. E saudades. Christopher Nolan já foi um diretor interessante. Dez anos atrás. Assim de memória, sou capaz de evocar um filme que trata, precisamente, da dita cuja: a memória, sim, em *Amnésia*, esse prodígio de escrita e direção que melhora como os vinhos: os anos passam e cada visionamento adquire um sabor distinto.

Foi o que fiz: depois de *A origem*, cheguei em casa e tentei raspar da cabeça a pirotecnia vácua do último filme de Nolan com a elegância e a inteligência de um dos primeiros. *Amnésia* é a história de Leonard (Guy Pearce), um investigador de seguros que procura vingar o homicídio da mulher. Mas Leonard tem um problema, causado pelo assalto doméstico que levou ao crime: uma forma de amnésia a curto prazo que o impede de recordar os acontecimentos mais recentes. Pergunta fatal: como investigar as pistas do homicídio, encontrar o assassino e até executá-lo se cada passo de Leonard apaga os passos anteriores?

A solução é cartografar esses passos no sentido mais básico do termo: tatuando no corpo informações relevantes sobre o caso; fotografando (e catalogando) as pessoas em volta que ele vai conhecendo; espalhando mapas e bilhetes pelo quarto – como se a sua vida fosse uma guerra permanente contra o esquecimento; e o seu quarto de hotel, uma espécie de quartel-general de informações e contrainformações onde Leonard planeia as suas estratégias para encontrar, reconhecer e derrubar o inimigo.

O filme de Nolan impressionou-me, não apenas pela natureza engenhosa da história. Mas porque não voltei a ver no cinema moderno uma tão profunda reflexão sobre a nossa específica temporalidade: sem memória, isto é, sem a capacidade de relembrarmos o passado, somos incapazes de reconstituir o nosso mundo e a nossa identidade. Somos nada, no fundo. Apenas escravos do presente; escravos da fugacidade do tempo, obrigados a aprender, e a reaprender, sempre e sempre, não apenas as informações mais triviais (nomes, lugares, rostos, conversas), mas também sentimentos primevos como a perda e a tristeza. Haverá maior suplício?

É Leonard quem o descreve em monólogo assombroso: ele desperta todos os dias, como se todos os dias fossem normais; apercebe-se que um dos lados da cama está vazio; questiona onde terá ido a mulher; e, finalmente, encontra no corpo, escrito na sua carne, a lembrança de que houve um roubo imperdoável. Todos os dias Leonard experimenta essa dor como se fosse a primeira vez. Uma dor repetitiva, circular, sem possibilidade de superação. Não existe superação porque não existe tempo para o luto. E não existe tempo para o luto porque não existe memória de uma perda.

Nolan é primoroso ao semear pelo filme essas metafísicas inquietações: para que serve a vingança se não teremos memória da pessoa que vingamos? Pior ainda: para que serve a vingança se não teremos memória da própria vingança? E, com a ausência da memória, vem o simulacro venenoso que a procura substituir: as nossas ficções pessoais, que tomamos por verdades inabaláveis; e inabaláveis porque somos incapazes de as testar ou corrigir temporalmente. Leonard pode grafar na carne os fatos que lhe parecem incontestáveis. Mas não existem fatos incontestáveis. A realidade será sempre uma interpretação pessoal; uma interpretação onde projetamos os nossos desejos e as nossas fraquezas.

Leonard transforma-se num fundamentalista – e digo "fundamentalista" na acepção mais pura do vocábulo: aquele que abraça cegamente a palavra escrita pela impossibilidade de a confrontar com outras versões da mesma realidade. O resultado dessa cegueira só pode ser um: a distorção da realidade, que passa a representar o que queremos que ela seja e não o que ela é. Começamos perdidos no labirinto do esquecimento. Terminamos mais perdidos ainda no labirinto das falsas certezas.

Amnésia é um dos grandes filmes da década. Revê-lo, hoje, depois de três horas de mediocridade visual, lava a alma mas entristece qualquer cinéfilo.

7.9.2010

Um nome entre milhares

Gostava de ser David Angell, dizia eu, anos atrás, quando assistia a *Frasier* na TV. Admito que, para espíritos mais sofisticados, os ídolos sejam outros. Kafka. Borges. Talvez Saramago, o parente pobre dos dois. Sou um rapaz modesto. David Angell chegava e sobrava. Quem é Angell? Digamos apenas isto: a encarnação moderna de Noël Coward na capacidade narcótica de escrever diálogos como Cole Porter escrevia canções. Não existe nada de cerebral na obra de Angell – por exemplo, um homem que acorda inseto e, sei lá, revela ao leitor a grotesca inadaptação do homem contemporâneo. David Angell não é bicho de profundezas; é bicho de sutilezas. E as frases dele eram cinzeladas de tal forma que se diluíam no ar depois de escutadas. Puro prazer efêmero.

Basta assistir ao trabalho de Angell para televisão. Alguns especialistas citam *Archie Bunker's Place* e *Cheers* como exemplos maiores de uma pena maior. Não nego. Quem não ri com as colocações do reacionário Archie Bunker deve analisar rapidamente o seu estado neurológico. O mesmo em relação a *Cheers*, essa série de camaradagem etílica que quase fez de mim um alcoólatra feliz. Mas a Capela Sistina é mesmo *Frasier*, e sempre que posso volto a ela. Como voltei agora, nos dez anos dos atentados de 11 de Setembro. Coisa bizarra: o mundo repete o mesmo circo midiático sobre o horror – fotos, documentários, declarações, alguns delírios – e eu, deitado no sofá, com um sorriso de orelha a orelha, acompanhando as aventuras e desventuras de dr. Frasier Crane em Seattle. Terei desculpa?

Talvez tenha. Parafraseando a velha sabedoria judaica, se é verdade que salvar uma vida significa salvar a humanidade inteira, não deixa de ser igualmente verdade que relembrar uma vida é relembrar todas as outras.

Eis os fatos: se o avião da American Airlines onde David Angell viajava naquela manhã de setembro não tivesse embatido contra a torre norte do World Trade Center, talvez eu não estivesse aqui assistindo a *Frasier*. Mas estou. Na contabilidade macabra do 11 de Setembro, temos números que nada dizem de essencial. O que são 3 mil vítimas quando nada sabemos de cada uma delas? A morte de uma pessoa é uma tragédia; a de milhões, uma estatística, dizia o camarada Stálin, que nesse particular sempre preferiu contribuir para as estatísticas.

Eu prefiro dar o meu contributo para as tragédias. Como a morte de David Angell. Como a morte de cada vida inocente naquela manhã infame – vidas que David Angell retratou de forma magistral no seu trabalho. Por isso *Frasier* merece ser visto e revisto. Não apenas para saborearmos – "saborear" é o verbo – o humor, a criatividade verbal, o espantoso ritmo de tramas e diálogos que a televisão americana nunca mais voltou a exibir. Mas também porque acompanhar a vida de Frasier, psiquiatra e estrela radiofônica; as suas tempestuosas relações com o pai aposentado (e colega de casa); as suas competições profissionais e emocionais com o irmão Niles; as suas homéricas ilusões e desilusões amorosas – tudo isso é uma celebração gentil, urbana, por vezes absurda e absurdamente cômica, que sempre foi anátema para a mentalidade dos fanáticos.

O Ocidente é *Frasier*: essa cultura de "perdão" e "ironia", como explicava o filósofo Roger Scruton tempos atrás. Uma cultura onde recusamos a literariedade do fundamentalismo para acomodarmos a imperfeição de que somos feitos. Para nos rirmos dela. E, pelo riso, para perdoarmos e nos perdoarmos. Sem "perdão" e "ironia", explicava Scruton, as liberdades da civilização ocidental teriam sido inalcançáveis. Como são inalcançáveis em culturas dominadas pela violência e pela intransigência de quem aplica comandos sagrados aos outros.

David Angell mostrou o que somos em cada episódio de *Frasier*. E mostrou que a nossa salvação não está no martírio; está na ironia. Lembrá-lo, nos dez anos do 11 de Setembro, não é apenas evocar uma das vítimas mais famosas daquela manhã. É retirá-lo daquele avião funesto e permitir-lhe uma última gargalhada sobre o ódio e a escuridão.

13.9.2011

De Londres, com amor

A cidade está um brinco. Não admira. Há casamento real na sexta-feira. Ir ou não ir, eis a questão. Como agente infiltrado, entenda-se. Mas depois leio que o casamento começa de madrugada, por volta das onze horas, e eu já não tenho vida nem idade para essas loucuras.

Além disso, os *dry martinis* do velhinho Dukes, meu sanatório há muitos anos, não permitem ressacas simpáticas na manhã seguinte. O mais certo era entrar na festa e apalpar a rainha. Ou a noiva. Ou, melhor ainda, a irmã da noiva.

A irmã da noiva: quem disse que Kate Middleton era a beleza da família? Não é. A beleza da família está com a irmã, diz-me Dimitris, um barbeiro grego que opera em St. James há 37 anos.

Mas, antes de falarmos da irmã, falemos de mim. "Como é que você faz a barba?", pergunta-me ele, tom inquisitorial, olhar nauseado. Explico-lhe: lâmina de baixo para cima na zona da garganta; depois, de cima para baixo no rosto.

Ele renega-me três vezes, como Pedro a Jesus Cristo, e depois acrescenta, firme e ameaçador: "É sempre de cima para baixo, para acompanhar o crescimento natural da barba!".

Registro, grato e trêmulo. Então ele coloca-me uma toalha quente e umedecida sobre a cara, vai preparando a espuma e fala da irmã de Kate. "Chama-se Pippa", diz-me ele, "e agora era o momento ideal."

Removo a toalha do rosto e pergunto, intrigado: "Ideal para quê?".

"Para atacar", diz-me ele, com a lâmina na mão. "Imagine só: a irmã casa com o herdeiro do trono e ela, a mais bonita, fica para tia? Isso dá cabo de uma mulher, rapaz."

Bem pensado, Dimitris. Talvez eu vá mesmo ao casamento se acordar a tempo. Ou se você não me degolar primeiro.

Kate casa com o herdeiro do trono britânico. Mas nem sempre as coisas foram róseas. O casal, dizem os jornais, teve duas brigas feias no passado. E eu, tomado por uma experiência digna de Proust, lembro-me bem da primeira. Minto: lembro-me de um *cartoon* a respeito na revista *The Spectator*. Vemos uma Kate, chorosa, nos braços de uma amiga (ou seria a irmã?); e a amiga, com verdadeira compaixão, consola-a com as seguintes palavras: "Ele pode ser jovem, lindo, obscenamente rico e o herdeiro do trono. Mas você consegue melhor que isso!".

Eis o humor britânico: uma inaudita mistura de crueldade e *nonsense* que podemos encontrar nos melhores. Em Jonathan Swift, Oscar Wilde, P. G. Wodehouse; e nos Waugh – pai e filho. Do pai Evelyn falarei um dia. Do filho Auberon falarei já na próxima semana, até porque há um livro novo aqui nas livrarias – uma antologia das suas crônicas que pretende "resumir" o essencial do seu "pensamento". Duvido que a mente deliciosamente anárquica de Auberon possa ser "resumida". Mas uma coisa eu sei: dez anos depois da morte, o colunista que praticamente me ensinou a ler (e a escrever) continua a fazer uma falta desgraçada na imprensa desgraçada desse país. Ele era ácido, elegante, obscenamente surreal e o herdeiro do trono literário do pai. Não é possível encontrar melhor que isso.

William é um bom partido para Kate; mas Kate é um excelente partido para William – e para a família real. Desde a morte de Diana Spencer que o problema dos Windsor é o mesmo: como reconquistar a lealdade e a admiração dos súditos num mundo crescentemente igualitário?

Anos atrás, um jornalista que admiro (George Walden) escrevia um livro com a resposta. Intitula-se *The New Elites*, e Walden defende que as "novas elites" (da televisão, do cinema, da música, da política) já não procuram "distinguir-se" das massas ignaras; procuram imitá-las nos comportamentos, na linguagem e até no vestuário. Na década de 1950, Humphrey Bogart vestia-se como um *gentleman*. Nos dias de hoje, Johnny Depp ou Brad Pitt não se distinguem dos adolescentes que assistem aos seus filmes.

Hollywood é um negócio. A família real, de certa forma, também. E para manter o negócio a funcionar, nada melhor que uma bela transfusão de sangue plebeu para contentar os corações plebeus dos ingleses. Os espanhóis já o fizeram com a jornalista-que-virou-princesa Letizia Ortiz. O mesmo aconteceu com Victoria da Suécia e o seu ex-*personal trainer*, agora convertido em duque. Faltavam só os ingleses.

The show must go on.

26.4.2011

Carta imaginária a Auberon Waugh

Meu caro Auberon,

Estou em Londres, cidade tua, e acabo de encontrar *Kiss Me, Chudleigh: The World According to Auberon Waugh*. Folheio, compro, releio: como antologia dos teus artigos, é talvez a melhor. Porque existe uma tentativa de entender o mundo sarcástico e surreal que foste construindo na imprensa nativa.

Aplaudo os textos, como sempre. E aplaudo a inteligência de William Cook, o organizador fiel, que soube dividir por temas (biografia, pessoas, lugares, livros etc.) a tua descontrolada verve opinativa.

Descansa, não vou falar do livro. Vou falar de ti. Ou de mim. Sem sentimentalismo. Sei que abominas o tom e jamais perdoarias uma falha tão grave. Mas hoje, com este livro póstumo nas mãos, posso agradecer-te, tarde e a más horas, pelo fato de teres arruinado toda a minha vida?

Aconteceu muitos anos atrás, ainda eu usava fraldas na adolescência. Amadurecimento relapso. Mas quando te encontrei nas páginas do *Daily Telegraph*, cresci de imediato como Alice no País das Maravilhas. O teu nome de família ajudava, é certo: já era leitor de Evelyn Waugh, teu pai; mas não do Evelyn que interessava, o iconoclasta perfeito de *Declínio e queda* ou *Vile Bodies*. Andava perdido nas piedades de Brideshead, conquistado por aquele típico charme inglês que eleva a alma mas seca tudo em volta. Foste tu que me fizeste descer à Terra com duas lições magistrais.

A primeira, que não existem lições: a vida é um caos sereno que vamos enfrentando com a ironia possível. E, a segunda, que uma coluna de jornal é tão digna ou indigna como um romance ou um poema.

Foi o fim. Eu, que poderia ter sido médico ou advogado, engenheiro ou astronauta, juntei-me à tribo dos cronistas e montei negócio em 2 ou 3 mil toques por coluna. Nada disso teria sido possível, confesso, se às duas lições anteriores não tivesses acrescentado uma terceira: não existem temas interessantes ou desinteressantes. Somos nós que conferimos interesse ou desinteresse às palavras que vamos alinhando.

Isso vê-se em tudo que escreveste: na forma como pegavas na realidade mais anódina; como a distorcias a golpes de irrisão; e como a voltavas a servir em prato de luxo, transformando o mundo comum em peça literária digna do cânone. Quem disse que Jonathan Swift não deixou herdeiros? Deixou, sim, mas não em suporte convencional: o maior escritor inglês do século XX nasceu, cresceu e morreu em páginas de jornal. Chamava-se Waugh, mas não é o Waugh de quem todos falam. Em matéria de ironia, só perdes para o Altíssimo.

E eu perco para ti. Nada a lamentar: há mais de uma década que me encontras por aí, debitando sobre o mundo. Mas nunca cedi ao pecado capital do colunismo: o pecado da indignação. Ah, tu sabes do que falo: textos de dedo em riste, disparando adjetivos sérios e moralistas sobre a fauna política circundante. Em treze anos, nunca levantei a voz. É verdade: nunca escrevi um "é intolerável" na vida. E sobre o ponto de exclamação, esse supremo ultraje, só o uso para efeitos de paródia. Juro, velho amigo! Juro!

Contigo aprendi a cantar no tom certo. Mas sabemos que o tom vale pouco quando não existe uma técnica que o sustente. Felizmente, tive em ti o professor perfeito. Eu, português e gongórico, com milhares de páginas queirosianas a assombrar-me a pena, levei com o exemplo do teu chicote e comecei a limar as frases. A dizer de forma simples o que tencionava dizer simplesmente. A nunca usar três palavras quando duas chegavam. A nunca usar duas quando uma bastava. E a ter na frase curta e no ponto final o marcador autoritário das minhas danças.

Aprendi o tom, aprendi a técnica. Só faltava mesmo o tempero. E ele veio com uma última exigência tua: ser independente de partidos ou partidários; e abusar sempre dos mais fortes, nunca dos mais fracos.

Assim me fiz ao mundo. De armadura posta. E se hoje te agradeço, é também para avisar que não te livrarás de mim. Um dia, espero visitar-te no paraíso para onde partiste em 2001 com típica desfeita. Estou certo que beberemos os vinhos do Douro que tanto amavas, e que agora me acompanham nestas últimas linhas que te envio por celestial correio.

Um abraço, patife.

João

3.5.2011

O herege viajante

Tempos atrás, as Nações Unidas deixaram uma sugestão para acabar com a fome no mundo: comer insetos. Segundo a ONU, gafanhotos, formigas ou besouros são altamente nutritivos, combatem a obesidade e têm a vantagem de existir em quantidades apreciáveis. Aliás, com o tempero certo, esses pitéus são indistinguíveis dos vulgares camarões, das sofisticadas ostras ou dos repugnantes caracóis que os meus compatriotas gostam de comer nos meses de verão pelas esplanadas de Portugal.

Não sei o que pensou o leitor dessa sugestão gastronômica e assaz ecológica da ONU. Provavelmente, escutou com respeito e, em nome do Ambiente (com maiúscula), não fez comentários. Eu, confesso, também não fiz nenhum. Preferi correr para o vaso sanitário e despejar os três últimos jantares só com a ideia de transformar as baratas da cozinha em guisado. Estarei sozinho no meu vergonhoso eurocentrismo?

Pelos vistos, não estou. Os comediantes Ricky Gervais e Stephen Merchant, criadores do brilhantíssimo *The Office*, produziram uma série para a Sky a que só agora assisti. E assisti por conselho de uma amiga que, depois de provar primeiro, disse que o prato tinha a minha cara. O nome do produto é *An Idiot Abroad* e ainda hoje não sei se o comentário dela era um elogio ou um insulto.

Tomo como um elogio. Até porque não me lembro de ter rido tanto e tão alto nos últimos tempos com uma premissa tão simples: Ricky Gervais e Stephen Merchant enviam um amigo para viajar pelo mundo com uma reduzida equipe de filmagens. O amigo chama-se Karl Pilkington e é o típico *Little Englander* para quem a civilização só existe no nosso bairro e o resto do planeta é a mais pura barbárie. O lado brilhante do documentário é que Pilkington não é um ator; viajar para ele é mesmo uma forma de tortura; e as opiniões sobre o mundo que ele visita são genuínas e hilariantes.

Essa autenticidade começa logo no primeiro episódio, quando o destino é a China e a gastronomia local é apresentada ao viajante Pilkington. O viajante confronta-se com o cardápio – uma longa lista de seres rastejantes – e depois filosofa: "O problema da China é não haver uma separação rigorosa entre comida e bichos". Continua: "Em Inglaterra, quando se descobre uma coisa dessas na cozinha, as autoridades sanitárias encerram o restaurante; na China, servem de aperitivo". E conclui: "Se uma chinesa acorda e vê uma aranha no banheiro, não é de excluir que ela pense para si própria: 'O *croissant* fica para amanhã, vou comer já isso'".

An Idiot Abroad é esse estranho paradoxo: um documentário sobre viagens apresentado por alguém que detesta viajar e para quem o exotismo do Outro é uma fonte constante de suplícios. Não interessa se o cenário é milenar ou, para usar a palavra cafona da indústria do turismo, "paradisíaco". Viajando pela Muralha da China, pelas pirâmides do Egito ou até pelo Rio de Janeiro em pleno Carnaval, Pilkington tem um talento único para encontrar o aberrante e o assustador. Para dissertar sobre o assunto com graça natural. E para suspirar constantemente pelo regresso a casa.

O programa teve um sucesso imediato e Pilkington virou uma das maiores estrelas televisivas no Reino Unido. Já existem livros sobre o assunto. A série já teve três temporadas. E ainda ninguém conseguiu explicar ao certo como é que alguém sem "superego" consegue conquistar o gosto do público mas também da crítica. Arrisco uma hipótese: porque a crítica tem "superego" a mais. E, afogada pelas cartilhas que gostam de impor um único código de pensamentos e comportamentos sobre o Outro, talvez ela sinta uma secreta admiração por alguém que destrói todos os códigos.

Porque, contas feitas, é indiferente saber se concordamos ou discordamos do viajante, embora eu concorde que o turismo de massas é o inferno na Terra e a água canalizada, uma das grandes conquistas do homem. O que interessa é ver Karl Pilkington em ação (e em sofrimento) para recordarmos apenas como era a liberdade e mesmo a idiotia antes da fogueira das inquisições laicas.

6.8.2013

Apenas Natal

Anos atrás, comprei em Londres uns cartões de Natal que faziam uma paráfrase do célebre *Keep Calm and Carry On*. No caso, a frase era apenas um *Keep Calm, It's Only Christmas*. Foi sucesso de bilheteria: as pessoas agradeciam o cartão e depois começavam um longo rol de misérias pessoais que a quadra traz consigo. Simplificando, existem dois grupos: os ansiosos e os deprimidos.

Os ansiosos começam a sofrer em finais de outubro, inícios de novembro. Com os presentes que é preciso comprar (ou evitar); mas sobretudo com a logística que é preciso respeitar: noite de 24 na mãe dele; almoço de 25 na mãe dela; jantar de 25 na própria casa; dia 26 no manicômio da cidade. O "espírito de Natal", para esses infelizes, é muito semelhante a uma prova universitária que é preciso fazer todos os anos, com os mesmos professores, sobre a mesma matéria. O eterno retorno da etiqueta. E com possibilidade de reprovação.

Os deprimidos são outra história: incapazes de viver o Natal presente, eles são como mr. Scrooge, o personagem de Dickens, só que perpetuamente condenados a viverem apenas os Natais passados. Aproxima-se o dia 24 e é vê-los, meditabundos e lacrimejantes, recordando as companhias que tiveram e já não têm; as oportunidades que surgiram e já não surgem; os lugares por onde passaram e onde já não passa nada.

Para os ansiosos, o Natal é uma prova; para os deprimidos, uma provação: uma forma de serem novamente esfolados vivos pelos fantasmas do fracasso e do arrependimento. Um amigo meu, usualmente solar, hiberna sempre a 24 e só ressuscita a 26. Hiberna em hotéis ("são mais impessoais") ou, de vez em quando, cruzando os céus quando as famílias terráqueas se reúnem cá em baixo. "É mais fácil assim", dizia-me ele há uns meses, recusando qualquer convite para um jantar lá em casa. E a sentença final: "Eu só quero que o Natal passe depressa, João".

E quando não são as provações pessoais, são as profissionais. Não sei quando começou a moda das "festinhas de escritório". Mas espanto-me por não haver notícias na TV de chacinas em massa durante esses encontros. Colegas que não se falam e até se apunhalam todo o ano surgem nesses *rendez-vous* com um amor pelo próximo que faz das figuras de cera do Madame Tussauds verdadeiros seres de carne e osso. Pergunta-se pelos filhos (cujos nomes se desconhece) e pela saúde dos progenitores (entretanto já falecidos e enterrados). Brinda-se ao nada. Tiram-se fotos, muitas fotos, para vender alegria "sincera" no Facebook. E depois regressa-se a casa com os músculos do rosto doridos. Quando janeiro começa, o escritório é o que sempre foi: um ringue de inimigos e estranhos. Como sobreviver a tudo isso?

Primeiro que tudo, apagando o verbo "sobreviver" da gramática natalícia. Não há nada de que sobreviver se o dia 24 for igual ao 23. E a única forma de o tornar igual é retirar ao 25 os contornos de Juízo Final com que nos danamos ou salvamos.

No fundo, devemos ser o oposto de Logan Mountstuart, o personagem de *Any Human Heart*, a série de TV inspirada no livro (mediano) de William Boyd. Não sei se já falei dela na *Folha*. Provavelmente. Mas nunca é demais repetir, até como sugestão natalícia: na série, Mountstuart é um escritor torturado pelos erros que ensombram os seus dias. As mulheres que perdeu. Os amigos que o deixaram. E, claro, os romances que ele nunca conseguiu escrever. Ao longo da vida, ele vai anotando esses erros nas páginas do diário – um exercício confessional a que ele, o grande romancista, concede diminuta importância.

E, no entanto, são os diários que ficam depois da morte. Como se os diários fossem o resumo mais autêntico de uma vida verdadeiramente autêntica: uma vida que é feita de toda a sorte e de todo o azar. Mas que também é definida pela forma como gostamos de a ver e contar. Porque é sempre possível contar a mesma vida de duas perspectivas distintas: a perspectiva derrotista de Logan Mountstuart; e a perspectiva de sucesso que a posteridade concedeu aos seus diários – e, no limite, à sua vida e até aos seus erros.

Não se martirize, leitor. Raramente somos os melhores juízes em causa própria. Brindar ao Natal deveria ser, tão simplesmente, brindar ao pouco que sabemos – e ao muito que um dia se contará sobre nós.

24.12.2013

Ester

Disse um dia em uma entrevista televisiva que, sempre que tinha dúvidas sobre um assunto sobre o qual precisava de escrever, telefonava imediatamente à minha avó. Ela resolvia qualquer bloqueio criativo.

A entrevistadora entendeu a frase como *boutade* – a atitude típica de um "dândi", para citar uma crítica altamente elogiosa que um editorialista do *Valor Econômico* atirou sobre mim. Mas não era *boutade* (nem eu, *hélas!*, sou o sr. Beau Brummel). Enquanto sou contaminado por matérias mil e deformado pelo chicote da universidade, que às vezes atrapalha mais do que ajuda, a minha avó, por sua vez, tinha aquela "disposição conservadora" de que falava Michael Oakeshott. Uma disposição que era natural, sem carimbo acadêmico, feita de prudência, ceticismo, humor. E de um arrasador bom senso perante os dilemas da vida. Razão tinha um autor célebre quando afirmava que entregaria mais depressa os destinos de uma nação ao primeiro nome que encontrasse na lista telefônica do que ao departamento de humanidades da Universidade Harvard. A minha avó era o nome da minha lista telefônica. Metafórica e literalmente.

Não, para ela os homens não tinham nascido livres nem se encontravam aprisionados em toda parte. Mas a minha avó também não subscrevia a fantasia contrária: os homens não eram matéria irremediavelmente corrompida. Da espécie *Homo sapiens*, devemos esperar grandes coisas e miseráveis coisas. Uma vez mais, prudência e ceticismo.

São incontáveis as crônicas em que plagiei a minha avó – os únicos plágios premeditados e conscientes que cometi na vida, sempre com uma mistura de prazer e culpa que nunca me abandonava. A responsabilidade era inteiramente dela: aos sete anos, ofereceu-me a primeira máquina de escrever – uma monstruosidade metálica e cor de laranja, trazida de Andorra, e que ainda existe (e funciona) no escritório de casa. Recebi o presente próximo da apoplexia e, nos dias seguintes, ela desafiava-me a escrever-lhe cartas imaginárias, algures no ano 2020. Para lhe contar as minhas viagens pelo mundo.

Isso até iniciar as viagens reais. Com ela ou por causa dela. Aos nove anos, sei lá como ou por que, comecei a alimentar uma paixão séria pelo Egito Antigo.

Eram as pirâmides, os faraós, as múmias e, melhor ainda, o próprio processo de mumificação (aula breve para principiantes: os miolos são removidos pelas narinas). A paixão era de tal ordem que só se curou quando, no ano seguinte, ela me levou ao Egito real. Pela sua mão, acampei no museu do Cairo; e nas pirâmides de Gizé; e nas ruínas de Luxor e Alexandria. E, depois do Egito, por que não atravessar o deserto e chegar a Jerusalém?

Dito e feito: a primeira vez que estive em Israel também foi com ela. Tudo com narração personalizada sobre as desventuras dos judeus antigos, que ela lera na Bíblia, sem esquecer os modernos, que ela acolhera em casa durante a Segunda Guerra. Como católica que era.

E foi sempre com ela, nessa fase de encantamentos que costuma acompanhar o fim da infância e os primórdios da adolescência, que conheci as cidades restantes que me ficaram para a vida. Paris. Roma. Veneza. E Londres, sempre Londres, talvez a sua maior herança.

Porque vivemos um tempo de heranças – não as materiais, que são parcas e finitas. Mas as outras. As intangíveis. E hoje, fazendo uma pausa nas loucuras do mundo, dedico esta crônica à minha irmã, que a partir de agora continuará o seu nome. Para que tu, querida Ester, possas ter as virtudes da tua homônima. Como eu sei que tens. Vejo-as quando te vejo: o mesmo porte elegante; a mesma coragem no momento das quedas e das ascensões; e essa raríssima arte de saber equilibrar a inteligência com a simples bondade humana. Não te rias. Porque até o teu riso tem direitos autorais.

Para o respeitável leitor, prometo que as loucuras do mundo voltam na próxima semana. Mas não posso prometer mais do que isso. Porque, daqui para frente, quando tiver dúvidas sobre os assuntos do momento, a minha lista telefônica estará mais vazia.

19.2.2013

A dança dos nomes

Perdi os meus contatos. Todos. Eis a história: depois de resistência homérica, comprei um celular que me ultrapassa em beleza, inteligência e capacidade de reflexão. Isso não é difícil? Fato. Mas o bicho exagera. Para ser perfeito, só lhe faltava cozinhar para mim. Talvez cozinhe. Talvez exista dentro dele um aplicativo tipo Bimby* para doces e salgados. Prometo investigar.

Acontece que metade das funcionalidades são incompreensíveis para um neandertal tecnológico como eu. Resultado: com os meus dedos grotescamente hominídeos, mexi em botões que não devia e provoquei uma explosão nuclear na minha lista pessoal com quase quinze anos de história. Suspiros. Sou como aqueles náufragos que subitamente aportam a uma ilha deserta e não têm nada que os salve. Nem sequer uma mensagem dentro da garrafa. Porque não há garrafa.

Duas hipóteses. Esperar que o mundo se lembre que eu existo e reconstruir a lista, chamada a chamada, mensagem a mensagem, à medida que elas vão chegando à minha ilha. Ou tentar construir uma jangada e deixar a ilha para trás.

Optei pela segunda hipótese. Como? Regressando ao velho celular e anotando, com lapiseira e papel, os contatos que a sua memória jurássica guardou. Para os poder transportar para o novo. Haverá quem diga que não é preciso tanto trabalho – anotar primeiro (à mão) e gravar no novo celular (também à mão). É possível usar um chip, e blá-blá-blá. Esqueça, leitor. Comigo, é lapiseira e papel. Até porque existem vantagens no exercício.

A primeira delas está na contemplação da futilidade. Em quinze anos, carregamos gente a mais. Não vale a pena. Metade dos nomes não toca nenhuma sineta, não evoca nenhum rosto. Nem sequer uma memória difusa. São nomes de Páginas Amarelas – e eu, muito obrigado, já tenho Páginas Amarelas.

* Bimby é um aparelho de cozinha muito usado na Europa. Suas múltiplas funções – como triturar alimentos, picá-los, batê-los, amassá-los e cozinhá-los – permitem a confecção de pratos elaborados seguindo a lei do menor esforço: você joga os produtos para dentro do "robô", como é chamado, e no fim tem um prato digno de restaurantes com estrelas no guia *Michelin*. [N.A.]

São os primeiros a ir pela borda fora. Mas as surpresas acontecem com a segunda metade da lista. Hoje, junho de 2013, percebo que há nomes que perderam os sobrenomes. E há nomes que os ganharam. Explico. Há nomes que perderam os sobrenomes porque se tornaram próximos e familiares. Pessoas íntimas não têm nome de família para nós. E o inverso também sucedeu: amigos que se revelaram meros conhecidos e que voltaram a ter nomes completos. São como os vizinhos do prédio – o sr. Silva, a sra. Fernandes – que cumprimentamos no bairro e nada mais. A dança dos nomes é uma forma genuína de reconhecer as prioridades.

Por último, há números que já não existem porque há nomes que também não. Dias atrás, assistindo a uma entrevista com um político lusitano, ele dizia que havia momentos em que sentia vontade de falar com o pai e tinha o reflexo infinitesimal de o procurar ainda na lista do celular. Só depois lembrava que o pai já não estava entre os vivos.

Seria bom. Sim, seria bom ligar para certos números que ficaram cá embaixo e alguém atender lá em cima. Uma secretária angelical, digamos assim, que diria com voz suave: "Só um momento, vou passar ao seu pai". Apagar esses números é talvez uma das formas mais tangíveis de despedida que conheço.

Contas feitas, o que resta? Pouco. O essencial. E, resgatando esse pouco que é essencial, deixamos mais espaço para quem deve chegar. Agora mesmo, no momento em que bato essas linhas, há um número desconhecido que faz tremer o meu novo celular temperamental. Quem será? Quem não será? Alguém que eu me esqueci de salvar? Ou a primeira surpresa desta manhã?

Com a devida vênia ao leitor, vou atender e volto já já.

17.6.2013

A originalidade não existe

Em 1916, um obscuro autor alemão, Heinz von Lichberg, escreveu um conto. O *Times Literary Supplement*, há uns anos, publicou esse conto. História singela: um jovem estudante aluga um quarto de hotel e apaixona-se pela filha pré-púbere dos donos. O final é lúgubre para a "ninfeta" em questão. Nome do conto? "Lolita."

Quando li essa revelação, caí do céu. *Lolita*, o romance de Vladimir Nabokov publicado em 1955, é um dos meus livros da vida. Mas agora existia uma sombra de ilegitimidade a pairar sobre a obra: teria Nabokov roubado a história a Heinz von Lichberg?

Nas semanas seguintes, a polêmica instalou-se nas páginas do TLS. Conclusão possível: sim, Nabokov provavelmente lera o conto durante a sua passagem pela Alemanha. Mas era impossível estabelecer com certeza se o roubo foi consciente ou inconsciente. E não seria de excluir que, décadas depois de o ler, Nabokov tenha iniciado a sua *Lolita* como se a ideia fosse sua e apenas sua.

Eis a tese do neurocientista Oliver Sacks em ensaio magistral para o *New York Review of Books*. Sacks não se ocupa de Nabokov, claro, embora o título do seu texto seja, ironicamente, uma evocação do escritor ("Speak, Memory"). Sacks está interessado em analisar o fenômeno da "criptomnésia", que por vezes se confunde com o rasteiro "plágio".

Um erro, avisa Sacks. "Plagiar" é roubar de forma intencional e consciente o trabalho intelectual de terceiros. Mas "criptomnésia" é outra coisa: esquecermos as fontes do que lemos, deixando que a memória construa a sua própria "originalidade" sobre elas. Isso é recorrente no trabalho intelectual e não existe autor – de Shakespeare a Coleridge, de Milton a T. S. Eliot – que não tenha apresentado como seus os conceitos, as ideias e até as frases que nasceram de outras penas esquecidas.

Mas a "criptomnésia" não precisa do trabalho literário para tiranizar a nossa memória. O próprio Oliver Sacks relata uma experiência da sua juventude na Inglaterra, durante a Segunda Guerra, que nunca foi uma experiência real. Ele julgava ter escapado a dois bombardeamentos nazistas. Até escreveu sobre eles com impressionante vivacidade. Mas foi preciso o testemunho de um irmão mais velho para que a "verdadeira verdade" substituísse a "subjetiva verdade": ele, Oliver, experienciou o primeiro bombardeamento, não o segundo. Do segundo, lera apenas sobre o assunto – e o impacto da leitura fez com que a memória diluísse a fronteira entre a "verdade histórica" e a "verdade narrativa". Ou, melhor dizendo, a "verdade narrativa" transformou-se em "verdade histórica".

A nossa memória é ambígua porque toma como verdade o que por vezes não foi verdade. Incorpora experiências, ou ideias, ou conceitos que não são radicalmente nossos. Mas que se oferecem como nossos quando as pegadas da originalidade já desapareceram do nosso areal interior. Será isso uma fraqueza, que no limite impede qualquer criação ou recordação "autênticas"?

Longe disso, escreve Oliver Sacks: a "criptomnésia" é fundamental para qualquer atividade criativa. Se o nosso cérebro fosse um arquivo rigoroso, catalogando cada experiência ou referência com precisão mecânica, nós seríamos incapazes de funcionar ou criar. Não pela consciência insuportável de que nada é nosso. Mas pelo motivo mais básico de que todas as informações, mesmo as mais desprezíveis, ocupariam todo o "espaço" mental.

Paradoxalmente, criamos porque esquecemos. E esquecemos, de forma ainda mais paradoxal, o que a nossa memória registrou como significativo para nós: um reservatório de conhecimentos ou encantamentos aonde iremos voltar um dia – anos depois, décadas depois – para construir as nossas "originalidades".

Por mim falo: escrevo porque leio. E esqueço o muito que li. Mas sei que nesse esquecimento a minha memória não dorme. Ela será sempre um ladrão silencioso e noturno, que atira para dentro da sacola uma ideia aqui, uma imagem acolá, uma provocação mais além. Sem falar das minhas experiências de vida – as experiências vividas, as experiências escutadas, as experiências inventadas – e que já fazem parte do meu DNA. Serei uma fraude, como o velho Vladimir e a sua "ninfeta"?

Melhor, leitor, muito melhor: como todos nós, sou uma fraude que se julga original.

5.3.2013

Piadas de português

Como ganhar um Oscar

Agora que a Academia de Hollywood já distribuiu os seus prêmios, imagino que o leitor esteja a sentir uma certa frustração. Durante semanas, foram incontáveis os artigos sobre os filmes e atores indicados. Mas em nenhuma matéria foi possível ler a resposta à questão sagrada: como ganhar um Oscar? Que posso eu fazer para subir naquele palco, segurar o eunuco dourado e agradecer à minha mulher, à minha mãe, à minha amante?

Fiz os meus estudos. Estou disposto a partilhar algumas conclusões com os leitores. Uma primeira certeza: este ano foi atípico. E exceções não confirmam a regra. Vamos às regras.

Primeiro, as senhoras. A leitora deseja mesmo ganhar um Oscar de melhor atriz? Meta uma coisa na cabeça: ao contrário do que se diz, Hollywood é uma instituição essencialmente conservadora. A visão que tem da mulher é feita de extremos caricaturais que não mudam há quase cem anos. A mulher que Hollywood aprecia habita sempre um dos extremos: ou é santa, ou é prostituta. Jennifer Jones foi santa Bernardette em 1943. Ganhou. Susan Sarandon foi freira em 1995. Também ganhou.

Se cruzarmos a linha, encontramos a mulher como prostituta: Elizabeth Taylor foi uma em *Disque Butterfield 8*. Jane Fonda repetiu a dose em *Klute – O passado condena*. Ganharam as duas.

E quando não são santas (ou prostitutas), convém serem princesas (ou desequilibradas): Ingrid Bergman bateu a concorrência como Anastasia; Audrey Hepburn passeou por Roma sua elegância real em *A princesa e o plebeu*. Vitória. Se a leitora prefere o desequilíbrio, Vivien Leigh (*Uma rua chamada pecado*), Joanne Woodward (*As três máscaras de Eva*) ou novamente Elizabeth Taylor (*Quem tem medo de Virginia Woolf?*) são alguns exemplos de sucesso no excesso. Um conselho: não experimente a deficiência física profunda. Isso é coisa para machos, não para fêmeas. Quando muito, Hollywood tolera a mudez. Marlee Matlin (*Filhos do silêncio*) ou Holly Hunter (*O piano*) ilustram o que digo. Moral da história?

Um Oscar para melhor atriz será praticamente imperdível se a leitora encontrar o papel de uma mulher com dupla personalidade: religiosa durante o dia, garota de programa à noite. Ser surda-muda também ajuda, mas convém não exagerar.

E os homens? A escolha é mais variada. Mas o conservadorismo de Hollywood mantém-se. Há papéis que o leitor deve evitar por seu evidente anacronismo. Pistoleiros do faroeste? Sim, funcionou com John Wayne ou Lee Marvin. Não funcionou mais com Clint Eastwood ou Jeff Bridges. E sobre as figuras bíblicas, esqueça: depois de *Ben-Hur*, a fonte já secou.

Para os homens, Hollywood sempre gostou de figuras de autoridade. Escolha uma. Podem ser estadistas (Thomas More, Henry VIII, Disraeli, Gandhi, George VI etc.). Mas também podem ser padres, policiais ou militares. Spencer Tracy, em *Com os braços abertos*, foi padre. Bing Crosby, em *O bom pastor*, também. E Gary Cooper ganhou dois Oscars seguindo o conselho: primeiro, foi sargento em *Sargento York*; depois, xerife em *Matar ou morrer*.

Para além da autoridade política ou moral, existe ainda a autoridade física. Pugilistas ocupam o topo: Wallace Beery (*O campeão*) ou Robert de Niro (*Touro indomável*) são a prova acabada de que Hollywood gosta de gente que bate. Se o leitor optar pela fraqueza – física ou mental – convém descer mesmo aos infernos. A deficiência tem que ser severa (Jon Voight, paraplégico; Dustin Hoffman, autista; Daniel Day-Lewis, paralisia cerebral). Curiosamente, Hollywood sempre gostou de cegos (Al Pacino, Jamie Foxx). Há aqui um padrão: mudez para as mulheres, cegueira para os homens.

Concluo com tristeza que Hollywood despreza jornalistas como eu. Mas isso não significa que "jornalista" seja papel a evitar. Clark Gable foi um em *Aconteceu naquela noite*. Se juntarmos ao papel alguns comportamentos próprios da profissão que Hollywood também aprecia – um certo gosto pela garrafa (Lionel Barrymore em *Uma alma livre*; Nicolas Cage em *Despedida em Las Vegas*) e evidentes distúrbios de personalidade (Jack Nicholson, sempre Jack Nicholson), posso mesmo concluir, sem exagero, que a minha vida merecia um Oscar.

28.2.2012

Sem tesão, a vastidão

Anos atrás tive o meu primeiro contato com a mortalidade. E a mortalidade, para um homem, começa sempre pelo telhado: durante semanas, o meu cabelo caía sem razão aparente. Acordava e ele jazia no travesseiro. Tomava ducha e ele escapava pelo ralo. Usava o pente e o pente ficava parecido com a escova do gato.

Consultei um médico. Primeiro choque: o médico, um respeitável sábio em matéria dermatológica, era mais calvo do que uma bola de bilhar. O pensamento é fatal: se esse desgraçado não conseguiu salvar as suas posses, por que motivo irá salvar as minhas? O choque deu lugar à compaixão – e à boa educação: não será ofensivo pedir ajuda a alguém que já cruzou definitivamente o capilar Rubicão?

Timidamente, explanei o problema que me trouxera ao consultório. O homem escutou-me, analisou as clareiras como um estratego militar e depois aconselhou ataque farmacológico imediato. Com um aviso: o tratamento acarretava uma certa frouxidão nas partes íntimas.

Eis o dilema que a medicina, em pleno século XXI, tem para oferecer a um homem assombrado pela calvície: sexo ou cabelo? Um cínico diria: sem cabelo, não há sexo. Mas confesso que preferi não arriscar: recusei o tratamento, comprei todos os filmes com o Yul Brynner (para me inspirar; para me consolar) e preparei-me para essa longa viagem sem retorno.

Foi então que o milagre aconteceu: o cabelo, da mesma forma que começara os seus comportamentos suicidas, terminou com eles. Às vezes penso que foi tudo um teste do Altíssimo, uma espécie de provação de Jó (versão Vidal Sassoon) só para ver se a vaidade era mais importante do que o mandamento "crescei e multiplicai-vos!".

Se lembro essa história, hoje, é por ter lido as espantosas descobertas de cientistas sul-coreanos sobre os eunucos da dinastia Chosun (1392-1910). O leitor não leu? Eu conto: após estudos dos arquivos genealógicos da corte imperial, os cientistas concluíram que os eunucos viviam, em média, mais vinte anos do que os homens do seu tempo. Alguns furavam mesmo a barreira dos cem anos, fenômeno raríssimo para a época. A lição que fica é inspiradora: se o leitor deseja viver tanto como os eunucos, a solução é transformar-se em um. Que o mesmo é dizer: pegar na tesoura, remover os testículos e abraçar a impotência como forma de vida. Sem os hormônios masculinos para atrapalhar, o céu é o limite. Ou, se me permitem o haicai: "Sem tesão,/ a vastidão".

Eu próprio, em meu ordálio capilar, já tinha sido confrontado com a tentação. Renunciei a ela. Mas, aqui entre nós, quantos homens não prefeririam já a castração química para terem uma juba leonina no topo da cabeça? Aliás, a castração não é apenas química. É, sobretudo, comportamental. Sim, podemos rir dos pobres eunucos da dinastia Chosun e lamentar o destino deles, condenados a viverem em haréns onde não podiam participar da festa. Mas a nossa sociedade, no seu culto doentio e obsessivo da saúde e da eterna juventude, também promove as suas pequenas castrações cotidianas. Do fumo à bebida; das gorduras aos açúcares; sem esquecer os calvários deprimentes nas academias do bairro, onde pateticamente declaramos guerra ao corpo e à boa e velha preguiça, as sociedades higienizadas do Ocidente são uma versão coletiva dos pobres eunucos orientais. Também nós, do alto da nossa suposta superioridade civilizacional, estamos dispostos a renunciar aos prazeres mundanos por uma promessa fátua de longevidade. A pergunta, inevitável, é tão válida hoje como era no século XIV: valerá a pena uma vida mais longa quando se perdem pelo caminho as transgressões pecaminosas que dão a essa vida o seu tempero deliciosamente humano? Ou, para citar a piada: haverá coisa mais deprimente do que morrer impecavelmente saudável?

Talvez haja: morrer com excesso de cabelo em cima e um déficit de atividade embaixo.

Não vale a pena. E se os eunucos ensinam alguma coisa é que, pela imagem clássica que nos chegou deles, nem em cima, nem embaixo.

9.10.2012

Uma *miss* à minha porta

Foram anos e anos e anos em busca das mulheres mais belas. Não fui caso único. E poderia dizer, como um escritor *beat* decadente, que vi as melhores mentes da minha geração destruídas por ruivas de olhos verdes e morenas de cabelo negro. Mas uma loira genuína com a pele pintada a ouro? À minha porta? Ah, isso não é justo. Nem real.

Tudo começou com uma oferta da senhoria. Eu, rapaz solteiro, com vida dissoluta, estaria interessado nos serviços de uma empregada doméstica três vezes por semana? Contemplei as camisas por passar. Lembrei, com repulsa, a louça em forma de Everest na cozinha. Disse que sim. Sem entusiasmo. No dia seguinte, a empregada chegou. E antes de eu chegar a ela, um pouco de história, por favor.

Leitor, o que aconteceu em 1991? Eu respondo: em 1991, a antiga União Soviética era sepultada. Ficaram apenas herdeiros festivos: russos, ucranianos, armênios, moldavos, lituanos. Uma salada. Os anos seguintes não foram fáceis: com o capitalismo à solta em solo virgem, as antigas repúblicas soviéticas caíram na inflação e na escassez e começaram a exportar gente para os quatro cantos da Europa. Não apenas gente pobre. Gente que ficou pobre de um dia para o outro. Em qualquer cidade da Europa era possível encontrar advogados a servir em cafés ou antigos ministros a trabalhar na construção civil. Cheguei a conhecer um médico moscovita que, depois da derrocada, era estafeta em Portugal.

Já tinha visto de tudo. Mas nunca vira uma antiga candidata a *miss* a fazer limpezas. Chama-se Emma e, na década de 1990, ela concorria ao título ucraniano. Perdeu, não me perguntem como. Depois, a família não aguentou a crise, Emma partiu com a irmã para Madri e finalmente aterrou em Portugal. Aterrou em minha casa.

Era Proust, creio, quem dizia que as mulheres bonitas eram para homens sem imaginação. Se Proust estava certo, então eu sou uma pedra em forma humana. Não, ela não é bonita. Ela transforma a Capela Sistina em grafite urbano. Ela reduz qualquer escultura de Rodin a um monte de sucata. Os cabelos, longos, terminam onde começa um pescoço que faria as delícias de Bela Lugosi. Os olhos, de um azul como já não existe nos céus de Lisboa, sorriem mesmo quando ela não sorri. E, quando o sorriso acontece em lábios generosos e de um vermelho que dispensa qualquer pintura, o rosto ganha uma luz que pode levar qualquer homem à cegueira. O corpo é perfeito. Como sei? Pelos pés: pequenos, esguios, ligeiramente ruborizados. Ela trabalha descalça e gosta de caminhar como as bailarinas. Ou como os gatos. Silenciosa e nas pontas.

Começou no mês passado. Segundas, quartas e sextas. Achei melhor incluir também as terças. E as quintas. E depois o sábado. E o domingo. E o dobro do salário nos dias feriados. Oito horas por dia? Não. Doze. Na impossibilidade de serem 24. E nada de limpezas. Limpezas, princesa? Com essas mãos tão delicadas?

Eu limpo, ela existe. E amigos vários, incrédulos de início, já começaram a fazer excursões a casa como certos peregrinos a lugares sagrados. Chegam, acampam. Alguns pedem para levar uma relíquia da santa: um fio de cabelo, uma unha, um dente. (Um dente?) Eu sou como um polícia em filme de Hollywood, depois de selar o local do crime. "Dispersem, por favor. Nada para ver."

Mas há tudo para ver. Imagens do concurso de *miss*, que ela mostrou em fotos da época. Algumas canções ucranianas, que aprendo a balbuciar com a atenção cirúrgica de um aluno aplicado. Troquei o uísque pela vodca. Experimentei arenque (que delícia! como foi possível acreditar que o bacalhau era o supremo peixe?). Também sou capaz de reproduzir os passos mais elementares de uma dança típica. E sem qualquer esforço, apesar das cãibras permanentes que me fazem gemer a noite toda. E já digo "bom dia", "boa tarde" e "boa noite" na língua retorcida dos nativos. Quando chegar a um nível mais profissional, resolvo tudo com um "casa comigo" e depois parto com ela para a lua de mel em Kiev.

Anos e anos e anos em busca das mulheres mais belas. Mas foi o fim do comunismo e a entrada arrasadora do capitalismo que trouxe uma *miss* à minha porta. E logo agora, que eu começava a ficar um pouquinho mais esquerdista. Desculpem, camaradas. Mas, como diria o velho Karl, a cada um segundo as suas necessidades.

22.5.2008

Em defesa do homem infiel

Os últimos dias foram bons para os moralistas. Eliot Spitzer, o governador democrata de Nova York conhecido por sua probidade moral, foi apanhado com as calças para baixo. Prostituição, a mais velha profissão do mundo. Ou, como diria Nelson Rodrigues, a mais velha vocação do mundo. Melhor ainda: prostituição de luxo, o que não deixa de ser uma ironia cruel. Spitzer não foi apenas um entusiasta de legislação pesada contra a prostituição no seu estado. Ele foi um feroz e irracional opositor do "grande capital" e das "corporações financeiras" de Wall Street, que sempre lhe cheiraram a ganância, decadência e fraude. Pelos vistos, o problema do "grande capital" era não ser investido em meninas de 22 anos que fazem o serviço completo.

Mas quem sou eu para julgar o homem? Eis o problema, leitor. Spitzer apareceu em público para confessar o seu "pecado" e dizer adeus ao cargo. A mulher chorava a seu lado. E o mundo aplaudia de gozo com a queda de um político, com a queda de uma família. Por amor de Deus, estamos na Páscoa. E, além disso, será preciso relembrar que um homem infiel é um homem em sofrimento?

Quando digo isso ao meu auditório feminino, há uma certa hostilidade no ar. Gritos. Desmaios. Ameaças de violência. E acusações pungentes de que sou um canalha. Não necessariamente por essa ordem. Quando as coisas acalmam, eu saio de baixo da mesa e alguém informa que nas infidelidades de um homem só existe uma verdadeira vítima: a mulher. E, em caso de prole, os filhos. Nunca o homem infiel. Nunca o homem infiel?

Lamento discordar. A infidelidade masculina é das situações mais angustiantes e desgastantes para qualquer macho. Começa por ser um desgaste físico evidente, sobretudo quando a idade avança. No espaço de poucas horas, é necessário fazer duas maratonas, ou três, ou quatro, sem que haja a mais leve suspeita de que o equipamento de corrida foi usado horas antes. É possível alegar cansaço nos primeiros tempos. Não é possível alegar cansaço todo o tempo.

E o desgaste financeiro? Um homem infiel é, por definição, um homem de dois orçamentos. Um homem infiel nunca paga um jantar. Paga dois. Uma joia não é uma joia. São dois anéis, dois colares. E se você acha que umas férias nas Caraíbas são o supremo sonho, desengane-se: pagar duas passagens e dois hotéis arruína qualquer carteira. Agora multiplique pelo número de amantes. É sempre a subir: três jantares, três anéis, três passagens, três hotéis. O mesmo homem. O mesmo desgraçado.

Mas o desgaste físico e financeiro não é nada quando comparado com o desgaste mental. Um pequeno demônio que ataca nas pequenas coisas. No esforço continuado para nunca trocar os nomes, por exemplo. "Querida, eu não disse Ana. Disse *Joana*. O que foi que você ouviu?" E depois contamina as grandes coisas: a necessidade de elaborar planos para que as mulheres nunca se encontrem. Um homem infiel nunca vive na paz dos inocentes. Na paz da mulher enganada. Um homem infiel é um filofax ambulante. Para ele, um dia não é um dia: é uma estratégia de batalha, com horários fixos e medos infantis de que a porta do elevador possa abrir na altura errada. O estresse e a ansiedade são simplesmente intoleráveis.

E se você acredita que Borges ou Kafka eram dotados de criatividade, lamento informar: não existe romancista que se compare à fértil imaginação do homem infiel. Porque ele produz e reproduz mentiras *oralmente*. Não as registra. Não as escreve. Ele funciona como os antigos rapsodos da Grécia, que sabiam Homero de cor e salteado. Isso exige um esforço de memória torturante para não arruinar a narrativa oficial com caprichos, ou esquecimentos, momentâneos. Um homem infiel tem de ser coerente até a insanidade.

Entendo que o auditório sinta uma simpatia imediata pela mulher enganada. Mas assistindo à confissão pública do governador de Nova York, alguém deveria afirmar, de uma vez por todas, que quando um homem engana uma mulher, quem mais sofre, normalmente, é ele. Do princípio ao fim.

17.3.2008

Minha vida de estrela

Nove da manhã. Estou sentado onde começo sempre os meus dias. No centro de Lisboa, uma pastelaria com nome francês que transformei em escritório informal. Uma chávena de café, os jornais sobre a mesa. Começo a leitura e reparo que uma donzela me olha fixamente do outro lado do espaço. Levanto o olhar, confirmo, confirma-se: bonitinha, insistente, insolente. Regresso à leitura e murmuro interiormente: mas quando será que essas fãs se acalmam, meu Deus?

A fã não se acalma. Aproxima-se, como um felino se aproxima da presa nas savanas de África. Para junto à minha mesa e ali fica, estátua silenciosa.

Eu volto a erguer o olhar, sorrio como sempre sorrio e aguardo: uma palavra, um cumprimento. Um autógrafo?

A donzela faz a pergunta absurda ("Você é o João Pereira Coutinho, certo?"), eu respondo no mesmo espírito ("Da última vez que confirmei, era"). Então ela baixa-se ligeiramente: vejo o decote, sinto o perfume. Antecipo um beijo. Mas só se ouve uma declaração de amor: "O senhor deveria morrer de câncer".

Gostos não se discutem. Mas um excesso de educação condena-me à gentileza perpétua. "Muito obrigado, é demasiada generosidade da sua parte."

Erro meu. Quem deseja distribuir doenças pela humanidade não tem um sentido de humor apurado. O tom sobe, a fúria também e os empregados já seguram a demente. "De câncer!", grita ela. "Por causa das coisas que diz!"

Que eu *digo*. Não que eu *escrevo*. Fatal. Dois anos atrás, aceitei ser comentador residente em um programa televisivo português. Todos os sábados, horário nobre, temas polêmicos. Eu, um rato de biblioteca, assim lançado às feras. E as feras não fazem cerimônia. Eis a primeira lição: quando falamos em público, somos propriedade pública. O que autoriza todas as barbaridades.

Não há semana em que a minha altura, gordura, beleza ou destreza não sejam observadas, analisadas, comentadas. Como se eu não estivesse presente, apesar de estar sempre presente. Sou mais baixo do que imaginavam. Ou sou mais alto – ainda não há consenso científico sobre a matéria. Sou também mais gordo, embora uma parte da doutrina garanta que sou mais magro. E, no capítulo facial e estético, a televisão não me faz justiça. Ou talvez faça – e eu, ao vivo e a cores, não passe de uma fraude, de um embrulho. De um bagulho.

Mas nem só de imagem vive o homem. Também existe o conteúdo. Se critico o governo, haverá sempre alguém na rua disponível para me fazer mudar de ideias com verdadeiro espírito ecumênico. Se elogio, também. São minutos de preleção, como se a salvação da minha alma dependesse de uma mudança de opinião sobre o orçamento de Estado. "Veja bem", começam eles. E acabo eu.

Por vezes, pessoalizam: do orçamento de Estado para o estado dos respectivos orçamentos. É um rol de queixumes sobre um infortúnio pessoal, trivial, onde o filho e a vizinha também aparecem. Eu escuto o episódio como se fosse um perfeito prefeito. E prometo falar do assunto. Ou resolver o assunto, sei lá, meu cérebro já não funciona no fim.

No meio de tudo, podem existir vantagens nessa história da "fama". É simpático ter mesa a um sábado à noite sem telefonema a reservar. Mas o pior vem a seguir: a confirmação empírica, aos olhos do mundo, de que nós também usamos garfo, faca, colher. Que mastigamos e engolimos. E, engraçado, que até sabemos colocar o guardanapo.

Isso quando estamos acompanhados. Quando estamos sós, jantamos rápido, virados para a parede, como colegiais malcomportados. E sempre a horas impróprias: mais cedo que os restantes, mais tarde que os restantes. A principal benesse da minha vida de estrela? O dinheiro vem em segundo lugar. Em primeiro, vem a proeza de ter aprendido a cozinhar.

Faço saladas, assados, guisados. E, como orgulhoso portuga, até já trato o bacalhau por tu: cozido ou frito, sou o sonho de qualquer donzela moderna. Desde que a donzela em questão não tenha sonhos em demasia, imaginando-me espirituoso o serão inteiro. Uma crônica em forma humana.

Porque eu ronco e praguejo e aborreço. E juro pela minha honra que tenho péssimas ressacas.

22.3.2011

Quero ser Cristiano Ronaldo

Portugal está apaixonado por Cristiano Ronaldo. Quem é Cristiano Ronaldo? Bom, caso os leitores tenham vivido em Marte nos últimos tempos, Ronaldo é, segundo os especialistas, o melhor jogador do mundo. No Manchester United, equipe vencedora da Champions League e da Liga Inglesa, Ronaldo foi o principal marcador em ambas as competições. E com a Eurocopa em andamento, Scolari acredita que Ronaldo será coroado rei. Aos 23 anos.

Longe de mim contestar a sabedoria dos fatos. A história triunfal de Cristiano Ronaldo, nascido na Ilha da Madeira em circunstâncias de pobreza familiar, é uma saga que merece aplauso. E, além disso, não partilho da opinião geral de que o rapaz é insuportavelmente arrogante. Não é. Tem simplesmente um gosto quase adolescente pelo jogo, o que só lhe fica bem em tempo de mercenários: quando Ronaldo joga, ele joga como um garoto no recreio escolar, driblando, correndo e chutando como se estivesse a brincar entre amigos. Existe no estilo de Ronaldo o doce sabor da nostalgia da infância.

O meu problema com Ronaldo é outro. Nos últimos meses, caminhando pelas ruas de Lisboa e do Porto, não houve um momento em que Cristiano Ronaldo não aparecesse à minha frente. Não falo da publicidade urbana, que plasmou o rosto do craque em quiosques, bancos, avenidas e transportes públicos. Falo de centenas e centenas de pequenos Ronaldos, algures entre os 8 e os 48, e que reproduziam na perfeição a moda que Cristiano lançou. Na roupa, nos brincos e, Virgem Santíssima, no penteado.

Com a roupa posso eu bem: longe vão os tempos em que havia uma separação rigorosa entre o circo e a vida civil. Não mais. Hoje, é impossível convencer os jovens, ou até os pais dos jovens, para não falar dos pais dos pais dos jovens, de que o Carnaval só dura três dias.

Mas intrigante é o penteado. Durante meses, investiguei o assunto como um Sherlock Holmes capilar. Como nascera essa nova tendência de transformar cada ser humano num galináceo? Seria um sintoma da famosa "gripe das aves", que eu ridicularizara em tempos com típica insensatez?

E, no entanto, as ruas da cidade estavam transformadas em imensas capoeiras ao ar livre, com a população nativa orgulhosamente ostentando as suas cristas de galo, uma proeza que confere à cabeça um desagradável aspecto pontiagudo. Sim, Ronaldo pode ser o melhor do mundo. Mas ele arruinou esteticamente gerações sucessivas de portugueses.

Ninguém está a salvo da epidemia. Nem a minha própria casa, onde batalhões de familiares começaram a aparecer com o cabelo em forma de flecha. Foi em contato com eles que, tapando o nariz e os olhos, questionei angustiadamente a origem da tragédia. Todos eles respondiam o mesmo: Cristiano Ronaldo. Eles querem ser como Cristiano Ronaldo. Toda a gente quer ser Cristiano Ronaldo. Eu estou rodeado de clones de Cristiano Ronaldo, como Tippi Hedren estava rodeada de pássaros assassinos no filme de Hitchcock. E até nos sonhos há um Cristiano Ronaldo para me assombrar. Há várias noites que o pesadelo é o mesmo: Ronaldo, correndo pelo campo, em dribles sucessivos. Subitamente, e com o gol à sua frente, o jogador para, agacha o corpo e põe um ovo. O estádio aplaude em delírio.

Acordo com suores frios e ouço o galo do vizinho a cantar as cinco da madrugada. Antigamente, a minha vontade era matar o bicho. Hoje, tenho admiração por ele. No meio dos galos lusitanos, ele é o único que legitimamente se mantém firme ao seu estilo, recusando a tentação do terno e da gravata.

9.6.2008

O colunista apodrece

Pedra no rim não é para qualquer um. Eu sei porque dei à luz uma. "Dar à luz": nunca uma expressão foi tão apropriada. Passei dois dias no hospital em maio e, de regresso a casa, não houve familiar ou amigo que não tivesse disparado o clichê: "Isso só é comparável à dor de parto".

Errado, irmãos. Com uma boa epidural, eu poderia dar à luz uma pedra do rim todas as semanas. A minha admiração sincera só está com as antigas mulheres que despachavam o serviço sem anestesia. Como foi possível, meu Deus? Como foi possível que incontáveis mulheres se tenham submetido a uma dor lancinante só para que a nossa espécie crescesse e se multiplicasse? De bom grado entregaria a minha pedra, hoje em frasco de vidro, para que sobre ela se edificasse um monumento às parideiras desconhecidas. Se dar à luz dependesse dos homens, a história da civilização não teria passado do Paleolítico.

Estou curado. Do rim. Não estou curado do resto. Acabo de fazer 37 anos e, nos últimos meses, uma sucessão de minicatástrofes mostra que a idade física está a aproximar-se da mental. Biologicamente, são 37; mas é preciso inverter a ordem dos números para ter um retrato do artista quando "jovem".

Tudo começou com um almoço de domingo e um dente que não deveria estar no prato. De quem era aquele dente, perguntei, pronto para fazer piada com a cozinheira desdentada. Os restantes comensais olharam para mim horrorizados e uma das crianças, chorando de medo, apontou para um buraco na minha boca.

Mas não são apenas os dentes que se partem e me abandonam. O cabelo também está a fazer as malas. Se fosse um dramaturgo, já teria escrito uma peça sobre o assunto. Imagino a cena: o cabelo, deitado na cama e ligado a uma máquina, a murmurar para mim. "Por favor, João, eu sei que sou importante na tua vida. Mas tens que me deixar ir." E eu, agarrando na mão do meu amigo, implorando para que ele fique mais um pouco. "Só até aos quarenta, rapaz, só até aos quarenta!"

Não há quarenta para ninguém. Pelo menos, sem alterar hábitos de vida. Entreguei os testes médicos ao especialista. Ele olhou para os testes. Depois para mim. Depois para os testes. Depois para mim. "Tem a certeza que esses testes são seus?", perguntou o desgraçado. Sentença: anos de excessos, anos de inatividade – e a fatura chegou. É preciso comer melhor e, sobretudo, fazer exercício físico diário.

Obedeci. A partir de agora, usarei duas gotas de Laphroaig apenas como perfume. E, sobre o exercício, perguntei no ginásio se existia um desporto ligeiro, só para início de conversa. "Hidroginástica", disse-me a moça, com um inconfundível esgar de piedade.

Experimentei. Gostei. Tenho uma piscina enorme e mais de trinta mulheres só para mim. Todas elas poderiam ser minhas avós, mas isso nunca foi um problema para quem sempre apreciou mulheres maduras. O ambiente é descontraído e graças a elas já conheço as melhores lojas ortopédicas de Lisboa, que me salvaram recentemente depois de mais um lamentável acidente doméstico. Aconteceu minutos depois de despertar, quando me entreguei a tarefas radicais que não tenciono repetir tão cedo – no caso, subir a persiana do quarto. Um estalido nas costas transformou-me de imediato em estátua e foram precisas doses equinas de analgésicos, anti-inflamatórios e relaxantes musculares para que voltasse a caminhar sem colete cervical.

Sou um homem novo, disposto a cuidar melhor da minha carcaça. E, hipocondríaco confesso, tentei saber tudo sobre a história da família para fazer exames preventivos. Foi assim que a palavra "colonoscopia" passou a fazer parte do meu dicionário.

Avancei para ela sem medo, embora gostasse de lavrar aqui o meu protesto: por que motivo as batas hospitalares para doentes continuam a tapar tudo na frente e a deixar generosas frestas na retaguarda? Não que isso seja motivo para embaraços, claro, exceto se formos reconhecidos por alguns pacientes que também esperam a sua vez em traje igual. "Gosto muito de o ler", disse-me um. "É mais magro ao vivo do que na TV", disse-me outra.

Agradeci, encostando-me ainda mais à parede. E quando finalmente chamaram pelo meu nome, fiz uma vênia de maestro e depois fui recuando, recuando, recuando, até desaparecer pela porta do bloco.

Nunca devemos virar as costas aos nossos fãs.

11.6.2013

Uma herança

Passei uma parte da adolescência com a revista *Playboy*. Culpa de um familiar, que a consumia primeiro e a deixava na mesa de cabeceira depois. Perfeito: aos sábados, almoçava na casa dele como um menino aprumado. E, quando os comensais ainda estavam na sobremesa, eu mostrava certo enfartamento, levantava-me sem fazer ondas e ia repousar para a biblioteca. A biblioteca era um pequeno banheiro nos fundos da habitação onde tinha longos colóquios com Maitê Proença, Vera Fischer ou Luiza Tomé. Ainda hoje, a caminho da meia-idade, penso nas fotos de Luiza Tomé e sinto o tipo de estremecimento que Stendhal detectou em certos turistas girando pelos monumentos de Itália. Nunca desmaiei, é certo, mas já que falamos no assunto: onde anda você, Luiza? Não escreve, não telefona, não diz nada.

A *Playboy* era educação estética. Mas era também formação cultural. Parece piada: folhear a *Playboy* pelos contos e ensaios. Não era. A primeira vez que ouvi falar de Graham Greene foi na *Playboy*. O mesmo para Nabokov, Amis (pai) e Amis (filho). Se os li na edição brasileira ou na edição americana, é difícil dizer. Consumia ambas. Nunca discriminei.

Mas, para ficarmos no Brasil, o melhor de tudo eram as entrevistas. Recordo, com gratidão sincera, uma conversa notável com Roberto Campos, onde o economista elaborava uma das defesas mais inteligentes do capitalismo que li em qualquer língua. Uma das observações mais sagazes de Campos era, ironia das ironias, uma evocação de Marx: a ideia de que sem produzir em abundância, não há riqueza para redistribuir. É tudo *die alte Scheisse* ("a mesma merda"). Muitos intelectuais de esquerda, na impossibilidade de lerem Marx, deveriam ler essa entrevista.

Ou outras. O que acontecia com os escritores, acontecia com certos políticos: um tal de "Lula" foi-me apresentado pela *Playboy*. As considerações econômicas do sindicalista eram de um primitivismo embaraçoso, confesso. Mas depois Lula mostrava um tal desprezo por Caetano Veloso e Gilberto Gil (juro, juro) que simpatizei logo com o personagem.

E havia ainda Nelson Rodrigues. Já conhecia as crônicas do mestre, é verdade. Mas desconhecia que aos sete anos Nelson escrevera a sua primeira história de adultério. Palavras do próprio. Onde estará essa história? Ruy Castro que nos esclareça.

Os sábados eram assim: repartidos entre as curvas do corpo e as contracurvas do espírito. E eu, na estupidez própria dos doze ou treze anos, pensava honestamente que um cidadão tinha direito aos seus segredos. Eu desaparecia uma tarde inteira com as revistas debaixo do braço. E ninguém notava.

Esse familiar notou. Semanas atrás, depois de uma doença demasiado longa e dolorosa para merecer comentário, o homem apagou-se. Fizeram-se as cerimônias fúnebres, disseram-se as palavras de circunstância. E eu, em frente ao caixão, quando meditava em todos os sábados do passado, recebi do filho dele a informação de que existia uma caixa lá em casa que me era destinada.

A caixa chegou hoje, com o conteúdo inevitável: as revistas. Ou o que sobrou delas: dezenas de números da *Playboy* até dezembro de 1999. Não sei por que motivo elas deixaram de ser consumidas na virada do milênio. Sei apenas que eu as deixei de consumir anos antes, quando o desafio passou a ser encontrar Luizas Tomés fora do banheiro, não dentro dele.

Com a imaginação literária que o momento exige, ainda procurei um bilhete no meio da herança: uma explicação, um "sempre-soube-de-tudo", um aceno irônico do outro lado da eternidade. Em homenagem aos almoços interrompidos, talvez um "bom apetite".

Nada encontrei. Faz sentido: os segredos de duas vidas não devem terminar quando termina uma delas. Pelo contrário, devem continuar com a vida que fica. Por momentos, ainda pensei expor a coleção na melhor estante da sala. Mas isso seria uma traição ao espírito da coisa. Melhor guardar tudo na mesa do quarto. Com sorte, haverá filhos ou sobrinhos que saberão o que fazer com elas.

22.5.2012

Os desfiles da eternidade

Passei o mês de julho em três funerais. Nada a lamentar. Sempre gostei de funerais. Não por motivos filosóficos, ou seja, pelo confronto do homem com a sua mortalidade. Gosto de funerais por motivos cênicos: qualquer funeral é incomparavelmente melhor do que todas as peças da Broadway a que assisti. As marcações são perfeitas. Os figurantes não desiludem. O ator principal não tem caprichos de estrela e, mesmo deitado, cumpre o papel na perfeição. E raramente esquece as falas.

Gosto do cortejo fúnebre, silencioso e imponente, como num filme de Visconti. Gosto do choro, genuíno ou não, *sobretudo se não*. E até gosto das risadas: o constrangimento da situação desperta o humor reprimido que há em nós. As melhores anedotas que ouvi foram em funerais. As melhores que contei, também.

E depois existe o sábio amador, que aproveita o momento para atacar com as suas plenitudes sobre a existência. "É a vida." "Temos que aceitar." "Deus é que sabe." "É melhor assim do que sofrer." "Doem-me os pés." Já pensei em escrever um manual com frases clichês para usar em funerais. Editoras, aceitam-se propostas.

Mas os funerais não são apenas teatro; em certos casos, são também gastronomia. Portugal conserva alguns traços de ruralidade que não troco por nada. Dos três funerais de julho, um foi na província. Tradução: engordei três quilos. Boas sopas. Bons assados. A doçaria é imbatível, com destaque para o arroz-doce, o pudim de leite e a chocolataria diversa. Por razões insondáveis, os melhores brigadeiros que já provei foram sempre em funerais. Um mistério. E, em matéria alcoólica, relembro os leitores que 2009 é o centenário de Malcolm Lowry. Respeitei a efeméride e bebi em homenagem ao mestre. Por pouco não fui curar a ressaca para o caixão.*

* "Curar a ressaca para o caixão" é uma expressão idiomática portuguesa. Após uma bebedeira fenomenal, é aconselhável que o morto-vivo acometido de ressaca se recolha à cama até recuperar as forças vitais. [N.A.]

O meu primeiro impulso seria dizer que os funerais são exatamente como os casamentos. Mas hesito. Primeiro, porque "funeral" e "casamento" não passa de uma redundância. E, depois, porque existe uma diferença fundamental entre ambos: guarda-roupa. Os casamentos, no seu exibicionismo festivo, normalmente cruzam a linha do grotesco. Um vestido de noiva é um insulto estético que devia estar interdito às mulheres. E, sobre o noivo, a dúvida metafísica: por que motivo um homem adulto aparece no dia do seu matrimônio vestido de pinguim?

Nos funerais, a sobriedade é a regra. Eu já sabia disso olhando para os figurantes: tons sóbrios, paleta cromática restrita. Mas, desta vez, prestei atenção cirúrgica ao ator principal. Não é novidade para ninguém que os homens há muito que deixaram de se vestir como homens. Vestem-se como os filhos adolescentes que têm em casa, uma forma patética de se confundirem com eles e adiar o envelhecimento inevitável. Não sei quando começou o dilúvio. Desconfio que foi, algures, nos anos 1960, quando se abandonou o chapéu. Ou talvez tenha sido antes, quando se abandonou a bengala.

Só os funerais corrigem essa traição. Eu sei. Eu vi. Eu toquei. Junto às urnas dos três cavalheiros, passei revista às gravatas. Duas de lã. Uma de seda. Impossível conter a emoção. Alguns dos presentes aproximaram-se de mim, procurando consolar o meu pranto. "É seda!", murmurava eu, incrédulo. "Não é cedo, não; é a vida", diziam eles, com um sorriso de compaixão.

E, depois das gravatas, as combinações: as camisas brancas, primorosamente engomadas, com colarinhos mais hirtos do que o próprio morto. Os fatos, de bom corte e aprumado tecido, entre o cinzento e o azul-escuro. Um dos mortos transportava até a evidência nostálgica de um colete. E os sapatos, meu Deus, os sapatos: limpos, engraxados, espelhados. Será possível?

É possível: no mundo vulgar em que vivemos, não deixa de ser irônico que o único momento em que um adulto se veste com bom gosto é no dia do seu enterro. Por isso espanta que as publicações da especialidade continuem a apostar nos lugares errados. Milão? Nova York? Paris ou São Paulo? Nada disso. Fosse eu um editor de moda e haveria espaço generoso para cobrir os únicos desfiles que interessam. Os desfiles da eternidade. Com fotos dos modelos. Descrições apuradas das coleções. Comparação de tendências nos funerais outono/inverno e primavera/verão. E, de vez em quando, um prêmio especial para o defunto mais elegante do bairro.

4.8.2009

Diários de Oxford

Oxford: o nome é indistinguível do mito que Evelyn Waugh criou sobre o lugar no romance *Memórias de Brideshead* (1945). Ilusão: a Oxford de Waugh não existe. Nunca existiu. Exceto nos excessos etílicos que são praticados todas as sextas e sábados à noite e que Waugh recriou no primeiro encontro entre Charles e Sebastian. Se, por hipótese, houvesse uma brigada do vício, tipo América durante a Lei Seca, que obrigasse os foliões a um teste de álcool, as ruas de Oxford ficariam imediatamente desertas – e as cadeias da cidade lotadas. A embriaguez é o objetivo supremo – e não, como deveria ser, o bônus feliz de uma experiência comunitária. Isso significa que, meia hora depois de entrar em qualquer bar, uma pessoa lembra as imortais palavras de Ernest Hemingway ("O mundo está sempre dois uísques atrasado") e tenta acelerar o passo para continuar em jogo.

Ou bebemos, ou entediamos. E não existe nada mais triste do que ficar sóbrio entre os discípulos de Baco.

31.12.2012

o

Caminho pela Pusey Street e vejo um rapaz de dezoito ou dezenove anos que pedala na minha direção. O rapaz não me vê: na calçada, passam duas donzelas da mesma idade. O intrépido ciclista acompanha o movimento de ambas, rodando a cabeça para trás, ao mesmo tempo que pedala em frente. Má combinação.

Como a rua tem um piso irregular, o que acontece a seguir é um dos mais extraordinários acidentes de bicicleta que já vi em Oxford – o rapaz, rebentado contra uma vitrine; e a bicicleta, deslizando pela estrada, até parar milagrosamente aos meus pés. As donzelas riem alto do infeliz e continuam rumo ao seu destino.

Eu, com solidariedade masculina, aproximo-me do rapaz. E ele, com a cara transformada em bife tártaro, balbucia um "*I'm ok, Sir*", "*I'm ok, Sir*", ao mesmo tempo que confirma com os dedos a integridade da dentadura.

Entrego-lhe a bicicleta, ajudo-o a levantar-se e então digo-lhe: ou pedalamos, ou contemplamos. As duas coisas é que não. Porque nós, homens, temos cérebros unidimensionais quando o assunto é feminino.

Ele sorri com a boca ensanguentada e continua: "*Quite right, Sir*", "*Quite right, Sir*".

A educação da juventude inglesa, quando existe, é uma coisa linda de se ver. E Pusey Street, daqui para a frente, terá para mim um significado fonético bastante literal.

1.12.2014

o

Dia Blackwell. Em que consiste a peregrinação? Muito simples: em frente à biblioteca da universidade, entro na mais importante livraria de Oxford, subo ao último piso (o dos livros de segunda mão) e depois vou descendo, descendo, com tempo e gula bibliófila, até às catacumbas da cave, que proporcionam um *grand finale* com filosofia e política.

Mas a Blackwell não é apenas livros. Também são bizarrias. Certa vez encontrei no piso térreo Bill Clinton. Creio que já escrevi algures a respeito. Hoje, fico-me por um anônimo ancião que, sentado num dos sofás da livraria e com livros de arte etrusca aos seus pés, come deliciado (e alheado) uma coxa de galinha, depois a asa, finalmente o peito.

Livrarias existem em qualquer lugar. Mas só em Oxford é possível encontrar um erudito que, indiferente ao mundo em volta, entende que é hora de almoço e despacha um frango inteiro entre as estantes.

31.12.2012

o

Sou convidado para jogar *squash*. Tempos atrás li algures que o exercício é fisicamente exigente e recordista desportivo em infartos e outras maleitas. Pelo sim, pelo não, levei o telefone das emergências no bolso e fui.

Gostei. Em cinco partidas, perdi as cinco – e só pontuei em uma delas por erro do adversário. Mas prometo não desistir.

Ele próprio, aliás, aconselhou-me a não o fazer. Com uma intrigante sugestão: "Você já pensou começar pelo *badminton*?".

Ainda não sei se ele falava a sério ou a brincar.

1.12.2014

o

Comprei um celular inglês. No dia seguinte, comecei a sentir algumas diferenças civilizacionais. Explico: no meu celular português, o despertador arrancava com uma musiquinha suave que convidava ainda ao sonho, à meditação e à preguiça. O despertador inglês, pelo contrário, estremece com violência e solta uma voz de governanta sisuda, com os dizeres: *It's time to get up!*. E se insistimos no *snooze*, a megera zanga-se.

Para que o aparelho fosse perfeito, só faltava mesmo um balde de água gelada sobre a minha cabeça, como acontecia nos colégios vitorianos. Para fortalecer a industriosidade e o caráter. Talvez em próximas versões.

20.10.2014

o

Amigos portugueses, que velam dia e noite pela regularidade das minhas entranhas, perguntam com frequência: "E a comida por aí?". Para desilusão deles, respondo em rima: "Ainda não a vi". Verdade que há quatorze anos, quando andei por cá a "pesquisar" (*cof, cof*), a serradura era boa para gado. Hoje, quando muito, servirá para alimentar um doméstico cão, ou um doméstico gato, isso se não tivermos pelo bicho nenhuma espécie de afeto humano. Mas nem tudo é mau: com uma irmã que vive a quinhentos metros do meu modesto quarto, apareço-lhe invariavelmente ao jantar, tísico e macilento, a mendigar uma malga de sopa ou umas réstias do refogado. Ela acolhe-me com tolerância bíblica e depois, como condição do meu sustento, introduz-me nos seculares prazeres de descascar batatas.

Não me queixo. Se na guerra não se limpam armas, na fome não se ostentam ares.

3.11.2014

°

Todos conhecemos a obsessão dos ingleses com o estado do tempo. Eu próprio, que sou indiferente a variações climatéricas, tive que começar a escutar o boletim meteorológico de manhã para ter conversa o resto do dia.

Agora que estamos em janeiro, a saga continua. Mas com uma nova personagem em cena: a neve. A neve que não chega. A neve que vai chegar. Diariamente, nas conversas banais, eu começo com o primeiro verso: "Está frio". O outro, feliz por encontrar um cúmplice, responde: "E dizem que vai nevar". Então olhamos os dois para o céu, silenciosos e tementes, em busca de um sinal redentor.

Não sei onde Beckett teve a inspiração para o seu Godot que nunca aparece. Mas não ficaria espantado se tivesse acontecido com as conversas meteorológicas que existem por aqui.

26.1.2015

°

Sempre me impressionaram em São Paulo as casas em forma de presídios: grades nas janelas, portões de ferro maciço, câmeras de vigilância e seguranças devidamente armados.

Em Oxford, a cantiga é outra: passamos pelas casas e todas, sem grandes variações, dispensam as cortinas e mostram as intimidades a estranhos. De tal forma que caminhar pelas ruas é atravessar uma sucessão infinda de salas onde é possível contemplar quem lá está, a fazer o que, em que trajes (se os houver) e até em que consiste o jantar. Criminalidade irrisória talvez explique um certo relaxamento (o crime mais comum em Oxford é o roubo de bicicletas). O fato de anoitecer às quatro da tarde também (qualquer raio de sol é recebido pelos nativos com as janelas literalmente abertas). Mas existe uma característica dos ingleses que, apesar de paradoxal, encontra nos seus gestos cotidianos um equilíbrio perfeito: eles são reservados mas excêntricos. Ou, para usar as palavras do grande Tom Stoppard, eles não se importam, não querem saber, não estão assim tão interessados com aquilo que os outros pensam deles. A ausência de cortinas é uma forma de mostrarem o respeito que têm pelo julgamento de terceiros. Nenhum.

Quando se fala da Inglaterra como a pátria das liberdades (desde a Magna Carta de 1215), também é dessa liberdade que estamos a falar.

29.12.2014

o

Que fazer às tatuagens depois da morte? Boa pergunta. Boa resposta: informa o *Guardian* que a Foundation for the Art and Science of Tattooing tem uma solução. Consiste em remover as ditas cujas do cadáver por patologistas especializados, colocar a pele em formol, depois remover a gordura e a água – e finalmente conservar a tatuagem com silicone. Depois, será possível colocar a obra de arte em uma moldura e, imagino eu, informar as visitas que aquele desenho pendurado na sala de jantar era a bunda da avozinha.

Não sei se as visitas comerão a sopa com o mesmo entusiasmo; não é fácil ter apetite com as nádegas da defunta sobre o prato. Mas, pelo menos, a memória da avozinha estará resguardada para as gerações futuras.

20.10.2014

o

Falei do *Guardian*. Gosto de o ler. Todos os dias, antes do almoço, subo à *common room* do colégio e gemo. Através do jornal, entendemos que a Inglaterra tolerante e "liberal" vai desaparecendo irremediavelmente pelo cano. Três exemplos.

Para começar, a prefeitura de Londres pondera proibir o fumo em parques e praças. Depois de bares, restaurantes ou recintos desportivos, nem o ar livre salvará os fumantes. Não seria preferível, de uma vez por todas, fuzilá-los?

Extraordinário é ler as declarações de Simon Stevens, diretor do sistema nacional de saúde, que quer médicos e enfermeiros a praticar exercício físico. A obesidade é um problema sério no Reino Unido, e a questão, agora, já não está nos pacientes. Também está nos médicos, que devem dar o "exemplo" e praticar *jogging* todos os dias antes de vestirem a bata. Se a coisa continua, suspeito que os gordos terão o mesmo destino dos fumantes. O gueto, primeiro; o fuzilamento, depois.

Felizmente, a televisão britânica conserva uns laivos de lucidez: um relatório recente defende que velhos, mulheres, deficientes, lésbicas, gays, bissexuais e outras minorias estão sub-representados na telinha. Números? Aqui vão: quando as mulheres aparecem na TV, normalmente têm entre 20 e 39 anos. Acima dos 55 anos, é praticamente impossível encontrar esses espécimes em séries ou programas de entretenimento.

Confrontado com esses números, duas perguntas vagueiam pelo meu espírito cansado. A primeira é saber que tipo de cabeças se dedica a esses estudos e, mais ainda, se elas não estarão também sub-representadas na televisão do século XXI. Eu gostaria de conhecer uma delas. Curiosidade zoológica. A segunda é imaginar uma série de TV que conseguisse cumprir todas as "cotas" (formais ou informais) que as patrulhas recomendam. Uma série com velhos, mulheres, deficientes, lésbicas, gays, bissexuais – mas também anões, travestis e, para dar um toque fantasista ao enredo, uma manada de unicórnios. Tudo lá dentro, como num quadro de Bosch. Quem não pagaria para assistir a essa novela?

20.10.2014

o

David Cameron foi atropelado por um *jogger* em plena rua de Londres. A Scotland Yard, responsável pela segurança de Cameron, não é poupada de críticas: e se fosse um terrorista? Como é possível que um anônimo se aproxime tão facilmente do primeiro-ministro do país?

O homem em questão, estupefato com a polêmica, garante que estava apenas a correr e que não é culpado de nada. Enfim, um homem a praticar *jogging* é sempre culpado de alguma coisa. Mas esse não é o ponto.

O ponto é que o encontro de Cameron com um *jogger* é um sinal de civilização. Significa que o primeiro-ministro ainda caminha pelas ruas sem excesso de gorilas, sem carros blindados, sem ruas cortadas – tudo ao contrário do Terceiro Mundo, onde qualquer déspota precisa de um exército para poder dar um passo.

3.11.2014

o

Os ingleses vão às urnas em maio e ninguém acredita que Ed Miliband, o líder dos trabalhistas, seja homem à altura do serviço. Discordo. Basta ler os jornais para medir a fibra política do cavalheiro: segundo relatos, Miliband terá discutido a Rússia – e as sanções a aplicar a Vladimir Putin – com o ator George Clooney e a sua recentíssima senhora.

Proximamente, não será de excluir que Rowan Atkinson, famoso como mr. Bean, também tenha uma palavra a dizer sobre o assunto. O Rato Mickey, até ao momento, ainda não deu sinais de vida. Problemas de agenda, seguramente.

26.1.2015

o

Que tristeza: cheguei a Inglaterra há três semanas e ainda não vi Stephen Gough por aí. Quem? Falo do Caminhante Nu, que percorre as ilhas britânicas de norte a sul e que já passou anos no presídio por causa disso.

Agora, cansado das agruras policiais, Stephen levou o caso ao Tribunal Europeu dos Direitos do Homem, que não se comoveu. Os juízes ordenaram decoro e vestes. O caminhante não se conforma. Em declarações aos jornalistas, lamenta que a cultura de excentricidade esteja a desaparecer na Inglaterra.

Concordo com ele. E acrescento uma pergunta formulada em tempos por Theodore Dalrymple: se uma pessoa não pode andar despida nas ruas, por que motivo as autoridades permitem que alguns cidadãos andem cobertos da cabeça aos pés, como se a vida fosse uma festa de Halloween permanente? Para usar os argumentos do Tribunal Europeu dos Direitos do Homem sobre o naturalismo de Stephen Gough, não serão as mulheres muçulmanas com véu integral um exemplo ofensivo para "as regras do comportamento público aceitável"?

Uma sociedade civilizada talvez precise de compromissos entre sensibilidades distintas. É por isso que os trapos que faltam a Stephen Gough deveriam ser retirados a quem tem excesso deles.

3.11.2015

o

Desde que descobri a genética, nunca mais quis outra coisa. Leio sobre, discuto sobre. Desculpo-me com.

Vejamos os dentes: eles partem, eles apodrecem, eles sangram? Genética, digo eu. O meu trisavô, que Deus o tenha, perdeu a dentadura aos dezoito anos e passou a vida inteira a sopas e sucos. O auditório abisma-se com essas mentiras e eu sofro com as verdades: todos os meses, a cadeira do dentista espera por mim. E eu marcho para ela com o ânimo de um condenado.

É por isso que não deveria dar um pio sobre a intenção das escolas inglesas em ensinar as crianças a escovar os dentes duas vezes por dia. Para evitar cáries, infecções e outros desarranjos da placa.

Uma representante dos pais, confrontada com a medida, pergunta no *Daily Telegraph*: "O que vão sugerir a seguir? Que os pais despejem os filhos na escola, nus e sujos, para que o Estado os lave e vista?".

Entendo o argumento. Mas, minha cara senhora, o melhor é não dar ideias. O Estado pode bem roubá-las e até há pais que agradeceriam o jeito.

3.11.2014

o

E por falar em dentes: não é simplesmente notável que os nossos antepassados romanos tinham melhores dentaduras do que nós? Os jornais revelam a descoberta: depois de analisadas trezentas caveiras da época, a periodontite era raríssima. Hoje, 30% da população mundial é atingida pela maleita e até pode engolir os próprios dentes enquanto come o jantar. As causas parecem estar no tabaco e nas doenças associadas. O que permite concluir que a melhor forma de manter a saúde oral é abandonar esse nojento vício e, já agora, abraçar a vida saudável que os romanos tinham. Como, por exemplo, participar em lutas de gladiadores ou ser lançado às feras para gáudio das massas. Naturalmente que esses hábitos também tinham o seu preço: lembra o *Times* que a longevidade da turma raramente passava dos quarenta anos.

Mas, em contrapartida, eram quarenta anos sem halitose e com bocas celestiais.

3.11.2014

o

Deu na rádio: será verdade que sexo com vinte ou mais mulheres reduz em 30% o risco de câncer da próstata? Se é verdade, prevejo grandes avanços. Não apenas para a medicina, mas para as relações humanas em geral. E imagino um homem, apanhado em pleno ato, explicando à respectiva senhora: "Querida, isso não é o que parece. É simples profilaxia".

3.11.2014

o

O meu pai, professor de história, costumava dizer que é preciso fazer uma distinção basilar na vida: entre pessoas ignorantes e pessoas estúpidas. As primeiras podem ter salvação – com disciplina e estudo. Gente estúpida, porém, não tem salvação, dizia-me ele. Nenhuma ideia é capaz de furar aquelas cabeças, sobretudo se as cabeças já estiverem deformadas pelo "vírus da estupidez" (*sic*). Em relação a elas, sorrisos (sociais) e distância (física).

Oh well. O meu pai faleceu há onze anos e infelizmente não assistiu a algumas proezas da ciência. Sim, ele já falava do "vírus da estupidez". Mas ninguém calculava que a estupidez pudesse ser realmente infecciosa.

Agora, cientistas americanos acharam um ser microscópico (o ATCV-1) que, para além das algas marinhas, também pode ser encontrado em seres humanos. O referido vírus altera o funcionamento cerebral e diminui acentuadamente as capacidades cognitivas do sujeito.

Uma pergunta, porém, fica por responder: se as algas infectam humanos, haverá hipótese de humanos infectarem humanos?

Em caso afirmativo, mais uma vez se prova que o meu pai era um visionário: sorrisos (sociais) e distância (física).

17.11.2014

o

Sim, já deu para entender: os ingleses adoram notícias sobre saúde. Não passa um dia sem que os jornais não anunciem descobertas – ou alarmes – para entreter a curiosidade dos nativos. Notícias sobre saúde são os novos folhetins do século XXI. Sherlock Holmes, hoje, seria um anatomopatologista.

Vejamos os estorninhos (pequenos pássaros que abundam nas ilhas). Programa da BBC revela: eles estão em rápido declínio. Motivo? Medicação antidepressiva em humanos. Por ano, são 50 milhões de receitas. O que significa que nas águas de esgoto ficam resíduos dessa artificial felicidade, que normalmente provoca, como efeito adverso, uma certa preguiça na protuberância de baixo. As aves bebericam essas águas, talvez se sintam mais felizes, mas ante a diminuição da libido não há como assegurar a reprodução da espécie. Como reverter isso?

Ninguém quer uma nação de ingleses infelizes só por causa dos estorninhos. Mas o governo britânico, por cada caixa de Prozac, deveria oferecer aos pacientes uma de Viagra como brinde.

Tenho a certeza de que as aves, na hora de matar a sede, se recompunham depressa com esse engenhoso equilíbrio.

3.11.2014

o

Está uma pessoa no sono dos justos quando dispara um som de catástrofe. A princípio, pensei que era eu próprio a ressonar (não seria a primeira vez). Mas concluo rapidamente que o colégio está em chamas e, como uma personagem da série *Seinfeld*, desato a correr pelas escadas abaixo, atropelando mulheres e crianças, em busca de salvamento.

Falso alarme: era apenas uma simulação. E eu, sob o frio inglês, em cuecas e tronco nu, pergunto a todos os santos por que motivo a sorte é tão madrasta.

Os santos respondem-me quando me lembro que, tomado pelo pânico, deixei as chaves do quarto dentro do quarto.

3.11.2014

o

A entrega do Oscar está à porta e Frances Ryan, no *Guardian*, formula a questão que se impõe: devemos permitir que atores fisicamente normais representem figuras fisicamente limitadas? A colunista dá como exemplo Eddie Redmayne como Stephen Hawking em *A teoria de tudo*. Mas também cita Daniel Day-Lewis (paralisia cerebral em *Meu pé esquerdo*) e Dustin Hoffman (autista em *Rain Man*). Para a autora, uma situação dessas pode ser duplamente gravosa. Primeiro, porque exclui da indústria deficientes reais, que poderiam representar os mesmos papéis. E, em segundo lugar, porque já ninguém vê com bons olhos a possibilidade de um ator branco pintar o rosto com graxa para representar um personagem negro, como sucedia na Hollywood das primeiras décadas. Não será a *cripping up* uma nova forma de *blacking up*?

Boas perguntas. Que, aliás, só pecam por modéstia. Se a ambição é incluir na indústria todos aqueles que podem trazer uma autenticidade igualitária para os projetos, Frances Ryan não deveria ficar por patologias motoras. Pessoalmente, sempre me pareceu revoltante que Hollywood tenha recorrido a Anthony Hopkins para o papel de Hannibal Lecter quando existem nos presídios da América vários canibais autênticos que poderiam ter dado o seu contributo para uma refeição mais completa.

Obviamente que, no afã de incluir todo o mundo, podem surgir situações delicadas – filmes sobre super-heróis, por exemplo, empregando pessoas "reais" que acreditam que podem voar. Nesses casos, não seria de excluir sérios atrasos na produção tendo em conta a necessidade de substituir continuamente os atores sempre que houvesse novos *takes* no topo de um arranha-céu.

9.2.2015

o

Passo pela Igreja de Santo Aloísio – a casa do cardeal John Henry Newman depois da conversão ao catolicismo – e um turista, de mapa na mão, faz-me uma pergunta tremenda: "Poderia dizer-me onde fica a Universidade de Oxford?".

Primeiro, julguei que fosse piada. Mas como o homem mantinha o rosto sério, respondi: "É tudo o que existe em volta".

O rosto sério deu lugar a uma exasperação séria. Refinei a explicação: a universidade, em rigor, não existe – fisicamente falando. O que existe são os vinte e tal colégios que a compõem, cada um com autonomia própria e, em certos casos, áreas de interesse próprias.

O rosto do homem iluminou-se, como se tivesse pisado terra firme depois de meses à deriva: "Ah, os colégios são as faculdades!".

A medo, tento não partir o coração do cavalheiro. "Não, as faculdades são outra coisa. Também existem, mas são outra coisa."

O homem dobra o mapa, agradece a cortesia e depois, com o olhar derreado, entra na igreja. Opção sensata. Quem sabe? Talvez uma intervenção divina possa desfazer o nó que se formou naquela veneranda cabeça.

26.1.2015

°

Ida ao supermercado. Atrás de mim, duas estudantes da Universidade de Oxford conversam. Diz uma delas: "*You cannot drink and then write your essay. It's the other way around*".

Honestamente: não é o cúmulo da sofisticação?

3.11.2014

°

Os livros que já emprestei (e perdi) devem ser comparáveis aos livros que conservei. Difícil medir com rigor. Sei apenas que conto pelos dedos de uma mão as obras que tiveram ida e volta.

Durante uns tempos, ponderei inaugurar um esquema de controle: a pessoa levava o livro, assinava um documento – ou então, em alternativa, deixava qualquer coisa em troca. Um pedaço de carne talvez se ajustasse à natureza literária do negócio. Felizmente, não é preciso escolher esses caminhos perversos: na Turl Street, no centro da cidade, encontrei uma loja que vende os carimbos que procurei toda a vida. Com palavras simples, eles permitem imprimir na obra a seguinte informação: "*This book has been stolen from...*". Depois, é só acrescentar o nome do proprietário por baixo.

Nada disso garante a devolução do objeto? Verdade. Mas existem duas consolações que é importante não desprezar. A primeira é saber que, algures, em bibliotecas alheias, estarão dezenas, centenas, quem sabe milhares de confissões de um crime. A segunda, mais importante ainda, é ter a certeza de que o empréstimo não terá sucessores nem herdeiros: quem rouba não passa o roubo para mais ninguém. O meu carimbo, que será distribuído democraticamente pelas várias páginas do livro, será uma espécie de contraceptivo bibliófilo para impedir a propagação da ladroagem.

9.2.2015

°

E por falar em documentos para assinar: não seria boa ideia se homens e mulheres, momentos antes de qualquer intimidade, assinassem uma declaração onde atestassem o seu consentimento?

É uma sugestão. Tudo porque as autoridades inglesas, alarmadas com os abusos sexuais que existem por aqui, tencionam exigir ao cavalheiro uma prova cristalina de que a donzela, de fato, estava na posse das suas faculdades racionais e deu, com todas as letras, o seu abençoado "sim".

Entendo a preocupação. E, quando o cenário são abusos, mão pesada com os abusadores. Mas pergunto se uma exigência dessas, para além de juridicamente discutível (inversão do ônus da prova etc. etc.), não poderá desproteger muitos homens decentes de qualquer ameaça malévola, vingativa ou infundada. Um documento assinado pelas partes talvez fosse mais seguro. Ou, então, a presença constante de uma testemunha que acompanharia todo o processo – dos mais inocentes preliminares ao descanso tabágico dos guerreiros.

Com a Europa flagelada pelo desemprego, testemunhas atentas e silenciosas talvez fossem o início de novas e promissoras carreiras.

9.2.2015

o

Oxford tem vários clubes para quem gosta de desporto. Mas há limites: quatorze anos atrás, quando aqui estive pela primeira vez, os amantes do remo levantavam-se a horas obscenas e depois rapavam frio de morte na água e na neblina.

Recusei a tentação e optei por outra modalidade fisicamente exigente, mas com horários mais apropriados. Inscrevi-me no Clube dos Provadores de Vinho e, quinzenalmente, na companhia dos meus confrades, havia sempre oito garrafas (quatro de vinho branco, quatro de vinho tinto) para serem provadas com os seus vagares. No final dessas sessões, já ninguém distinguia claramente um Merlot de um Pinot Noir, para desespero do mestre de cerimônias. Mas ficaram amizades.

Ainda me lembro de um rapaz australiano que, em gesto operático, subiu a uma das mesas corridas do colégio, estilo Harry Potter, com a ambição heroica de saltitar entre elas. Talvez pela nacionalidade, ficou conhecido como Canguru

Jack e a proeza serviu de aviso para os restantes: em Oxford, rebentar com os queixos é despesa grande e vergonha idem. Aparecer nas festas dos colégios com ferros no rosto não é propriamente o melhor cartão de visita. Canguru Jack ensina hoje na Suécia.

Passaram os anos. Mas não passou a minha paixão pelo desporto. Estou de volta às provas de vinhos e descubro com orgulho que ainda sei duas ou três coisas sobre a matéria. Só pelo cheiro, identifico um Chardonnay (pela cor – dourada – e pelo odor – frutado). Ainda nos brancos, aqui vai um conselho ao leitor romântico: nenhuma mulher resiste a um bom Riesling (vai bem com saladas e é leve como elas). Nos tintos, nunca entendi a hostilidade do personagem Miles (Paul Giamatti) no filme *Entre umas e outras [Sideways]*, quando gritava ao amigo: "*I won't drink the fuckin' Merlot*". Ele que me traga um Saint-Émilion e depois falamos.

Não posso é garantir que falaremos com os queixos intactos. Mas, a partir de uma certa idade, as festas dos colégios perdem aos pontos quando comparadas com o sossego redentor de uma boa cama para as boas ressacas.

17.11.2014

o

Em Oxford, sinto-me em casa. Não pela trilogia óbvia de livros, cabeças fecundas e Laphroaig. Mas pela quantidade de pessoas que, caminhando pelas ruas, têm o hábito saudável e belo de falarem sozinhas. Algumas sorriem, outras mostram esgares de preocupação. Mas ninguém repara, ninguém critica, ninguém se transforma em bovino a olhar para o palácio. Há o entendimento implícito de que um diálogo está em curso entre duas pessoas com os mesmos gostos, os mesmos interesses, as mesmas efabulações.

Em Portugal, quando eu próprio me entrego ao exercício, há sempre um exército de dementes com o queixo caído e algum temor no olhar. Provavelmente, já devo ter provocado acidentes de viação durante uma das minhas composições. Porque é de composições que falamos: crônicas inteiras escritas mentalmente entre o Rossio e o Marquês de Pombal, que são depois vertidas em letra de forma quando chego ao meu escritório, ou seja, à minha cama.

Não sei se existe uma associação de faladores solitários, disposta a combater o estigma de que somos vítimas. Se existe, ninguém me informou. E o mais provável é eu próprio criar uma só para mim.

20.10.2014

o

Em matéria de saúde pública, todos os dias há alarmes. Leio nos jornais que um estranho bicho, tipo percevejo ou coisa do gênero, está a caminho da Inglaterra. O dito cujo já fez estragos na Itália ou na Espanha. Brevemente estará nos sofás e nas camas dos ingleses a largar um cheiro nauseabundo.

Entendo a preocupação dos nativos. Não a posso partilhar. E estranho apenas que a Sociedade Protetora dos Animais, sempre tão afoita a defender os "direitos" dos bichos, não tenha dito uma palavra a favor dos percevejos. Basta conhecer o estado higiênico dos sofás ou das camas inglesas para entender que, nessa história toda, a ameaça é a inversa.

17.11.2014

o

Dizem-me que os médicos ingleses terão um bônus de 55 libras (mínimo) por cada diagnóstico de demência. Um ultraje deontológico?

Tudo depende do que entendemos por demência. Na minha família, por exemplo, a palavra sempre foi usada com uma certa liberalidade. "Demente" é alguém que simplesmente não regula da cabeça. O caso era tão natural que a minha irmã, neurologista, por vezes tinha situações caricatas com colegas de profissão. Dizia que alguém era "demente" e os pares começavam logo a discutir causas e diagnósticos com afinco.

Talvez esteja aqui uma chave para que o caso inglês não se transforme na vergonha ética que alguns profissionais já vieram alardear. Fácil: basta alargar a palavra "demência" no seu alcance e significado. Os médicos ganhavam mais e, bem-vistas as coisas, todos nós somos um pouco dementes.

17.11.2014

o

Noite de *pub* com dois colegas. Um deles, que já superou os mínimos olímpicos (em Oxford, o mínimo olímpico começa nas seis cervejas), vai falando, vai parando, vai falando, vai parando – e eu apercebo-me que o ritmo não é marcado pela embriaguez. É uma pausa física para acautelar o vômito iminente, normalmente acompanhada por um engolir em seco.

Dou um passo para trás, ele dá um passo em frente. Como na tourada à portuguesa, sou um forcado amador momentos antes de levar com a cornadura da animália.

Não vale a pena continuar com a história gráfica desse confronto. Mas é surpreendente saber que, numa cidade tão absurdamente cara, a limpeza de uma camisa de algodão em estabelecimento certificado custa apenas duas míseras libras.

20.10.2014

o

O Reino Unido já tinha o seu *Boxing Day* – aquele dia depois do Natal em que as lojas, com promoções generosas, são tomadas de assalto por hordas de alucinados, que às vezes pernoitam à porta das mesmas. Cheguei a conhecer vários. Cheguei a dar esmola a vários, confundido-os com meros pedintes.

Agora, uma importação americana (a *Black Friday*) proporcionou espetáculo igual – e cenas de pancadaria iguais: compradores psicóticos que, depois de uma noite ao relento, se sovaram em várias lojas do país por causa de TVs plasma ou eletrodomésticos para o lar. A polícia entrou em cena, prendeu quem pôde, mas pediu às lojas "planos de contingência" para lidar com os selvagens. Até para proteger a integridade das lojas.

Respeito a polícia. Mas talvez outra ideia fosse mais eficaz. Sejamos honestos: os teatros do West End não têm coisa que se veja (pelo menos, até março, quando Emma Thompson enfrentará *Sweeney Todd*). O cinema não ata nem desata. E até a televisão inglesa já conheceu melhores dias.

Perante isso, por que não instalar algumas bancadas no interior dos grandes armazéns para que os interessados, munidos de bebida e pipocas, pudessem ver a loucura, a corrida e o pugilato das massas na disputa violenta por uma torradeira?

Eu pagava o ingresso. E, se todos pagassem, o vandalismo que as promoções arrastam praticamente pagava-se a si próprio.

1.12.2014

o

Aqui em Oxford, sinto saudades do meu bairro lisboeta. Sobretudo dos gênios que lá vivem. Só na minha rua, são dois ou três, sempre com ares meditativos e profundos. O mundo não os conhece. Às vezes, nem os vizinhos têm essa honra. Mas quando eles falam das respectivas "obras", uma pessoa pergunta onde está a Academia Sueca quando mais precisamos dela. No Brasil deve ser a mesma coisa: alguém comete uns versos e decide confessar o crime em edição de autor. E pronto: já ninguém segura a criatura.

Oxford é uma tristeza. Uma pessoa cruza-se com cientistas que alteraram a história da ciência. Ou com literatos que mudaram a nossa forma de usar a massa cinzenta. Mas há um traço comum nessa triste fauna: uma certa relutância, para não dizer embaraço, em falar das respectivas proezas. Como se a cura de uma doença ou um tratado filosófico para a próxima centúria fossem assuntos sem assunto, impróprios para festejos e outros onanismos.

Fosse eu um homem rico e importaria rapidamente alguns gênios lusófonos para animar essa sensaboria. Oxford precisa de aprender umas coisas em matéria de pose e verborreia.

29.12.2014

o

Noite de copos no The Bear. O bar reclama o título de mais antigo da cidade (fundação: 1242). Talvez seja. Pelas paredes, vemos um número infindo de gravatas porque era tradição da casa usar a tesoura sempre que alguém entrava no espaço com a dita cuja. Hoje, ainda há quem tente ressuscitar a tesoura, levando o apêndice pendurado ao pescoço. Para ser cortado e imortalizado.

Comigo, não. Larguei a gravata desde que cheguei a Oxford mas o hábito da Guinness permanece intacto. Sempre disse que a cerveja – peço desculpa: a *stout* – deveria ser comida às colheradas. Exatamente como se fosse uma sopa.

Um dos convivas apoia a ideia. Até porque a Guinness era assim devorada nos hospitais da Irlanda, especialmente por senhoras depois do trabalho de parto.

Brindo a isso. Brindo a elas. E desconfio que uma boa forma de travar o declínio populacional na Europa seria prometer a cada mulher grávida refeições vitalícias de Guinness depois da respectiva contribuição demográfica.

1.12.2014

o

Foram anos e anos a ler a *Spectator* e o *Telegraph*. Desconfio que essas peregrinações acabaram. Ou, pelo menos, serão praticadas com maior parcimônia. O *Telegraph* lê-se em dez minutos (e, aos domingos, em quinze). Não há um colunista, um repórter, um crítico que justifique o tempo e o dinheiro. O mesmo para a velhinha *Spectator*, que ainda por cima comete o ultraje de dar guarida a Rod Liddle – um hino à boçalidade e uma cópia reles do (excelente) Mark Steyn. O que resta, então?

Sim, o *Sunday Times* é preferível ao *Sunday Telegraph* (mesmo com Rod Liddle, que também aparece aos domingos no jornal). Mas a melhor colheita das rotativas britânicas é, sem surpresa, a revista *The Oldie*, dirigida por Alexander Chancellor e só superficialmente vocacionada para a "terceira idade". Nas páginas de publicidade, lá encontramos casas de repouso; aparelhos auditivos; calçados ortopédicos; e, juro pela minha saúde, o último grito em cadeira de rodas. Mas depois temos artigos superiormente escritos (e superiormente hilariantes) sobre as pequenas loucuras da vida atual. As secções onde aparecem esses textos têm títulos que são todo um programa: *Still with Us* (retratos biográficos de personalidades que se mantêm vivas), *Living Hell* (normalmente devotado à indústria do turismo) e, naturalmente, o heroico *Notes from the Sofa* (reflexões do sofá sobre tudo o que mexe, o que obviamente exclui o autor das notas).

Para concluir, Mary Kenny responde a perguntas dos leitores, explicando, entre outros mimos, por que motivo a demência não tem que ser o fim do mundo.

Ler a *Oldie* é celebrar a velha excentricidade dos nativos, que desapareceu das publicações *mainstream*, sequestradas pelas sereias da "respeitabilidade".

23.2.2015

o

Oxford é uma universidade medieval. O que significa que existem algumas tradições medievais que podem confundir certos espíritos modernos.

Um exemplo: quando o aluno vai discutir com a banca a sua tese, o traje é conhecido – *gown*, laço, camisa branca. Mas um colega contava-me que existe outra possibilidade: chegar no dia sacramental e aparecer perante o júri vestido de cavaleiro – armadura posta, capa, desconheço se cavalo.

A bizarria divertiu-me. Mas uma história divertiu-me ainda mais. *Porque já aconteceu.* O aluno apareceu no exame como se tivesse saído de um filme do Monty Python. Os examinadores, depois do choque inicial, começaram as perguntas.

O aluno recusou responder a elas. Ainda segundo os mesmos estatutos que permitem o traje medieval, o cavaleiro tem direito a uma caneca de cerveja providenciada pelos examinadores. Sem cerveja, o protocolo estava ferido de morte.

Pausa nos trabalhos. O júri reuniu. E deliberou, após consulta minuciosa do regulamento: sim, faltava a caneca de cerveja; mas o exame não poderia ser realizado porque o cavaleiro também desrespeitara os estatutos. Ele esquecera-se da espada. E, sem espada, o protocolo também estava ferido de morte.

O cavaleiro regressou ao seu castelo – sem espada e, claro, sem o diploma de doutor. Mas, em contrapartida, inscreveu o seu nome e a sua lenda na história de uma universidade com quase mil anos de existência.

O resultado do duelo parece-me justo.

23.2.2015

o

Tenho inveja de colegas acadêmicos que são especialistas minuciosos em minuciosos assuntos. Eles não conhecem apenas a obra de John Locke, por exemplo. Eles sabem o número de páginas de cada livro; as datas de cada impressão e reimpressão; e, sobre o autor propriamente dito, nada escapa: dados biográficos; maleitas físicas; amores, amizades, inimizades; preferências gastronômicas; rotinas intestinais.

Não pertenço ao clube. Nunca pertenci. A culpa não é minha. Eu esforço-me. Mas uma curiosidade constante alimenta uma impermanência constante.

Tempos atrás, li uma entrevista ao ator John Malkovich sobre o seu filme *Variações de Casanova*. E Malkovich deixava uma observação luminosa: é um erro confundir Casanova com um sedutor superficial, que colecionava mulheres com o tédio dos contemporâneos. Casanova colecionava mulheres, sim, mas devotava a cada uma delas uma paixão igualmente única – pelo menos, até conhecer a próxima.

Assino por baixo: sobre o sexo feminino, boca fechada. Sou rapaz comprometido e a minha senhora tem o hábito abusivo de ler estas colunas. Mas nas águas intelectuais, tudo me interessa com uma obsessão que pode durar horas – ou dias, ou meses. Raramente anos. O filósofo Isaiah Berlin tinha nome para essas personalidades: "raposas". O que significa que Oxford é a mais perfeita capoeira que existe.

De manhã, ainda na cama, vou lendo uma história da malícia no Ocidente (meu Deus, o que levará alguém a devotar anos de vida a esse tema arcano?). Depois, nas caminhadas profiláticas, passo pelo Museu de História da Ciência e há uma palestra anunciada que está literalmente a anos-luz das minhas pastagens: "De onde veio a Lua?", lê-se no cartaz. E, depois, as datas e o nome: parece que o eminente prof. Alex Halliday promete resolver o mistério.

Eu sorrio, continuo a caminhar, mas a pergunta não faz as malas para deixar a minha cabeça em paz. De onde veio a Lua, afinal?

Dou meia-volta, regresso ao lugar do crime e anoto na agenda o dia da revelação. Definitivamente, é importante saber de onde veio a Lua, sobretudo quando passamos os dias com a cabeça nela.

9.2.2015

o

E por falar em colegas de ofício: muitos deles olham para a teoria política com um esgar de desdém. Mergulhados em preocupações mais mensuráveis (comportamentos eleitorais, regimes e sistemas políticos etc. etc.), as meditações dos metafísicos parecem-lhes uma forma de diletantismo intelectual que não acrescenta um grama para a salvação do mundo.

Já deixei de os contraditar nos seus desprezos e vilanias. Até porque eles podem estar certos, o que não deixa de ser música para os meus ouvidos. Seja como for, os meus ouvidos não se alegram apenas com o desprezo "científico" dos pares. Também festejam quando há encontros intelectuais nas mesmas águas.

Hoje, ao almoço, sentei-me à mesa do refeitório do colégio com uma aluna que estuda a emigração dos samurais japoneses para os Estados Unidos no século XIX. Durante uma hora, lá a escutei sobre os diários que eles escreveram; as paixões que despertaram; e até as visitas à Broadway que fizeram, para espanto dos nativos.

Encantado com a narrativa, ainda lhe perguntei se ela nunca pensou em escrever um roteiro sobre o assunto e vender os direitos para Hollywood. Ela meditou e depois respondeu: "Você tem o telefone do Jim Jarmusch?".

9.2.2015

o

Tive dois acidentes rodoviários na vida. Nenhum deles grave. Ou quase. No segundo, houve hospitalização e cirurgia. Sobrevivi para contar.

Olhando para trás, consigo ver pela bruma do tempo os contornos de ambos. Ou, melhor dizendo, de ambas: nos dois acidentes, eram mulheres que dirigiam. Uma coincidência, sem dúvida: longe de mim seguir os passos da Arábia Saudita e considerar mulheres que dirigem uma forma de terrorismo. Pelo contrário: as mulheres que conheço dirigem tão bem que eu prefiro nem viajar com elas. Para não estragar a concentração e a elegância do momento.

E quando, por engano, reparo que uma donzela está ao volante, salto do carro em andamento e fico em posição fetal, gemendo e suando na berma do asfalto. A culpa não é delas, repito. É minha. É da minha cabeça traumatizada e doente: no fundo, sou como um antigo soldado de guerra que se esconde debaixo da cama sempre que ouve fogo de artifício.

Mas há sinais de melhoras. E de culpas mais repartidas. Na Inglaterra, todo mundo dirige pela esquerda. Uma bizarria? *Not really.* Tempos atrás, um erudito local explicava-me pacientemente que bizarros somos nós, "europeus", que dirigimos pela direita por absurda imposição napoleônica. "Se reparar", disse ele, "nós dirigimos pela esquerda porque Napoleão não chegou às ilhas". Nem às ilhas, nem à máquina a vapor, que espalhou o transporte ferroviário pelos quatro cantos do globo meio século depois de Napoleão. "É por isso que os trens circulam pela esquerda, não pela direita."

Histórias à parte, é evidente que dirigir pela esquerda pode fazer grandes diferenças. Sobretudo quando cruzamos a estrada olhando para o lado errado.

Sim, foi mais estrondo que outra coisa. Mas eu, caído no asfalto, repeti em pensamento a pergunta que os pais ansiosos fazem quando ouvem as boas graças: "Será menina ou menino?".

Era menina. Mas, dessa vez, a culpa foi do menino.

29.12.2014

o

Gosto de me sentar num *pub* e ver quem chega. Ou, para ser mais rigoroso, quem parte. Explico: nos *pubs* ingleses, ninguém vem servir à mesa. É preciso levantar o *derrière*, caminhar até o balcão, fazer o pedido e pagar. Depois, trazem-se as bebidas para a mesa e, nos lugares mais afortunados, alguém da casa acabará por trazer a comida para nós.

Fatalmente, nem todos os turistas conhecem a bizarria. O que significa que eles chegam, sentam-se, aguardam (dez minutos, vinte, trinta) e depois, indignados com a qualidade do serviço, abandonam o *pub* com insultos na língua de origem.

Essa, aliás, é a melhor forma de conseguir mesa quando o *pub* parece lotado: olhar em volta e ver se há turistas sentados, à espera de serem servidos. Nunca falha.

23.2.2015

o

Café da manhã no lugar do costume com a ementa do costume: expresso duplo e *croissant*. Mas hoje, ao chegar, deparei-me com uma oferta inusitada: *croissant* ou pastel de nata português (*Portuguese custard tart*, na tradução)?

Angústia. Se o patriotismo é o último refúgio dos canalhas, ele às vezes é o dilema pungente dos expatriados. Estaria eu disposto a renegar a minha pátria, recusando o pastel de nata e optando pelo gaulês *croissant*? Estaria eu, verme e traidor, disponível para esquecer os meus antepassados, que morreram nas baionetas dos exércitos de Junot durante as invasões francesas?

Não contem comigo. Com orgulho e determinação, apontei para a vitrine dos doces e ordenei, como um general em plena batalha: "Levo um de cada, por favor".

Guardar ressentimentos históricos nunca fez bem a ninguém.

26.1.2015

°

Nunca tinha conhecido uma vegetariana fanática. Sim, já almocei ou jantei com vegetarianos racionais – gente que prefere saladas a picanha por motivos de saúde, paladar ou, no limite, compaixão pelos bichos. Mas uma vegetariana fanática sobe um degrau na escadaria da loucura: ela recusa a carne e exige que todo mundo siga o seu exemplo. Pelo meio, declara que "o cheiro da carne dá náuseas" e, nos seus melhores dias, "quem come carne é homicida".

Na noite passada, organizei um pequeno jantar de despedida. E, sem perguntar pelas preferências gastronômicas dos comensais, cozinhei um impressionante naco de vitela.

Uma das convidadas nem sequer entrou no apartamento. Como se o cheiro – divino – da carne fosse uma ameaça à sua sanidade mental, aliás inexistente.

Quando soube do real motivo da desistência, ainda enviei uma mensagem de celular: "Você se importa que eu coma a sua dose?".

Não obtive resposta, mas não perco a esperança.

1.6.2015

°

E por falar em comida: a Fishlove, projeto fotográfico (e militante) de um artista qualquer, lançou uma campanha em que atrizes várias surgem despidas – e com peixes ou mariscos a cobrir as partes pudibundas. Até aqui, tudo bem. Ou tudo mal, se pensarmos que Judi Dench, aos oitenta anos, participou da campanha, segurando uma lagosta que lhe cobre o tronco pelado.

A ideia da Fishlove é promover a "pesca sustentável", embora eu desconfie que o objetivo é outro: garantir o vômito insustentável e, tendo a imagem de Judi Dench na cabeça, nunca mais tocar em lagosta para o resto da vida.

Se esse era o objetivo, missão cumprida, rapazes.

1.6.2015

o

Nunca fui poeta. Como dizia um humorista português, eu sempre fui mais prosa. Mesmo na adolescência, quando os hormônios exigiam rimas, eu optava pela narrativa.

Tudo isso pode mudar. Colegas ingleses introduziram-me à história e à técnica do *clerihew*. O nome vem de Edmund Clerihew Bentley, que inventou pequenos poemas para matar o tempo antes que o tempo o matasse a ele. O *clerihew* é composto por quatro singelos versos, em que o primeiro rima com o segundo e o terceiro com o quarto. O tema é essencialmente biográfico. O tom é paródico. O exercício é bizarro. A métrica é inestética.

Alguns *clerihews* ficaram na memória da nação. Um dos mais citados reza assim:

Sir Christopher Wren
Said, "I am going to dine with some men.
If anyone calls
*Say I am designing St. Paul's".**

Tomado pelo *furor poeticus*, aproveito o momento para dedicar aos leitores um *clerihew* da minha lavra. Aqui vai:

Os leitores da *Folha*
Não têm escolha.
Leram a coluna do princípio ao fim.
E exclamaram em coro: "Mas que coisa ruim!".

29.12.2014

* "Sir Christopher Wren/ Disse: 'Vou jantar com alguns amigos./ Se perguntarem por mim/ Diga que estou construindo a Catedral de St. Paul'. " [N.A.]

Índice remissivo

L

M

Sobre o autor

João Pereira Coutinho nasceu em Portugal, em 1976. Formou-se em história, na variante de história da arte, na Faculdade de Letras da Universidade do Porto. Doutorou-se em ciência política e relações internacionais pelo Instituto de Estudos Políticos da Universidade Católica Portuguesa, em Lisboa, onde também é professor. Colunista da *Folha de S.Paulo* e do diário português *Correio da Manhã*, publicou no Brasil *As ideias conservadoras explicadas a revolucionários e reacionários* (Três Estrelas, 2014), *Por que virei à direita* (Três Estrelas, 2012), com Luiz Felipe Pondé e Denis Rosenfield, e *Avenida Paulista* (Record, 2007).

Este livro foi composto na fonte Albertina
e impresso em agosto de 2015 pela Corprint,
sobre papel pólen soft 80 g/m².